당신이 잘 살고 있다는 착각

당신이 잘 살고 있다는 착각

자기계발의
늪에서 벗어나는
과학적인 방법

박진우 지음

경이로움

프롤로그

자기계발이라는 늪에 빠진 우리

　당신의 책장엔 어떤 자기계발서가 있나요? 자기계발서의 성공 사례는 차고 넘치는데, 유독 당신한테만 별 도움이 되지 못한 이유는 무엇일까요? 자기계발서는 그 실패의 이유도 아주 잘 설명합니다. 당신이 게을러서 꾸준히 실천하지 않았다거나, 책의 조언을 충분히 믿지 않았다거나, 시간이 지나면 나아질 텐데 너무 조급해서 그렇다고 말입니다. 그 이유대로라면 책의 주장은 옳으나 실천할 환경이 조성되지 않았다는 말이 됩니다. 즉, 문제는 책이 아니라 당신에게 있다는 결론에 도달합니다. 다시 말해 책은 늘 옳고, 실패는 오롯이 독자의 몫이라는 것이지요.

만약 당신이 지금껏 이렇게 믿어왔다면 '자기계발서의 늪'에 빠진 것입니다. 시중의 많은 자기계발서의 주장에는 과학적 근거가 없습니다. 심리학의 엄격한 연구 방법론과 통계적 검증을 통과하지 못한 그야말로 '설'일 뿐입니다. 다만, 이 책은 다릅니다. 당신이 잘못 믿어온 자기계발서의 주장을 바로잡고 어떻게 실천하는 것이 옳은지 안내합니다.

자기계발서는 당신이 부족하다고 말합니다. 정말 그럴까요? 자기계발서가 제시하는 성공 공식이 단편적이어서가 아닐까요? 대다수의 자기계발서는 몇 가지 원칙을 지키면 누구나 성공할 수 있다고 주장합니다. 그러나 실제로 같은 방법을 따라 한대도 그 모두가 성공하지는 못합니다. 왜 그럴까요?

첫째, 자기계발서는 언제나 성공한 사람들의 이야기만 강조합니다. 하지만 똑같이 실천하고도 실패한 수많은 사람의 이야기는 들을 수 없습니다. 왜냐하면 실패한 사람들은 조용히 사라지기 때문입니다. 침묵 속에서 그들의 실패는 통계에서 빠지고, 자기계발서에 부정적인 결과는 결코 등장하지 않습니다.

'간절히 원하고 꾸준히 노력하면 반드시 성공한다'라는 말은 듣기엔 그럴듯하지만 환경적 요인과 운이라는 결정적 요소가 빠져 있습니다. 더 근본적인 문제는 따로 있습니다. 성공을 원한다면, 노력하기 이전에 현실적인 목표 설정과 올바른 전략이 필요합니다. 잘못된 방향으로 아무리 열심히 달린들 목적지에 도착할 수 없습니다. 실패한 원인은 노력이 부족한 경우보다 처음부터 길이 잘못된 경우가 더 많습니다.

둘째, 자기계발서는 심리학적 개념을 왜곡하거나 지나치게 단순화하고 있습니다. 심지어 때로는 과학적 근거가 부족한 주장으로 독자를 현혹합니다. 대표적인 예가 '1만 시간의 법칙'입니다. 본래 이 개념은 의도적 연습deliberate practice의 중요성을 강조한 이론인데, 대중적으로 전파되면서 꾸준히 노력하면 원하는 바가 이루어진다는 식의 단순한 노력 신화로 변질되었습니다.

의도적 연습이란 단순히 시간을 많이 들이는 것이 아니라 명확한 목표 설정, 즉각적인 피드백, 반복적인 조정을 통해 기술을 정교화하는 과정을 뜻합니다. 그리고 1만 시간 역시 절대적인 기준이 아니라 특정 조건에서 도출된 평균값일 뿐입니다. 실제 연구에 따르면 숙련도를 결정짓는 데는 연습 외에도 개인의 기질과 유전, 환경, 초기 경험 등 다양한 변인이 작용합니다. 특히 체스, 음악, 게임과 같이 규칙과 결과가 명확한 분야에서는 1만 시간에 가까운 누적 연습량이 쉽게 관찰되었지만, 교육, 세일즈, 경영, 스포츠 등 복잡하고 예측 불가능한 요소가 많은 분야에서는 잘 적용되지 않았습니다.[1]

어떤 분야든 1만 시간을 쌓으면 된다는 식의 단순한 반복은 오히려 비효율적일 수 있으며, 전략적 노력과 상황에 맞는 학습 설계가 훨씬 중요하다는 것이 심리학 이론의 실제 메시지입니다.

흔히 '삶은 개구리 이야기'는 점진적인 변화에 무감각해진 채 현실에 안주하다가 결국 위험을 인식하지 못하고 파멸에 이르는 비유로 자주 사용됩니다. 그런데 실제 개구리는 온도가 점차 올라가면 일정 수준에서 탈출을 시도합니다. 이와 관련한 어느 실험에서 10분에 5℃씩 온도를 올리니 개구리는 물이 끓기 전에 냄비를 탈출하는 행동을 보였습니다. 오히려 개구리를 갑자기 펄펄 끓는 물에 넣으면, 뛰쳐나올 틈도 없이 근육이 경직되어 즉사할 수 있습니다. 다시 말해, 사람들이 자주 인용하는 '삶은 개구리 이야기'는 실제 생물학적 반응과는 다르며, 실은 감각이 손상된 개구리를 대상으로 한 일부 실험에서 나온 예외적인 이야기일 가능성이 큽니다.

서커스단에서 어린 코끼리를 말뚝에 묶으면, 처음에는 탈출을 시도하지만 곧 지쳐 포기하게 된다는 이야기가 있습니다. 이후 이 코끼리는 다 자란 뒤에도 여전히 말뚝을 뽑지 못할 거라 믿고 탈출을 시도하지 않는다고 합니다. 이 이야기는 종종 '학습된 무기력 learned helplessness'의 상징적 비유로 사용됩니다. 하지만 실제로 이런 코끼리 실험은 존재하지 않습니다. 성장한 코끼리는 말뚝이 위험하다고 판단되면 얼마든지 힘으로 뽑아낼 수 있고, 그렇게 합니다. 이 비유는 심리학적 개념을 전달하기 위한 허구적 이야기일 뿐, 현실의 동물 행동과는 다릅니다.

새로운 행동을 21일, 즉 3주 동안 반복하면 습관이 된다는 주장 역시 마찬가지입니다. 1960년 성형외과 의사 맥스웰 몰츠 Maxwell Maltz가 관찰해 본 바 환자들이 수술 후 새 얼굴에 적응하는 데 21일이 걸린다고 했는데, 이 이야기는 어느새 습관 형성 실험으로 둔갑했습니다. 실제 습관 형성에 관한 연구를 살펴보면 평균 66일이 걸리며 사람마다 편차도 커서 일반화하기 어려웠습니다.[2] 이외에도 집단 동조와 순응을 상징하는 원숭이와 사다리 실험, 작은 공간에 많은 개체를 집어넣으면 폭력적으로 변한다는 과밀 쥐 실험 등은 애초에 그런 실험 자체가 없거나 결과를 왜곡한 것들입니다.

그럴듯해 보이는 이야기들이 과학적 사실처럼 포장되어 사람들의 믿음을 얻는 경우가 많지만, 실제 내용은 다르거나 왜곡된 경우도 적지 않습니다. 그러므로 어떤 이야기가 과학적으로 들린다고 해서 곧이곧대로 믿기보다, 그게 실제 연구나 현실과 얼마나 맞는지 비판적으로 따져볼 필요가 있습니다. 잘못된 비유와 예시가 현실을 오해하게 하고 판단까지 방해할 수 있기 때문입니다.

셋째, 자기계발서는 성공을 부와 명성으로 한정합니다. 그런데 성공은 보편적 기준이 아니라 개인마다 다르게 정의될 수 있는 개념입니다. 자기계발의 본질은 남들이 정한 기준을 좇는 것이 아니라 자신만의 가치와 목표에 따라 의미 있는 삶을 설계하는 데 있습니다. 진정한 자기계발은 외적 성취가 아니라 자기 자신과 맺는 정직한 합의에서 출발해야 합니다.

무언가에서 벗어나고 싶은데 발목이 묶여 있을 때 이를 '늪'으로 비유합니다. 자기계발서에는 여러 '늪'이 나옵니다. 인간관계의 늪에서 당신은 끊임없이 타인의 기대에 맞춰 살아가며 정작 자신이 원하는 것이 무엇인지 모른 채, 때로는 자신에게 지나치게 몰입해 관계의 중요성을 잊은 채 살아갑니다. 성장의 늪에서는 멈추지 말고 계속 발전해야 한다는 압박 속에서 끝없는 불안감에 시달립니다. 생각의 늪에서는 무의식적 편향에서 벗어나기 위해 분석하고 심사숙고하다가 결국 아무것도 하지 못하는 자신을 발견하게 됩니다. 일의 늪에서는 효율과 성과를 강조하는 사회 속에서 자신의 노동이 어떤 의미인지조차 모른 채 기계처럼 살아갑니다. 감정의 늪에서는 감정을 쌓아두지 말고 표현해야 한다는 주장과 감정을 절제하는 것이 미덕이라는 주장 사이에서 왔다 갔다 합니다.

이 책은 당신이 빠져나오고 싶지만 쉽게 벗어나지 못했던 이러한 '늪'에 대해 이야기합니다. 인간관계, 성장, 생각, 일, 감정의 늪은 당신을 붙잡고 놓아주지 않을 것입니다. 늪에 빠지면 어떻게 해야 할까요? 빠져나오려고 애쓸수록 몸은 늪 속으로 더 깊이 빨려 들어갑니다. 늪에서 빠져나오는 가장 좋은 방법은 주변에 단단하게 고정된 물체를 잡고 서서히 끌어당기며 이동하는 것입니다. 자기계발의 늪에서 빠져나오려면 확실한 과학적 사고 기반이 필요합니다. 이 책은 당신이 어디에 갇혀 있는지 이해하고, 늪에서 벗어나는 데 도움이 될 것입니다. 행동을 바꾸고 싶은 사람에게 단순한 동기부여에 그치는 게 아니라 응용 심리학 연구에 근거해 현실적이고 과학적인 대안을 제시합니다. 심리학은 우리 삶에서 반복되는 패턴을 분석하고, 비효율적이거나 비현실적인 조언을 걸러내며, 실질적으로 효과적인 방법을 찾는 데 도움을 줍니다.

    이 책에는 심리학 이론만이 아니라 실제 연구와 실험을 통해 효과가 입증된 방법이 실려 있습니다. 예를 들어 인간관계에서 심리적 거리 조절의 중요성, 성장 압박을 극복하는 회복탄력성의 원리, 과도한 생각을 줄이는 인지 행동 전략, 일의 의미를 재구성하는 동기 이론, 감정을 올바르게 다루는 감정 조절 기법 등이 있습니다. '나는 할 수 있다'라는 희망이나 '하늘은 스스로 돕는 자를 돕는다'라는 낙관, '행복해서 웃는 것이 아니라 웃어서 행복하다'라는 감정적인 자극 등에 더는 의존할 필요가 없습니다. 응용 심리학이 제공하는 과학적 근거와 현실적인 접근은 당신이 원하는 자기계발에 더 효율적인 방안을 제시할 것입니다.

차례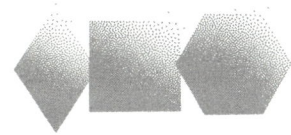

프롤로그　자기계발이라는 늪에 빠진 우리　　005

1장
인간관계의 늪

1. 공감은 무조건 좋은 것일까?　　015
2. 말의 내용보다 전달 방식이 더 중요할까?　　023
3. 세상에 나쁜 성격은 없다?　　032
4. 바람직한 MBTI 활용법　　045
5. 현금보다 좋은 선물이 있다　　062
6. 아파야만 보이는 것들　　070

2장
성장의 늪

1. 공부에 때는 없다는 착각　　081
2. 태도만 바꾸면 모든 것이 좋아지는가?　　089
3. 경험이 쌓이면 실력도 쌓일까?　　096
4. 조용히 엉덩이로만 공부한다는 환상　　104
5. 적성에 맞는 일을 찾아야만 열정이 생길까?　　112
6. 번아웃은 일이 많아서 오는 것이 아니다　　120

3장 생각의 늪

1. 긍정적인 생각이 긍정적인 결과를 가져온다는 거짓말   131
2. 생생하게 꿈꾸면 현실이 되는가?   140
3. 강점을 강화해야 성공하는가?   149
4. 장고 끝에 두는 것이 과연 악수인가?   158
5. 매몰 비용의 오류를 피해야만 할까?   168
6. 명백한 오답에는 가치가 없는가?   176

4장 일의 늪

1. 팀을 살리는 리더의 조건   185
2. 적극적인 사람이 되어야 한다는 강박   195
3. 권한의 크기와 영향력의 크기는 비례하는가?   204
4. 인센티브로 창의력을 끌어올릴 수 있을까?   212
5. 브레인스토밍이 집단 창의성을 높이는가?   222
6. 심리적인 안전감이 성과를 보장하는가?   231

5장 감정의 늪

1. 나쁜 감정이 유난히 선명한 이유   243
2. 불안에 대처하는 올바른 방법   255
3. 모국어보다 외국어가 유리한 영역이 있다   266
4. 고민을 공유하면 나아지는가?   273
5. 무례함을 웃어넘기면 안 되는 이유   285
6. 타인에게 올바르게 화를 내는 법   297
7. 인생에서 행복을 최우선으로 두어야 할까?   307

에필로그   심리학에서 찾은 과학적 자기계발의 길   317
부록   직장인을 위한 자기계발 중독 테스트   323
   그림 목록 및 미주   325

1장

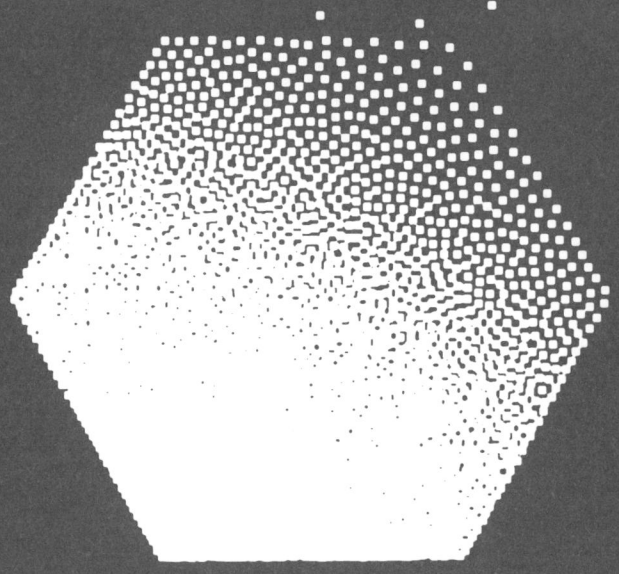

인간관계의 늪

1. 공감은 무조건 좋은 것일까?

공감이 주는 피로감

우리는 공감을 미덕으로 여긴다. 그러나 과연 모든 공감이 선한 것일까? 때로는 공감이 우리를 더 어리석게 만들고, 더 편협하게 만들며, 심지어 더 잔인하게 만들기도 한다. 우리가 '공감'이라고 부르는 것 안에는 전혀 다른 두 세계가 공존하고 있다. 하나는 느끼는 공감이고, 다른 하나는 이해하는 공감이다.

과대평가된 정서적 공감
과소평가된 인지적 공감

사람들은 시대적 화두는 변해도 인간이 지녀야 할 불변의 가치는 공감이라고 믿는다. 특히 우리나라와 같이 관계주의적 문화에서는 공감 능력이 부족하면 단순한 성격적 특성이 아니라 결함처럼 인식하는 경향이 있다. 요즘 유행하는 밈인 "너 T야?"는 공감 능력이 떨어지는 사람에게 던지는 비난 섞인 표현이다.

물론 공감은 중요하지만 사람들이 인식하지 못하는 부정적 측면도 크다. 예일 대학교 심리학과 폴 블룸Paul Bloom 교수는 저서 『공감의 배신』에서, 공감은 어리석은 판단을 이끌어 내고 무관심과 잔인함을 유발하며, 친구, 부모, 남편, 아내로서 역할을 더 어렵게 만든다고 주장한다. 가령 당신에게 두 가지 선택지가 주어졌다고 해보자. 당신이 깊이 공감하고 있는 한 아이를 죽게 할 것인지, 이름도 모르는 20명의 아이들을 죽게 할 것인지 선택해야 한다. 당신의 공감은 1명을 살리는 쪽을 선택하게 할 것이다. 또 하마스의 이스라엘 침공에서 이스라엘의 피해자에게 공감할수록 가해자를 더 잔혹하게 처단하는 쪽에 동조할 것이다. 자칫 이런 공감은 공정성을 해치고 폭력을 옹호하게 만든다.

그래서 심리학자들은 정서적 공감affective empathy은 줄이고, 인지적 공감cognitive empathy을 높여야 한다고 주장한다. 인지적 공감은 다른 사람의 생각, 감정, 관점을 이해하고 인식하는 능력이다. 상대의 감정을 똑같이 느끼지 않더라도 감정 상태를 논리적으로 추론할 수 있다.

실제로 정서적 공감과 인지적 공감은 전혀 다른 심리적 과정으로 각각을 관장하는 뇌 부위도 다르다. 인지적 공감은 대뇌피질 바깥쪽에서, 정서적 공감은 그보다 안쪽에서 작용한다. 사이코패스의 제1 특성이 공감 능력 결핍인데, 이때의 공감은 정서적 공감이다. 아래 그림과 같이 사이코패스의 뇌는 공감 장면에서 뇌 안쪽이 활성화되지 않는다. 사이코패스는 인지적 공감에는 문제가 없지만, 정서적 공감에 선천적으로 문제가 있는 사람들이다.

이러한 사이코패스의 뇌 사진은 우리의 착각을 유발한다. 정서적 공감은 좋은 것이고, 정서적 공감이 없는 인지적 공감은 나쁠 것 같다는 생각을 하게 한다. 하지만 사이코패스는 정서적 공감 능력 결핍 때문에 흉악 범죄

정상인의 뇌와 사이코패스의 뇌

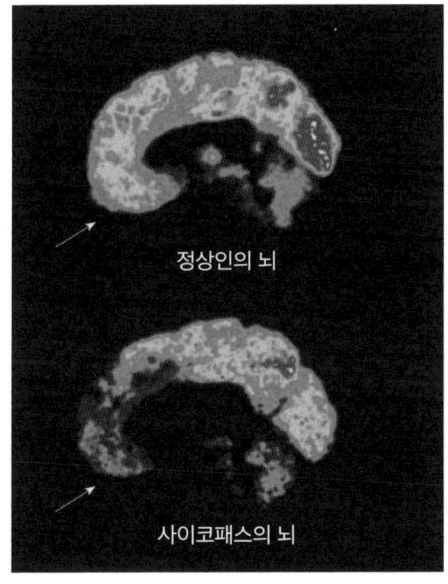

정상인의 뇌

사이코패스의 뇌

를 저지르지는 않는다. 오히려 제2, 제3 특성인 자제력 부족, 공격성이 범죄와 관련이 높다. 정서적 공감 부족과 타인에 대한 공격성 간의 상관은 매우 낮다. 정서적 공감 부족이 공격성을 설명하는 비율은 단 1%에 불과하다.[1]

사실 우리 사회에서 정서적 공감의 부족으로 야기되는 문제는 의외로 심각하지 않다. 오히려 정서적 공감은 장점보다는 우리가 몰랐던 약점이 더 많다. 정서적 공감 능력이 지나치게 높은 의사는 환자의 고통이 염려되어 제대로 치료하지 못한다. 정신과 의사가 환자의 우울과 불안을 그대로 느끼면 엉뚱한 처방을 하기 쉽다. 자녀에게 정서적 공감을 강하게 느낀 부모는 훈육에 실패한다. 리더가 구성원들에 대해 더 많이 공감할수록 실제로 그들

에 대해 아는 것보다 더 많이 안다고 착각할 가능성이 높다.[2]

무엇보다 정서적 공감 능력이 높다고 타인을 이해하는 능력이 높다고 볼 수 없다. 반면에 인지적 공감과 연민은 상대의 상태를 보다 더 정확하게 이해하고 현실적인 도움을 준다. 정서적 공감의 중요성을 무시하는 것은 아니지만, 정서적 공감의 장점이 과대평가되고, 인지적 공감의 장점은 과소평가되었다는 점에 주목하자는 것이다.

사실 공감을 높이기 위해 우리에게 필요한 우선순위는 공감적 경청 스킬 개발이 아니라 인지적 공감 스킬 개발과 활용이다. 인지적 공감을 잘하는 사람들의 스킬이 바로 질문이다. 정서적 공감으로는 상대가 진정으로 느끼고 원하는 것이 무엇인지 정확히 알아내기 어렵다. 오히려 공감이 잘 되었다고 믿을수록 자기 생각이 옳다고 착각하기 쉽다. 다른 사람의 진짜 의도와 감정을 알아차리기 위해서는 질문이 필수적이다. 꼭 해당 주제에 관한 질문이 아니더라도 다양한 분야에 걸쳐 상대에게 질문하면 상대의 진짜 의중을 예측하는 데 도움이 된다. 예를 들어 정치적 견해가 무엇인지 알아내고 싶은데 직접적으로 물어볼 수 없는 상황이라면, 좋아하는 영화나 작가를 물어봐서 예측할 수도 있다. 결국 다방면에 걸쳐 질문을 잘하는 사람이 상대의 느낌, 감정, 선호 등을 더 잘 파악할 수 있다.

공감에는
공감 피로가 따른다

공감과 관련해 심리학이 밝혀낸 중요한 사실은 공감이 제한된 자원이기 때문에 무한정 쓸 수 없다는 것이다. 공감이라는 자원을 일정 수준 이상 쓰고 나면 피로감을 느끼게 된다. 게다가 정서적 공감은 인지적 공감에 비해 에너지 소모가 크다.

심리적 자원의 특징은 신체적·정서적·인지적 자원의 원천이 같다는 데 있다. 마치 거대한 충전기가 있는데 TV를 볼 때도, 냉난방기를 켤 때도, 세탁기를 돌릴 때도 같은 충전기를 쓴다고 생각해 보자. 신체적·인지적으로 자원을 소진하고 나면 정서적 자원을 쓰는 데 남는 에너지가 없을 것이다. 당신이 어느 순간 쉽게 짜증을 내고 버럭하는 이유는 성격적 결함보다는 몸이 지쳐 있고 고민거리가 쌓여 있기 때문이다. 만약 당신이 공감 능력이 떨어진다는 얘기를 자주 듣는다면, 공감 능력 자체의 문제일 수도 있지만, 신체적으로 건강하고 인지적으로 잡다한 고민에 시달리고 있지 않은지 반드시 점검해야 한다.

의과대학을 졸업한 의사들이 가장 까칠해지는 시기는 인턴을 수료하고 레지던트 과정에 접어들 때다. 이때 의사들은 감정이 완전히 소진되고 환자들을 물건처럼 대하기 시작한다. 전체 의사 중에 대략 60% 정도가 이러한 공감 피로compassion fatigue를 호소한다.[3] 공감 피로의 증상은 스트레스 반응과 매우 유사하다. 당신이 누군가에게 정서적·인지적으로 지나치게 공감해 자원이 고갈될수록 기억력은 떨어지고, 공포, 슬픔, 분노가 늘며, 의욕은 떨어지고, 소화가 잘 안되고, 불면증에 시달릴 확률이 높아진다. 공감 피로에서 벗어나기 위해서는 우선 타인과 미디어로부터 떨어지는 것이 중요하다고 심리학자들은 조언한다. 퇴근 후, 유튜브나 페이스북, 인스타그램을 헤매는 것은 자원 확보가 아니라 자원 소진의 지름길이다.

공감
능력을
높이려면?

**자기계발이 아닌
자기발견을 위한
이야기**

**정서적 공감보다
인지적 공감 능력을 높여라**

인지적 공감은 상대의 입장과 사고 맥락을 이해하는 능력이다. 인지적 공감 능력을 높이는 세 가지 요령이 있다.

첫째, 질문하는 방식을 바꿔야 한다. "왜 말이 없어요?" 대신 "어떤 부분이 고민되세요?"처럼 상대의 생각을 읽을 수 있는 질문이 필요하다.

둘째, '내가 그 사람이었다면 어땠을까?'처럼 입장을 바꿔 생각해 보는 연습도 중요하다. 상대의 처지를 상상해 보는 것만으로도 이해의 폭이

넓어진다.

셋째, 말 속에 담긴 뜻을 읽는 연습도 중요하다. 예를 들어 "어차피 네 마음대로 할 거잖아"라는 말에는 단순한 불만이 아니라 존중받지 않을 거라는 상실감이 담겨 있을 수 있다. 〈유 퀴즈 온 더 블럭〉처럼 질문을 잘 던지는 대화 프로그램을 보며 연습하는 것도 좋다.

결국 인지적 공감은 감정이 아니라 연습으로 키우는 기술이다. 질문, 관점 전환, 맥락 읽기가 핵심이다.

연민을 길러라

연민 compassion은 정서적 공감과 달리 타인의 고통을 공유하지 않는다. 연민은 타인의 행복을 높여주고 싶다는 바람과 더불어 따뜻함, 관심, 배려의 감정이다. 타인의 고통을 이해하고 그들이 고통에서 벗어나기를 바라고, 돕고자 하는 강한 동기를 동반하며 정서적 공감에 비해 더 이성적이고 행동을 촉구한다.

연민을 기르려면 우선 자기 연민을 길러야 한다. 자기 연민은 자기 자신에게 좋은 친구가 되는 것을 뜻한다. 힘들 때, 좋은 친구처럼 스스로에게 위로를 건네고 현실적인 도움이 될 수 있는 대안을 궁리해 실행해 보자.

공감 피로를 주의하라

공감, 특히 정서적 공감은 에너지 소모가 크다. 신체적·인지적으로 지쳐 있을 때는 작은 공감 시도조차 스트레스 반응으로 나타나기 쉽다. 신체적·인지적·감정적 에너지 관리가 잘된 사람이 공감을 잘하는 법이다. 에너지를 충전해 주는 긍정 정서를 꾸준히 경험하는 것이 중요하다. 운동을 꾸준히 하고, 걱정거리는 한 번에 몰아서 생각하는 습관을 들여보자. 일요일 저녁에 몰아서 한 번 걱정하자고 마음먹고 한 주를 보내보자.

2. 말의 내용보다 전달 방식이 더 중요할까?

진심은 얼굴에 드러나지 않는다

소통의 본질은 언제나 '내용'에 있다. 소통을 주제로 한 강연이나 책으로 '잘못 알려진 소통의 법칙'들을 걷어내야 한다. 그리고 말 속에 숨겨진 진짜 신호를 읽을 수 있어야 한다.

메라비언의 법칙
말의 내용보다 태도가 중요하다

메라비언의 법칙을 들어본 적이 있는가? 메라비언의 법칙은 "의사소통에서 언어적 요소, 즉 말의 내용은 7%의 중요성을 가지고, 비언어적 요소(청각, 시각)가 93%의 중요성을 가진다"라는 이론이다. 말의 내용보다 태도가 더 중요하다고 주장할 때 메라비언의 법칙이 등장한다. 그런데 이는 오해다. 사실 앨버트 메라비언 Albert Mehrabian 은 모든 소통 상황에서 비언어적 요소가 언어적 요소보다 월등히 중요하다고 주장한 적이 없다.

먼저 커뮤니케이션에서 말의 내용이 7%, 목소리가 38%, 표정이 55%의 중요도를 갖는다는 연구의 원문을 보자.[4] 원문에서는 앨버트 메라비언과 수전 페리스Susan Ferris가 1967년에 수행한 연구와 이후 연구를 종합한 결과로, 말의 내용, 음성, 표정이 각각 7%, 38%, 55%의 영향력을 지닌다고 정리하고 있다. 이 문구에서 흔히 알려진 메라비언 법칙이 비롯되었다. 이 문구만 딱 떼서 보면, 앨버트 메라비언이 커뮤니케이션에 있어 언어적 요소의 중요도는 7%, 비언어적 요소의 중요도는 93%라고 주장하는 것처럼 보인다. 하지만 진실은 전혀 다르다.

앨버트 메라비언이 커뮤니케이션을 연구하며 했던 실험은 이렇다. 실험에 참가한 사람들에게 'maybe'라는 다소 모호한 말을 다양한 목소리 톤으로 들려주고 동시에 여러 표정의 사진을 보여준다. 그리고 여러 조건에서 'maybe'가 긍정적인지, 중립적인지, 부정적인 의미인지를 응답하게 한다. 'maybe'라는 말 자체에는 긍정적이거나 부정적인 의미를 담고 있지 않지만, 피험자들은 들리는 목소리 톤이 날카롭고 사진의 표정이 화나 보였을 때 부정적으로 해석하는 경향이 확연했다.

원래 이 실험이 의도한 바는, 말의 내용이 중요하지 않은 상황에서 사람들이 어떤 단서로 상대를 파악하는지를 알아보는 것이다. 말의 내용이 전혀 중요하지 않은 상황을 의도적으로 연출한 것이니 비언어적 요소가 미치는 영향은 클 수밖에 없었다.

앨버트 메라비언의 여러 책과 논문을 종합하면 가장 중요한 것은 커뮤니케이션 조건인데, 이 실험은 말의 내용과 태도가 불일치하는 조건에서 연구되었다. 실험 결과를 한마디로 정리하면 이렇다. 말하고자 하는 내용과 보이는 태도가 일치하지 않을 때 우리는 말의 내용을 믿지 못한다. 이때는 보이는 태도가 더 중요하다.

당신이 누군가로부터 "이번에도 보너스는 날아간 것 같아요. 회사가 믿음을 저버리지 않네요"라는 말을 듣고 '이 회사 구성원들은 회사에 대한 신뢰가 대단하구나'라고 생각한다면 바보다. 상대의 태도가 냉소적인지 아닌지를 알아차려야 한다. 말의 내용은 신뢰지만, 태도를 보면 불신일 수 있기 때문이다.

말의 내용과 태도가 일치하지 않을 때는 내용보다 태도에 집중해야 한다. 이때 작동하는 것이 바로 소위 말하는 메라비언의 법칙이다. 말의 내용과 태도가 일치하는 상황에서는 내용이 태도보다 훨씬 중요하다.

그런데 우리가 하는 대화에서 내용과 태도가 다른 경우가 얼마나 될까? 애초에 내용을 무시하고 태도에 집중하는 것은 바람직하지 못한 커뮤니케이션 방식이다. 말의 내용과 태도의 불일치 조건에서만 적용되는 법칙을 세상의 모든 소통, 심지어는 프레젠테이션 자료까지 확대해서 적용하려는 사람들의 주장엔 과학적 근거가 없다.

보이는 것이 중요하다는 또 하나의 법칙, 파워 포즈

TED에서 역대 가장 많은 시청 횟수를 기록한 강연이 하버드 대학교 사회심리학자인 에이미 커디 Amy Cuddy의 파워 포즈 Power Pose에 관한 영상이다. 무려 7,400만 뷰를 기록 중이다. 커디 교수는 '당신의 보디랭귀지가 당신을 만든다.Your body language may shape who you are'라는 영상에서 보디랭귀지만 달리해도 자신의 내면이 바뀐다고 주장했다. 그녀는 그 주장의 근거로, 비언어적 행동의 영향이 타인에게도 미칠 뿐만 아니라 자신의 내면에도 영향을 미친다는 파격적인 연구를 들었다.

에이미 커디와 UC버클리 하스 비즈니스 스쿨의 다나 카니Dana Carney는 고권력자 자세와 저권력자 자세일 때 호르몬의 변화를 관찰했다. 턱을 치켜들고 팔을 들어 V자를 만들거나 팔짱을 끼고 허리춤에 손을 올리는 것이 대표적인 고권력자 자세다. 동물로 치면 상대에게 몸을 최대한 크게 부풀리는 행동이다. 반대로 대표적인 저권력자 자세는 몸을 감싸 움츠리고 자신을 작게 만드는 것이다. 실험에 참가한 사람들은 놀랍게도 단 2분 동안에 호르몬이 변화했다. 고권력자 자세를 취한 그룹은 자신감 호르몬인 테스토스테론이 증가했고, 스트레스 호르몬인 코르티솔은 감소했다. 저권력자 그룹은 정확히 반대의 결과가 나타났다.

에이미 커디는 이를 근거로 내면이 바뀌는 데에는 단 2분이면 족하다고 말했다. 면접을 보기 전, 협상하기 전, 발표 전에 딱 2분이면 된다고 역설했다. 이 내용은 그야말로 대히트를 쳤다. 남들에게 보이는 모습은 타인에 대한 영향력뿐만 아니라 자신의 내면을 바꿀 수 있다.

그런데 이 멋진 스토리에는 반전이 있다. 2016년 공동 연구자인 다나 카니는 자신의 웹사이트에 파워 포즈 효과를 더 이상 지지하지 않는다는 성명서를 게재했다. 성명서의 골자는 후속 연구들이 호르몬의 변화를 재현하지 못했고, 초기 연구의 결과는 통계적 우연일 가능성이 크다는 것이다. 사실 많은 재현 연구에서 파워 포즈의 효과는 거의 없거나 미미했다. 파워 포즈가 어느 정도 심리적인 자신감 향상에 기여할 수는 있으나, 2분 동안 자세를 취함으로써 호르몬의 변화가 나타난다는 것은 허위이거나 적어도 과장이라는 것이다.

대화할 때
어디에
집중해야 할까?

자기계발이 아닌
자기발견을 위한
이야기

진실된 정보를
논리적 프레임에 담아라

    대화할 때 핵심은 진실한 정보를 논리적인 프레임에 담아 전달하는 것이다. 사실에는 주관적 해석이 개입되지 않지만 진실은 다르다. 진실은 사실에 기반할 수 있지만, 개인의 신념, 경험, 해석을 포함하는 주관적 측면이 있다. 동료가 나한테 욕한 것은 사실일 수 있지만, 진실은 아닐 수 있다. 최근에 겪은 일이 너무 억울하고 힘들어서 욕을 섞어가면서 얘기했다면 욕을 했다는 사실뿐 아니라 억울한 감정이 포함되어 전달된 것이다.

진실한 정보는 신뢰감을 높여준다. 하지만 진실한 정보라도 비논리적이거나 혼란스럽게 전달되면 신뢰를 잃을 수 있다. 논리적인 프레임은 정보의 일관성을 유지하고 왜곡을 방지한다. 또 복잡한 내용을 이해하기 쉽게 만들어 주고 듣는 사람의 수용성을 높여준다.

세일즈에서 태도의 영향력은 크지 않다

메라비언의 법칙이나 파워 포즈가 자주 쓰이는 분야 중 하나는 세일즈다. 세일즈맨들은 고객에게 전하는 내용보다 표정이나 목소리와 같은 비언어적 요소가 훨씬 중요하다고 믿는다. 예를 들어 보험 상품은 보험사별, 상품별로 특별히 차별화되지 않았지만, 누가 어떻게 파느냐에 따라 성과는 크게 달랐다. 이로써 세일즈맨이 전달하는 내용보다도 비언어적 요소가 더 중요할 거라고 추측해 볼 수 있다. 과연 그럴까? 비언어적 커뮤니케이션에 치중하는 판매원들의 성과가 실제로 더 좋을까?

2022년 미국 테네시 대학교 하슬람 비즈니스 스쿨의 니라지 바라드와지 Neeraj Bharadwaj 교수와 연구진은 세일즈맨들의 감정 표현에 따른 판매 성과를 연구한 바 있다. 연구진은 아마존 라이브, 페이스북 라이브, 타오바오 라이브 등 9만 9,451개의 라이브 스트림 판매에서 세일즈맨들의 표정과 판매 성과와의 관계를 분석했다. 그들의 표정에서 추출한 감정을 기본 감정 6가지(행복, 슬픔, 놀람, 분노, 두려움, 혐오감)로 구분한 뒤, 표정별 실제 거래 체결 내역을 조사했다. 연구 결과, 표정은 중요하지 않았다. 가장 중요한 것은 진지한 설명이었다. 특히 제품에 대한 설명이 한창이어야 할 중간쯤에 세일즈맨의 너무 밝은 표정은 오히려 구매 저항감을 일으켰다. 세일즈에서 소비자를 구매로 이끄는 것은 세일즈맨의 태도가 아니라 세일즈맨이 하는 말이었다. 우리는 종종 설득에서 표정의 영향력(파토스)을 과장하고, 말의 내용의 영향력(로고스)을 과소평가한다.

태도는 처음과 끝이 가장 중요하다

말의 내용은 그 무엇보다 중요하다. 그렇다고 표정을 무시하라는 말이 아니다. 세일즈에서 밝은 표정을 지어 상대에게 좋은 인상을 심어주고

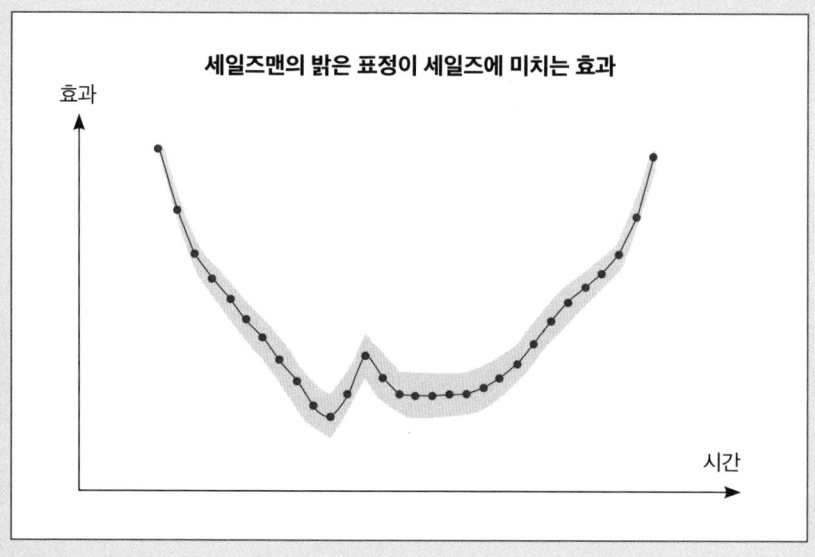

세일즈맨의 밝은 표정이 세일즈에 미치는 효과

내용을 전달하는 것은 중요하다. 이때 밝은 표정은 처음과 끝에 지어야 영향력이 있다. 프레젠테이션에 집중해야 할 중간쯤에 밝은 표정을 지으면 오히려 판매에 부정적이었다. 실제 내용보다 표현 방식만이 강조된 세일즈 기법은 소비자의 의심을 불러일으키기 때문이다.

세상에는 잘못된 정보가 많다. 가짜 뉴스를 혐오하면서도 자기도 모르게 유포자가 되는 경우도 많다. 잘못 알려진 메라비언의 법칙과 파워 포즈는 여전히 유행 중이다. 그것도 소통 분야의 인플루언서들에 의해서 말이다. 잘못된 지식을 전파하는 사람들이 영향력 있는 인플루언서가 되지 않았으면 좋았겠지만, 세상은 그렇게 공정하지 않다.

3. 세상에 나쁜 성격은 없다?

다른 것이 아니라 틀린 것이다

누군가는 성격의 결을 단순한 '다름'으로 설명하지만, 현실은 그렇지 않다. 어떤 성격은 타인을 해치고, 공동체를 붕괴시킨다. 성격의 어두운 측면은 분명 존재하며, 이는 도덕적, 사회적으로 간과해서는 안 된다.

성격은 좋고 나쁜 것이 없다고 착각하는 이유

MBTI를 비롯한 여러 성격 진단 도구는 '성격은 좋고 나쁜 것이 없다'라고 주장한다. 이러한 성격 진단 도구들의 주장은 대략 이렇다. 사과와 귤은 다를 뿐이다. 사과는 사과 나름의 장점이 있고, 귤은 귤 나름의 장점이 있다. 사과는 좋고, 귤은 나쁘다고 할 수 없다. 사과가 귤이 되려고 노력할 필요는 없지만, 건강한 사과로 성장하는 것은 중요하다. 따라서 타고난 자신의 성격을 제대로 알고 자기답게 발달시키는 것은 인생의 중요한 과제다.

대개의 성격 진단 도구는 이처럼 휴머니즘이 넘쳐난다. 이 얼마나 인간적인가? 성격은 좋고 나쁜 것이 아니기 때문에 자신이 타고난 성격적 특성을 멋지게 개발하라는 조언은 우리의 심금을 울린다. 그런데 과연 성격은 좋고 나쁜 것이 없을까? 만약 그렇다면 우리 주변에는 왜 이렇게 성격 나쁜 사람이 많은 것일까? 돼지 눈에 돼지만 보이니, 유독 내 성격만 나빠서 다른 사람 성격도 나쁘게 보이는 걸까?

성격은 개인이 지닌 비교적 독특하고 일관된 특질을 의미한다. 우리는 이 특질을 상당 부분 어렸을 때부터 타고난다. 물론 성장 환경의 영향도 중요하지만 일정 기간이 지나면 이 특질은 거의 변하지 않고 안정적으로 유지된다.

인간은 자신들이 직면한 환경에 대처할 때 성격을 전략적으로 활용한다. 전략적으로 활용한다고 해서 의식적으로 선택할 수 있다는 의미는 아니다. 자신의 성격적 특성에 따라 같은 환경에서도 서로 다른 모습을 보인다고 이해하는 편이 좋다. 어떤 환경에서는 한쪽 성격 특성의 행동 방식이 좋은 전략일 수 있지만, 다른 환경에서는 반대쪽 성격 특성의 행동 방식이 더 좋은 전략일 수 있다.

그런데 만약 어떤 특정 행동 방식이 언제 어디서나 유리했다면, 인간의 성격은 한쪽 극단으로만 진화했을 것이고, 성격이란 개념은 탄생하지도 않았을 것이다. 바로 이 점 때문에 성격에 대한 사람들의 오해가 생겼다. 성격은 서로 다를 뿐이고, 환경에 따라 좋을 때도 있고, 나쁠 때도 있다고 말이다. 게다가 현대와 같이 빠르게 변하는 환경이라면 성격의 좋고 나쁨을 따지는 것이 무의미하다고 생각할 수 있다.

성격을 측정하는 보다 더 과학적인 도구 Big5와 HEXACO

정말 성격은 언제나 '다를 뿐'일까? 성격은 상황에 따라 유리하거나 불리할 수 있고, 모든 성격이 나름의 기능을 한다는 점은 분명하다. 하지만 이것이 곧 모든 성격이 건강하다는 의미는 아니다. 인간이라면 누구든 오래도록, 그리고 행복하게 살고 싶어 한다. 만약 특정 성격이 행복과 장수를 지속적으로 해치는 요인이라면 우리는 그것을 해로운 성격으로 다루어야 한다. 실제로 심리학 연구들은 일부 성격 구성이 삶의 질을 저하시킬 뿐 아니라 신체 건강에도 치명적 영향을 미칠 수 있음을 꾸준히 밝혀왔다.

그 대표적인 예가 바로 D형 성격 Type D Personality 이다. 'Type D'는 벨기에의 심리학자 요한 데놀렛 Johan Denollet 이 제안한 성격 유형으로, 심혈관 질환 환자들의 높은 재발률과 사망률을 설명하기 위해 등장했다. 여기서 D는 Distressed, 즉 불안하고 억눌린 상태를 의미한다.

이처럼 인간의 성격 특성은 비교적 바람직한 것도 있고 그렇지 않은 것도 있다. 이를 보다 더 과학적으로 파악할 수 있는 대표적인 성격 진단 도구가 바로 HEXACO(헥사코)다.

성격심리학은 오랫동안 학자마다 정의와 연구 방식이 달라서 일관된 합의가 부족한 암흑기를 겪었다. 그러다 1990년대에 들어 심리학자들은 인간의 성격 차이를 과학적으로 측정하고 분석하는 방법에 대한 공통된 합의에 이르게 되는데, 그것이 바로 Big Five, 즉 5대 성격 요인 Big5이다. 5가지 성격 요인은 외향성 Extraversion, 원만성 Agreeableness, 성실성 Conscientiousness, 정서적 안정성 Emotional stability, 개방성 Openness to experience이다.

이 5가지 성격 요인은 단지 이론적으로 설정된 것이 아니라 전 세계 대부분의 언어권에서 성격을 묘사하는 형용사들을 통계적으로 분석한 결과다. 예를 들어 '활달함', '명랑함', '사교성' 같은 단어들은 서로 상관이 높아 '외향성'이라는 요인으로 묶이고, '조용한', '수줍은', '나서지 않는' 역시 유사한 패턴으로 분류된다. 이는 마치 '빠르다'와 '느리다'가 서로 반대되지만 '속도'라는 하나의 요인으로 묶이는 것과 같다.

이렇게 도출된 Big5는 이후 신경과학적 연구를 통해 뇌의 구조, 호르몬 반응, 신경전달물질의 활성 패턴과도 관련이 있음이 입증되었고, 지금은 성격 진단의 가장 과학적이고 신뢰할 수 있는 기준으로 자리 잡혔다.

지금은 세계적인 성격심리학자로 평가받는 캐나다 캘거리 대학교 이기범 교수는 1990년대 후반, 박사과정 중 기존 Big5 연구들이 주로 영어권과 서유럽 중심으로 구성되어 있다는 점에 주목했다. 그는 '한국어나 동유럽 언어처럼 구조가 다른 언어권에서도 성격 형용사가 동일한 방식으로 분류될까?'라는 의문에서 출발해, 한국어를 포함한 다양한 언어권의 성격 관련 형용사를 새롭게 분석했다. 그 결과 기존 5가지 성격 요인으로는 포착되지 않는 제6의 성격 요인이 존재한다는 사실을 발견하게 된다. 그것이 바로 H factor(Honesty-Humility, 정직-겸손성)이다. 이기범 교수는 기존 5가지 요인에 H를 포함해 성격을 진단하는 도구를 HEXACO라고 명명했다. 아래는 HEXACO의 각 성격 특성별 대표적인 양극단의 성격 형용사들

양극단에 위치하는 HEXACO 성격 형용사 목록

정직-겸손성 (Honesty-Humility)	• 진실한 • 정직한 • 충실한 • 충성적인	• 겸손한 • 공정한 • 윤리적인	VS	• 교활한 • 가식적인 • 탐욕스러운 • 젠체하는	• 위선적인 • 자만심이 센 • 자기중심적인
정서성 (Emotionality)	• 감정적인 • 여린 • 센티멘털한 • 겁이 많은	• 걱정이 많은 • 불안한 • 의존적인 • 상처받기 쉬운	VS	• 터프한 • 겁 없는 • 감정이 없는	• 독립적인 • 강인한 • 용감한
외향성 (extroversion)	• 활동적인 • 쾌활한 • 외향적인 • 사회적인	• 수다스러운 • 명랑한 • 적극적인 • 자신감 있는	VS	• 수줍은 • 수동적인 • 나서지 않는 • 내성적인	• 조용한 • 말수가 적은 • 침울한
원만성 (Agreeableness)	• 참을성 많은 • 용인하는 • 평화스러운 • 온화한	• 원만한 • 관대한 • 신사적인 • 용서하는	VS	• 성급한 • 싸움 좋아하는 • 완고한 • 화 잘 내는	• 성질 있는 • 고집 센 • 퉁명스러운
성실성 (Conscientiousness)	• 치밀한 • 자기 규율적 • 부지런한 • 효율적인	• 신중적 • 철저한 • 정확한 • 완벽주의적인	VS	• 대충하는 • 소홀한 • 무모한 • 게으른	• 책임감 없는 • 잘 잊어버리는 • 지저분한
개방성 (Openness to Experience)	• 지성적인 • 창조적인 • 비관습적인 • 상상력 풍부	• 혁신적인 • 복잡한 • 철학적인 • 탐구심이 풍부한	VS	• 깊이 없는 • 단순한 • 상상력 부족	• 관습적인 • 폐쇄적인

이다.

각 성격 특성에 해당하는 형용사를 찬찬히 읽어보면 어떤가? 성격은 좋고 나쁨이 없다는 주장에 쉽게 동의할 수 있는가? 오히려 어떤 특성이 확실히 더 바람직하게 느껴지지 않는가? 특히 정직-겸손성의 성격 형용사 항목을 보면 그 경향은 더욱 뚜렷하다. 정서성, 원만성, 성실성 같은 특성도 그 수준이 낮을 때 문제가 될 수 있다는 점에서 좋고 나쁨을 구별할 수 있다.

물론 모든 성격 특성은 양극단으로 치우쳤을 때 문제가 발생할 수 있다. 그러나 지나치게 낮은 수준이 더 위험하고 사회적 기능을 크게 저해한다면 높은 수준이 더 바람직하다고 보는 것이 합리적이다. 예컨대 정직-겸손성 요인이 낮은 사람과 오래 함께하고 싶어 하는 사람은 드물다. 심지어 정직-겸손성 요인이 낮은 사람들조차 자신과 같은 유형을 불편해하거나 꺼려한다. 이들이 서로 잘 지내는 경우는 대부분 서로에게 이용 가치가 있을 때다.

성격은 단지 다름의 문제가 아니다. 현실에서는 분명히 더 건강한 성격이 존재하며 이것은 특히 조직 환경에서 더 명확히 드러난다. 실제로 Big5나 HEXACO는 산업 및 조직심리학자들이 가장 신뢰하는 성격 진단 도구다. 왜냐하면 조직 내 다양한 결과를 이 성격 요인들로 예측할 수 있기 때문이다.

기본적으로 성실성 요인이 낮은 사람은 어느 회사든 입사하기 어렵다. 이들은 면접도 보기 전에 인성검사에서 탈락할 확률이 매우 높다. 성실성 요인이 업무 성과 Task Performance를 매우 안정적으로 예측해 주기 때문이다.

개방성 요인은 업무 성과와 직접적인 상관은 낮지만, 학습 효율성 training efficiency을 매우 잘 예측한다. 현재 수행하는 업무 성과는 낮은데, 개방성 요인이 높다면, 교육 훈련을 통해 직무 순환 job rotation을 고려하면 좋다. 원만성 요인은 갈등 표출이나 협업 등 관계적 측면 relationship을 잘 예측해 준다. 대화나 협업이 어렵고 갈등을 유발하는 데 특기가 있는 사람은 대개 원만성 요인이 낮다. 정서성 요인은 스트레스 관리 stress management 수준을 잘 예측한다. 정서성 요인이 높은 사람은 스트레스에 매우 취약하고 돌발 상황에 침착하게 대응하지 못한다. 외향성 요인이 높은 사람은 다른 사람이 자신을 좋아한다고 가정하는 경향이 뚜렷하다. 사회적 네트워크를 구축하기를 원하고 조직에서 리더의 역할을 수행하기를 두려워하지 않는다. 그렇다고 외향성 요인이 곧 리더십을 의미하는 것은 아니다. 다른 성과지표도 그렇지만, 특히 리더십의 효과성은 환경과 상호작용이 중요하기 때문이다.

자, 이제 대망의 정직-겸손성 요인이다. 정직-겸손성 요인 자체가 낮은 것도 문제지만, HEXACO의 다른 성격 요인과 상호작용하여 조직 내 또는 사회적 상황에서 행동을 잘 예측한다. 외향성 요인은 높은데, 정직-겸손성 요인이 낮은 사람은 거칠 것 없는 나르시시스트다. 자신을 과시하고, 자신은 법과 질서를 어겨도 된다는 특권의식으로 똘똘 뭉친 사람이다. 외향성 요인이 낮은데, 정직-겸손성 요인도 낮다면 어떨까? 과묵하고 거만하게 사람들을 대하고, 자기와 상대가 되지 않는 부류가 있다고 믿으며 이들과 교류할 가치를 전혀 못 느끼고 부와 명예를 숨어서 즐긴다.

성실성 요인이 높으면 업무 성과를 안정적으로 예측할 수 있다고 했지만, 만약 성실성 요인이 높고 정직-겸손성 요인이 낮다면 어떨까? 불법은 성실하다는 말을 들어본 적이 있는가? 이들은 성실하게 준비해 사기를 치거나, 들키지 않게 배임과 횡령 행위를 할 수도 있다. 자신이 원하는 것을 성취하기 위해 법망을 교묘하게 피해 가는 '법꾸라지' 역시 높은 성실성 요인에 낮은 정직-겸손성 요인이 결합한 결과다. 성실성 요인이 낮고 정직-겸손성도 낮다면 최악이다. 이는 여러 범죄적 유형에 맞춤형으로 사리사욕은 강하지만 자기 통제력은 떨어져 유치장이나 교도소에 들어가 있을 확률이 일반인에 비해 훨씬 높다. 일반인과 같이 생활한대도 도박이나 알코올 중독에 빠져 있을 가능성이 높다.

외향성 요인과 성실성 요인이 정직-겸손성 요인과 어떻게 상호작용하는지 간략히 설명했지만, 정직-겸손성 요인은 다른 성격 요인들과 상호작용하며, 사람들의 태도와 행동을 매우 잘 예측해 준다. 이쯤이면, 자신의 정직-겸손성 요인 수준이 어떠한지, 또 당신 주변 사람들의 정직-겸손성 요인 수준은 어떠한지 궁금하지 않은가? 헥사코 홈페이지 www.hexaco.org에 접속해 좌측 메뉴 중에 'Take the HEXACO-PI-R'을 클릭한 후, 언어를 한국어로 선택하면 우리말로 된 검사를 무료로 받을 수 있다. 평균적인 사람들에 비해 당신의 성격 특성은 어느 정도인지 그래프로 만들어진 결과도 확인할 수 있다. 결과에 대한 해석은 전문가의 도움을 받을 수 있으면 좋지만, 이기범 교수의 책이 우리말로 번역되어 있으니 한번 읽어보기를 권한다(『H 팩터의 심리학: 정직함의 힘』 문예출판사, 2021).

성격을
학습하고
활용하라

**자기계발이 아닌
자기발견을 위한
이야기**

H 요인에
주목하라

 성격은 좋고 나쁨이 있다. 특히 정직-겸손성 요인(이하 H 요인)은 높을수록 바람직하다. 만약 당신이 HEXACO라는 성격 모델에 익숙해진다면, H 요인이 낮은 사람들을 식별할 수 있다. 누군가에게 이용당하지 않고 건강한 관계를 맺으려면 자신의 H 요인을 표현하고, H 요인이 낮은 사람들을 경계하는 능력이 필요하다. 또한 H 요인이 높은 인재가 조직에서 더 영향력 있는 위치에 설 수 있도록 조직 문화와 제도를 정비할 필요가 있다.

많은 심리학자는 협업의 핵심 자질을 A(원만성) 요인에서 찾는다. 그러나 최근 연구에 따르면 도덕적 딜레마 상황에서는 H 요인이 훨씬 더 중요한 역할을 한다.

먼저 실험 참가자들은 단순하지만 지루한 입력 작업을 통해 돈을 번다. 한 장의 문서를 입력할 때마다 20토큰을 받으며, 100토큰을 모아야 1유로(약 1,500원)로 환전된다. 이후 이들은 공공재 게임에 참여한다. 공공재 게임은 자신이 받은 토큰 일부를 공동 주머니 common pot에 넣으면 그 금액이 두 배로 불어나 모든 구성원에게 균등 분배되는 구조다.

이 실험에서 참가자들은 '나는 한 푼도 기여하지 않거나 적게 내고, 남이 넣은 돈만 챙긴다'라는 유혹에 놓인다. 연구자들은 참가자들을 두 그룹으로 나누고, 첫 번째 그룹에는 "얼마를 기여하고, 얼마를 보유할지 선택하세요."라며 '기여 프레임 contribution frame'으로 안내했고, 다른 그룹에는 "얼마를 냈는지 보고하고, 얼마를 숨길지 선택하세요."라며 '정직 프레임 honesty frame'으로 안내했다. 그 결과, 정직 프레임에 노출된 그룹이 기여 프레임에 노출된 그룹에 비해 협력 행동이 유의미하게 더 높게 나타났다.[5]

조직 내 협업은 사회적 딜레마적 성격을 띠고 있다. 내가 나서지 않아도 누군가는 대신 그 일을 하게 된다. 이때 협업에 참여하는 결정은 단순히 능력이나 의지만으로 이루어지지 않는다. H 요인이 자극받을 때 사람들은 더 협력적으로 나선다. 심지어 H 요인이 아주 높지 않더라도, 사람들은 자신의 H 요인을 떠올리는 것만으로도 협업 의지가 상승할 수 있다. 오늘날 대부분의 조직에서 협업은 핵심 과제다. 많은 협업 도구와 방법론이 있음에도 성과가 나지 않는다면, 이제는 H 요인에 주목해 볼 때다.

H 요인이 높은 조직 문화와
리더가 장기 성과를 이끈다

H 요인이 높은 사람들이 더 큰 영향력을 발휘할 수 있는 위치에 올라가게끔 하는 인사제도, 당신의 H 요인을 자극하는 조직 문화, H 요인이 낮은 사람들이 발 둘 곳이 없게 하는 리더십 및 업무 환경 등이 조직의 장기적인 번영을 이끈다.

장기 성과에 있어 가장 중요한 것은 바로 예측력이다. 그런데 예측력이 좋은 사람들의 공통점이 바로 H 요인이 높다는 것이다. 와튼 스쿨의 필립 테틀록Philip Tetlock은 15년이 넘는 기간 동안 전문가들의 예측과 그 결과를 실증 연구했다. 2005년 그가 연구한 결과가 발표되자 세상의 많은 전문가 집단은 당황할 수밖에 없었다. 결과적으로 경제 위기나 국내외 정치 위기 상황에서 전문가들이 자신감 있게 내놓은 예측이 동전을 던져서 하는 판단보다 못했기 때문이었다. 전문가들이 절대로 일어나지 않을 것이라고 주장한 사건 가운데 무려 15%가 실제로 일어났고, 반드시 일어날 것이라고 확신한 사건의 25%는 아예 일어나지도 않았다.

이런 최악의 예측가들에게는 하나의 공통점이 있었다. 분야를 막론하고 겸손하지 못했다는 것이다. 이들은 발언의 강도도 세고 예측엔 확신이 넘쳤지만, 자신과 다른 견해는 쉽게 무시하고 객관적 사실조차도 왜곡해서 해석했다. 어느 한쪽에 편향되어 있었기 때문에 적극 지지자들의 호감은 얻었지만, 세상을 더 어지럽게 만들었을 뿐, 정작 세상에 좋은 기여는 전혀 하지 못했다.

필립 테틀록의 연구에 따르면 전문가들의 예측은 대체로 엉망이었지만, 이 중에는 예측을 잘하는 전문가들도 분명히 있었다. 자신의 전문성에도 불구하고 예측과 의사결정은 매우 어려운 영역이니 불확실성을 충분히 고려해야 한다고 겸손한 주장을 해서 주변으로부터 자신감과 확신이 부족하다는 오해를 받는 그룹이었다. 이들은 자신의 예측에 대한 확신은 부족했지만, 예측의 정확성만큼은 그 누구보다 높았다. 이러한 결과는 리더의 자만심 어린 확신이 자신뿐 아니라 조직의 위기로 이어질 수 있음을 보여준다.

만약 당신의 H 요인이 낮다면

당신의 H 요인이 낮다면, 우선 당신의 낮은 H 요인이 타인을 괴롭고 고통스럽게 할 수 있다는 사실을 인지해야 한다. 타인이 나를 어떻게 보는지 객관적인 성찰이 필요하고 자신의 행동이 다른 사람에게 미치는 영향을 습관적으로 고려해야 한다. 자신의 이익을 희생해 타인의 이익을 도모하는 일을 의도적으로 시도해야 한다. 다른 사람을 통제하려 들기보다는 자율적으로 먼저 선택하도록 배려하는 연습을 꾸준히 하는 것이 좋다. 무엇보다 타인의 작은 호의에도 감사하는 태도를 보이는 것이 중요하다.

H 요인이 낮으면 대체로(80%) 부정적이지만, 일부(20%)는 장점으로 작용한다. 만약 당신이 남들보다 우위에 서는 데 우쭐하는 성미라면 다른 사람들이 주목하는 환경에서 이타적인 행동을 보일 가능성이 겸손한 사람에 비해 높다. H 요인이 낮은 사람은 낯선 사람이 길을 물을 때 가던 길을

멈추고 돕는 경우가 적지만, 다리가 부러진 사람이 길 안내를 부탁할 때는 흔쾌히 도왔다. 후자의 경우는 보는 눈이 많았기 때문이다. H 요인이 낮은 사람은 자신의 친절한 행위가 타인의 눈에 좋게 비친다는 의식을 할 때 더 적극적으로 돕는다.[6]

전문가들이 미국 대통령 42명을 분석한 결과, H 요인이 낮은 대통령들의 성과가 H 요인이 높은 대통령들에 비해 더 좋았다. H 요인이 낮은 대통령들은 위기 대응 능력과 위험 감수 능력, 의회와의 협상 능력에서 우위를 점했다. 이들은 언제나, 누구에게나 친절해야 한다는 압박이 없었고, 목표를 달성하기 위해 자신의 낮은 H 요인으로 공격성과 조작, 이기심, 자아도취 등을 적절히 활용했다. 한마디로 이들은 낮은 H 요인이 언제, 어떻게 표출되면 유리할 수 있는지에 대한 자각이 높았다.[7] 만약 당신의 H 요인이 낮다면, 타고난 특성을 바꾸기는 어렵다. 낮은 H 요인을 통제하고 다스리는 방법과 시의적절하게 활용하는 방법도 알아야 한다.

4. 바람직한 MBTI 활용법

성격 경향을 보완하라

MBTI만큼 극단적 반응을 불러일으키는 심리 도구도 드물다. 열광적 지지와 격렬한 반발 사이, 우리가 놓치고 있는 중요한 지점이 있다. MBTI가 무엇인지, 그리고 무엇이 오해인지에 대한 정확한 이해 말이다.

MBTI는 잘 활용하면 좋은 도구가 될 수 있다

우리나라에서 MBTI는 열렬한 충성팬과 지독한 안티팬으로 양극화되어 있다. 심리학, 특히 산업조직심리학을 공부한 사람들은 MBTI에 거부감이 있다. 여러 심리학자가 MBTI를 비판하는 근거에 더해, MBTI를 채용에까지 연계시키려는 몇몇 기업들의 부적절한 행태 때문에 더 그렇다. 직장이 아닌 일상적 현실에서도 마찬가지다. MBTI를 현재 행동에 관한 판단이나 미래 행동을 예측하는 도구로 자기나 타인을 보는 것은 매우 위험하다.

간혹 TV나 유튜브와 같은 매체에서 "너 T야?", "너는 E고 나는 I니까 그렇지"와 같은 장면을 목격할 때마다 매우 안타깝다. 심지어 MBTI를 가치 판단의 도구로 쓰는 경우도 흔하다. 청소년들 사이에 ENFP는 인싸(Insider, 모임에서 인기가 많고 주목받는 유형)의 상징처럼 여겨지고, INFP는 아웃사이더의 전형으로 여겨진다.

MBTI의 한계를 이해하고 보완한다면 꽤 쓸 만한 조직 내 커뮤니케이션 도구가 될 수 있다. 그렇다면 MBTI의 바람직한 활용법은 무엇일까? 어떤 측면을 보완하면 상호 이해의 도구로서 적합성을 확보할 수 있을까?

MBTI의 결점을 보완할 몇 가지 대안을 제시해 보겠다. MBTI는 성격심리학에서 말하는 갖춰야 할 기본 성격 특성인 안정성 면에선 매우 취약한 도구다. 성격은 생물학적 기반이 있기 때문에 시간이 흐르거나 환경이 바뀌어도 상대적으로 일관된 경향성을 유지한다. 이를 잘 보여주는 사례가 일란성 쌍둥이 연구다. 어린 시절 피치 못할 사정으로 헤어진 일란성 쌍둥이들이 전혀 다른 환경에서 성장했음에도 불구하고 성인이 되어 재회했을 때 놀라울 만큼 유사한 성격 특성을 보이는 사례가 많았다.

성격이 안정적이라는 말에는 성숙의 과정을 포함한다. 인간은 나이가 들수록 성숙해지기 마련이지만 그렇다고 해서 완전히 다른 사람으로 바뀌는 것은 아니다. 예를 들어 초등학생 때 반에서 가장 장난기 많고 활발했던 친구는 20년 뒤 동창회에서 여전히 모인 사람들 중에서 가장 유쾌하고 장난기 많은 성인일 가능성이 높다.

시간이 지나면서 성숙할 수는 있어도 기본적인 성향 자체가 완전히 달라지는 일은 드물다. 여기서 중요한 점은 성격 요인들이 변화할 수는 있어도 전체 집단 내에서 한 개인이 차지하는 상대적 순위는 대체로 안정적이라는 사실이다.

심리학자들이 만든 성격 검사는 이러한 성격의 안정적 특성을 잘 진단할 수 있지만, MBTI는 그렇지 못하다. MBTI는 환경 변화에 매우 취약하다. MBTI를 측정하는 문항 자체가 환경 변화를 크게 반영하기 때문이다. S(감각형)와 N(직관형)만 봐도 그렇다. 조직에서 법무, 회계, IT와 같은 부서에서 일한다면 N 성향을 발휘할 일이 거의 없다. 이런 환경에서 몇 년간 일하게 되면, S형과 N형 중 하나를 택해야 하는 질문에 S형으로 답하는 것은 어찌 보면 매우 당연하다. 환경 변화에 민감하다는 점은 성격 진단 도구로서 MBTI의 단점을 보여주지만, 달리 보면 장점인 측면이 있다.

MBTI는 성격 특성 검사가 아니라 성격 유형 검사

연두색과 초록색은 비슷한 색이지만 어디까지나 주변에 대비되는 색이 있어야 비슷하게 묶인다. 같은 유형으로 분류되려면, 반드시 대비되는 유형이 필요하다. 이 말인즉슨, 성격 특성과 달리 성격 유형은 환경에 반응하는 모습 중에 대비되는 모습이 발견될 때 나타난다는 의미다. 자신이 E(외향형)라는 것을 깨닫는 순간은 나보다 E 성향이 강한 이들과 있을 때가 아니다. I(내향형)들 사이에 있어야 외향성이 눈에 띈다.

따라서 MBTI 성격 유형이란 자신의 타고난 성격적 특성이라기보다는 환경에 반응하여 나타나는 여러 대비된 모습 중 하나라고 생각하는 것이 바람직하다. S형에서 N형으로 변모했다면 실제 성격적 변화라기보다는 직관력을 더 많이 쓰는 환경에 노출되어서 과거의 자신에 비해 N 성향이 강해질 수밖에 없기 때문이다. 이때 주변 사람들이 S 성향이 강하다면 자신의 N 성향은 더 부각되어 보일 것이다.

성격 유형의 변화를 이상하다고 받아들일 것이 아니라 변화된 환경에 대해 성찰하는 기회로 삼자. 환경 변화에 적응하기 위한 자신의 노력을 엿볼 수 있고 그동안 힘들게 살아온 자신을 위로할 수 있을 것이다.

MBTI의
선호 경향을
다른 심리학적 개념으로
보완하라

**자기계발이 아닌
자기발견을 위한
이야기**

외향형과 내향형으로 설명하는
'에너지의 방향' 보완

MBTI에서는 외향형 Extraversion 과 내향형 Introversion 을 '에너지의 방향'으로 설명한다. 엄밀히 말하면 '에너지를 얻는 방향'인데, E형은 에너지의 방향이 외부로 향해 있기 때문에 외부 사람이나 사물에 관심을 두고 바깥에 나가서 교류하면서 에너지를 얻는다. 반면에 I형은 에너지를 얻는 방향이 내부에 있기 때문에 바깥에 나가 사람들을 만나면 에너지를 빼앗기고, 혼자 앉아 생각에 잠기거나 자기만의 시간을 가지면 에너지를 얻기 쉽다는 것이 MBTI의 설명이다.

여기에는 크게 두 가지의 문제가 있다. 하나는 심리적 에너지가 E형과 I형에만 해당하는 개념이 아니라는 점이다. S(감각)형은 구체적·사실적 정보를 다룰 때, N(직관)형은 오감으로 인식된 정보 너머에 있는 의미나 패턴을 발견할 때 에너지를 얻는다. T/F, J/P도 마찬가지다. 각 심리적 선호 경향에 맞는 환경에 처하거나 행위를 할 때 에너지를 얻기 쉽지만, 선호 경향과 반대되는 환경에 처하거나 행위를 할 때는 에너지를 빼앗기기 쉽다.

또 다른 문제는 과연 E형은 외부로부터만 에너지를 얻고, I형은 내부로부터만 에너지를 얻는가 하는 의문이다. E형이라 할지라도, 외부 활동으로부터 지속적으로 에너지를 얻을 수 없다. 직장 내에서 혼자 일을 하면서 에너지를 완전히 소진하게 되면, 친한 동료나 친구 혹은 외부 활동으로부터 에너지를 얻고자 한다는 것이 E형에 관한 설명인데, 과연 그럴까? 인간은 누구든 에너지를 완전히 소진하고 나면, 혼자만의 공간이 필요하다. 외부로부터만 에너지를 얻는 사람은 아무도 없다.

I형도 마찬가지다. 오롯이 내부의 공간과 활동에서만 에너지를 얻는가? 그럴 리 없다. I형도 타인과의 교류를 통해 얼마든지 에너지를 얻을 수 있다.

그래서 나는 E형과 I형을 에너지의 방향 차이가 아니라 에너지를 얻는 확률과 양^{quantity}의 개념으로 이해해야 한다고 생각한다. E형은 외부 활동을 통해 에너지를 얻을 확률이 I형보다 높고 소모할 확률은 I형보다 낮으며, 하루에 만날 수 있는 사람의 양은 I형보다 상대적으로 많다고 이해해야 한다.

어쨌든 E형도 사람들과 교류하며 에너지를 소모하는데, 만날 수 있는 수가 많고 그 만남을 통해 에너지를 다시 보충할 확률이 I형보다 높으므로 잘 버티는 것이다. 핵심은 상대적으로 잘 버틴다는 것이지 E형이 만남을 통해 무조건 에너지를 얻는 사람들은 아니라는 점이다. 이에 비해 I형은 상대적으로 만날 수 있는 사람의 수가 적다. 그리고 만남을 통해 에너지를 얻을 확률은 E형에 비해 높지 않지만 빼앗길 확률은 E형에 비해 높다.

그렇다면 E형과 I형의 차이를 더 잘 이해하는 방식은 무엇일까? 언제, 무엇을, 어떻게 하면 에너지의 증감이 발생하는지에 관한 자각이 중요하다. 그리고 자신의 에너지 상태에 관한 모니터링이 필요한데, 특히 에너지가 바닥일 때 위험 수준 경고를 스스로 알아챌 수 있느냐가 중요하다.

사람들은 자신만의 심리적 에너지가 있고 이로써 사람을 상대하고 일을 한다. 에너지가 있을 때는 상사의 질책이나 동료의 불편한 요구, 고객 컴플레인에 잘 응대할 수 있지만, 에너지가 위험 수준 밑으로 떨어지면 대처능력이 급격히 저하된다. 금연이나 금주를 결심한 사람이 아침에 출근하자마자 담배나 술을 찾는 경우를 본 적이 있는가? 잘 버티다가 심리적 에너지가 위험 수준 밑으로 떨어지게 되는 퇴근쯤에 자연스럽게 담배나 술의 유혹에 취약해지는 법이다.

직장인은 직장 내에서 에너지의 증감을 특히 많이 경험하기 때문에 에너지 위험 수준에 대한 모니터링을 통해 적정 수준 밑으로 떨어지면 에너지를 확보할 수 있는 모드로 들어가야 한다. 그래야 나중에 이불을 차며 후회하게 될 말이나 행동을 하지 않을 수 있고, 사랑하는 가족이 있는 가정에서 버럭하지 않을 수 있다.

펜실베이니아 대학교 와튼 스쿨의 조직심리학자인 애덤 그랜트 Adam Grant

교수의 연구에 따르면, 성과가 높은 영업사원은 E형도 I형도 아니었다. 외향과 내향의 모든 측면을 지닌 양향적 성격의 영업사원이 가장 성과가 탁월했다.[8] 양향적 성격의 영업사원은 내향이 필요할 때는 내향을, 외향이 필요할 때는 외향으로 대처할 수 있었기 때문이다.

　이 결과가 영업사원에게만 해당하지는 않을 것이다. 조직에서는 외향과 내향이 요구되는 업무나 사안들을 내 마음대로 선택할 수 없다. 요구에 맞춰 잘 반응해 주는 것이 중요하다. 이때 만일 내가 외향이라고 해서 모든 일에 외향적 시각으로만 접근할 수는 없다. 혼자만의 고민이 시간이 필요한 일도 있고, 다른 사람들과 함께 해결해야 할 이슈도 생기기 마련이다.

　핵심은 외향과 내향의 선상에서 나의 위치를 이해하고 업무를 수행할 때 에너지의 증감을 스스로 체크하고 관리할 수 있느냐이다. 자신이 외향인지 내향인지 이해하는 것보다 에너지의 증감에 따른 나의 상태를 확인하는 것이 더 중요하다.

감각형과 직관형으로 설명하는 '인식하는 정보' 보완

　MBTI에서 감각형 Sensing과 직관형 iNtuition은 정보 인식에 관한 선호를 드러낸다. S형은 지금 눈으로 보고 손으로 만지는 등 오감으로 느낄 수 있는 정보를 선호하지만 N형은 지금 오감으로 느낄 수 있는 정보 이면에 있는 의미 정보를 인식하길 원한다. S와 N의 차이를 쉽게 확인할 방법을 하나 소개하겠다.

지금부터 당신은 기억력에 관한 퀴즈를 풀 것이다. 아래 제시한 사진을 30초 동안 관찰한 다음, 이 사진과 관련한 퀴즈를 풀어보자. 어떤 문제가 나올지 모르니 사진을 주의 깊게 관찰하도록 하자.

1980년, 겨울. 어머니는 난로 옆에서 고구마를 굽고, 아버지는 마당에서 나무를 다듬으셨다. 낡은 백열전구 아래에서 우리는 서로의 온기로 따뜻했다. 창문 틈으로 바람이 스며들었지만, 작은 운동화와 장화, 부츠들이 줄지어 선 그곳엔 웃음소리가 가득했다.

그리고 2025년 1월, 그곳을 다시 찾았다. 벽은 더 깊게 갈라지고, 문고리는 녹슬었지만, 줄에 걸린 옷가지가 옛날의 우리를 떠올리게 했다. 발끝에 스치는 풀잎 하나조차 그 시절을 기억하는 듯했다.

이제 불은 꺼졌고, 사람들은 떠났지만 여기 이 자리엔 아직도 남아 있다. 어머니의 손길, 아버지의 땀방울 그리고 우리가 함께했던 시간들이. 가슴 한편에 묻어두었던 그 시절을 떠올리며.

미안하지만 사진과 관련한 퀴즈를 준비하지는 못했다. 진짜 목적이 따로 있기 때문이다. 30초의 시간이 주어지는 동안 자신이 사진의 어느 부분에 주목했는지를 돌이켜 보면 S형과 N형을 쉽게 구분할 수 있다.

S형은 사진에 제시된 구체적 사실에 주목하는 경향이 매우 강하다. 장화가 있는지, 전구는 사진의 어느 편에 위치하는지, 신발은 총 몇 켤레인지 등에 관한 구체적 정보를 끊임없이 탐색하고 기억하려 한다. 반면에 N형은 사진에 관한 퀴즈를 낸다고 제시했음에도 불구하고, 사진은 잠깐 훑어보고 아래쪽에 있는 글에 주목한다. 사진 이면에 있는 사연, 즉 의미는 사진이 아닌 글에 적혀 있을 가능성이 높기 때문이다.

S형이라면 자연스럽게 현재 주어진 정보를 구체적이고 세밀하고 꼼꼼하게 검토하면서 정확히 측정 및 계산하려고 들 것이고, N형이라면 주어진 정보를 넘어서 패턴이나 관련성을 살피고 기회나 의미를 찾으려 시도할 것이다. S형은 N형의 비약적 사고방식을 이해하기 힘들고, N형은 S형의 상상력 결핍과 융통성 없음을 참기 어렵다. 이처럼 선호하는 정보, 자연스럽게 호기심이 가는 정보의 형태가 서로 다른 것이 S형과 N형의 차이라고 MBTI는 설명한다.

MBTI의 정보 인식에 관한 설명에 가장 가까운 심리학적 개념은 'System 1과 System 2'다. 이중정보처리이론 dual process theory 에 따르면, 인간은 두 가지 시스템으로 정보를 처리한다. System 1은 자동적이고 빠르게 작동하는 직관적 체계로, 별다른 노력 없이 즉각적으로 판단을 내린다. 사람의 표정을 보고 감정을 알아차리기, 구름을 보며 동물을 연상하기, 2+2와 같은 단순한 계산 등이 System 1의 역할이다.

이에 반해 System 2는 복잡한 계산을 포함해 주의와 노력이 필요한 정신 활동을 담당한다. '58×82' 같은 복잡한 계산, 비좁은 공간에 주차하기, 논리적 타당성 따져보기, '월리를 찾아라'처럼 비슷한 그림 중에서 다른 점 찾기 등을 할 때 작동되는 생각의 방식이다.

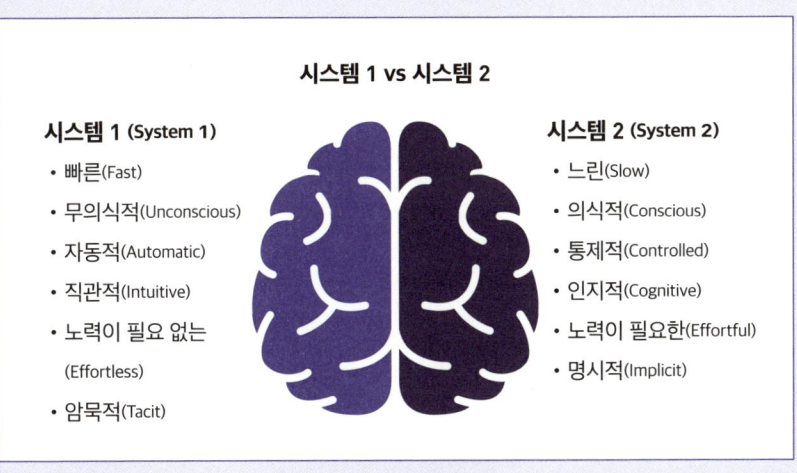

System 1은 빠르고 효율적이지만 오류에 취약하고, System 2는 느리지만 합리적이고 정확한 판단을 잘 내린다. 대부분의 사람은 인지적 구두쇠cognitive miser로서, 기본적으로 System 1을 사용하다가 필요할 때만 System 2를 작동시킨다. 일반적으로 System 1이 직관, 감정, 인상 등의 정보를 System 2에 전달하면, System 2가 이를 검토하고 승인함으로써 인상은 믿음이 되고, 감정 기반의 충동은 자발적 행동이 된다. 이처럼 일상적 상황에서는 System 1이 효과적이며, 두 시스템의 역할 분담은 매우 경제적이다. 하지만 특정한 상황에서는 System 2의 개입이 부족할 경우 편향이나 오류가 발생하기 쉽다. 따라서 현명한 사고란 상황에 맞춰 System 1과 System 2를 적절히 전환하고 활용하는 능력에 달려 있다.

MBTI에서 S형은 세부적이고 구체적인 정보에 민감하고, N형은 보다 더 추상적이고 전체적인 패턴을 파악하려는 경향을 보인다. N형은 S형에 비해 인지적 노력을 덜 들이고 세상을 인식하는 경향이 있으며, 기회를 탐색하고 아이디어를 떠올리는 데 능숙하다. 그래서 N 유형에게는 종종 '직관적·창의적'이라는 수식어가 붙는다.

이때 우리가 간과하지 말아야 할 중요한 사실이 있다. 창의성은 N형의 전유물이 아니다. 모든 인간은 System 1과 System 2를 모두 갖추고 있으며, 상황에 따라 이를 유연하게 전환하면서 사용할 수 있다. 따라서 MBTI를 단순하게 해석해 "N형은 창의적이고, S형은 꼼꼼하다"라는 식으로 단정하는 것은 인간의 인지 체계를 잘못 이해하고 있는 것이다. S형도 충분히 창의적일 수 있고, N형도 얼마든지 세밀한 주의를 발휘할 수 있다. 핵심은 필요할 때 꺼내 쓸 수 있는 능력이다.

S형이 N형의 사고가 필요한 상황에 처했을 때, 또는 N형이 S형의 세부적 인식이 요구되는 상황에 놓였을 때, 우리는 '심리적 거리psychological distance' 조절 전략을 활용할 수 있다. 심리적 거리가 멀어지면 우리는 보다 더 추상적이고 거시적인 사고를 하게 되며, 심리적 거리가 가까워지면 보다 더 구체적이고 실천적인 사고를 하게 된다.

예를 들어 심리적 거리가 가까운 자녀와 대화할 때는 학원 숙제와 수행 평가 과제를 말하지만, 명절 때 만난 조카와 대화할 때는 공부 잘하라는 추상적 언어만 오간다. 사회적 거리가 가까운 직속 상사는 우리에게 구체적 일정과 과업을 조율하며 대화하지만, 사회적 거리가 먼 CEO는 비전을 제시한다. 시간적 거리도 마찬가지다. 시간적 거리가 먼 10년 후에는 추상적인 꿈이 있지만, 당장 닥칠 내일에는 구체적인 할 일이 있다. 공간적 거리가 가까운 사무실에서는 구체적 업무로 머릿속이 가득하지만, 장소만 바꿔도 추상적 사고가 촉진된다. 스위스 여행을 떠올리면서 스위스는 분리수거를 어떻게 할지를 걱정하는 사람은 없다. 공간적 거리가 멀어질수록 구체적 사고에서 추상적 사고로 우리의 머릿속 스위치가 전환되기 때문이다.

S형인데 N형의 관점이 필요한 상황이라면, 시간, 공간, 사람, 경험 등 심리적 거리를 넓혀보라. 심리적 거리가 멀어질수록 새로운 아이디어가 떠오를 수 있다. 반대로 N형인데 구체적인 실행력이 필요한(S형의 관점이 유리한) 상황이라면, 심리적 거리를 좁히고 주의력 자원attentional resource을 확보해야 한다.

특히 익숙하지 않은 환경이나 과제에 맞닥뜨리면 그 자체로 주의력을 많이 소모하기 때문에 N형의 사람들은 실무적인 정보를 놓치기 쉬운 상태에 빠질 수 있다. 예를 들어 익숙하지 않은 초행길을 운전할 때 대화에 집중하기 어렵다. 옆 사람이 말을 걸면, 잠깐만 조용히 해달라고 말하는 이유도 바로 주의력 자원이 부족해지기 때문이다. 따라서 N형이 강한 사람일수록, 집중이 필요한 순간에는 주의력 자원을 보호하고, 불필요한 노이즈성 자극을 차단하는 노력이 필요하다.

사고형과 감정형으로 설명하는
'판단 기능' 보완

　MBTI에서 사고형^{Thinking}과 감정형^{Feeling}은 의사결정의 기준이 무엇인가를 보여주는 축이다. T형은 논리, 일관성, 객관적 사실을 중심으로 판단한다. F형은 사람의 감정, 관계의 조화, 상황의 맥락을 고려해 판단한다. 그런데 이 설명은 자칫 오해를 불러일으킬 수 있다. 자칫 T형은 냉정하거나 비정한 사람, F형은 비논리적이고 감성적이라 단정하기 쉽다. 실제로는 그렇지 않다.

　MBTI의 T형과 F형은 '나는 논리를 선호하는가, 감정을 선호하는가'에 대한 자기 보고식 경향성일 뿐이며, 실제 의사결정 상황에서 드러나는 판단의 질이나 방식을 설명하지는 못한다. 현실의 의사결정은 단순한 선호를 넘어 논리적 사고능력과 상황적 민감성 및 감정 조율 능력에 의해 좌우된다.

　T형의 논리적 사고는 형식 논리, 비판적 사고, 귀납적·연역적 판단으로 구성된 사고 능력이며, 교육, 훈련, 피드백을 통해 향상될 수 있는 능력이다. 반면 F형이 보이는 감정 중심 판단은 심리학에서 말하는 정서지능[티]과 연관성이 있다. 정서지능은 자기인식, 자기 조절, 타인 감정 인식, 관계 조정 능력으로 구성되며, 이 역시 후천적으로 개발 가능한 심리적 자원이다.

　T형도 공감 능력을 기를 수 있으며, F형도 체계적 분석을 통해 뛰어난 판단력을 발휘할 수 있다. 결국 중요한 것은, 자신의 기본 판단 경향을 자각하고, 상황에 따라 다른 판단 프레임으로 전환할 수 있는 유연성이다.

조직 현실에서는 다음과 같이 T형과 F형의 판단이 모두 필요한 상황이 빈번하다. 성과 평가 장면에서는 정량적 기준으로 판단하면서도, 피평가자의 수용 가능성과 감정을 배려해야 한다. 피드백을 제공할 때는 논리적 근거가 필요하지만 관계가 손상되지 않도록 정서적 조율도 필요하다. 의사결정 역시, 수치나 데이터에 기반해 판단하되, 그 결정이 사람에게 미치는 영향을 고려해야 한다.

따라서 판단자는 자신이 선호하는 판단 방식에만 의존하지 않고, 두 가지 판단 체계를 목적에 맞게 전환할 수 있어야 한다. 현실의 리더십이나 협업, 피드백, 갈등 해결에서는 논리적 사고력과 정서지능이라는 두 가지 실제 능력을 함께 개발하는 것이 핵심이다.

판단형과 인식형으로 설명하는 '선호하는 생활 양식' 보완

MBTI에서 판단형 Judging과 인식형 Perceiving은 외부 세계와 상호작용할 때의 태도와 생활 방식의 차이를 보여준다. J형은 계획적이고 체계적인 진행을 선호하며, 결정을 빠르게 내리고 명확한 구조를 유지하려 한다. P형은 유연성과 개방성을 중시하며, 다양한 가능성을 탐색하고 마지막 순간까지 선택을 유보하려는 경향이 있다. 이 설명도 흔히 "J는 철저하고, P는 게으르다"라는 식의 오해로 이어지기 쉽지만, 실제 심리적 기반은 훨씬 더 복합적이다. 그 차이의 본질은 결정과 미결정 사이에서 생기는 심리적 긴장을 해소하는 방식이다.

심리학에서는 이 차이를 인지적 종결 욕구 Need For Cognitive Closure 개념으로 설명할 수 있다. Kruglanski & Webster, 1996. 이는 사람들이 모호하고 불확실한 상황에서 빠르게 명확한 결론에 도달하고자 하는 심리적 욕구를 의미한다. J형은 일반적으로 인지적 종결 욕구가 높은 성향을 보인다. J형은 불확실한 상태에서 심리적 불편을 더 크게 느끼고, 빠르게 결정을 내려 구조와 예측 가능성을 확보하려는 경향이 강하다. 따라서 J형은 계획을 수립하고 실행하는 과정에서 안도감을 느끼고, 일찍 끝낼수록 더 편안하다고 여긴다.

반대로 P형은 인지적 종결 욕구가 낮은 성향에 가깝다. 이들은 결론이 나지 않은 상태를 상대적으로 편하게 받아들이며, 다양한 가능성이 열린 상태를 유지하고자 한다. 가능한 한 많은 대안을 탐색하고, 더 나은 선택지를 기다리는 경향이 강하다. 따라서 P형은 마감이 임박해야 몰입도가 올라가고, 시간이 압박으로 작용할 때 비로소 결정을 내리고 실행에 옮기는 경우가 많다.

높은 인지적 종결 욕구(J형)는 빠른 실행과 안정적 구조화에는 유리하지만 때로는 정보 부족 속에 성급한 판단을 내릴 위험이 있다. 반면 낮은 인지적 종결 욕구(P형)는 탐색성과 창의성에서는 강점을 보이지만, 결정 회피나 실행 지연으로 인한 비효율이 발생할 수 있다.

핵심은 J형과 P형 모두 고정된 본질이 아니라 상황에 따라 선택 가능한 심리적 전략이라는 점이다. 즉 "나는 J형인가 P형인가"를 묻는 것이 아니라 "지금 이 상황에서 빠르게 결정을 내려야 하는가, 아니면 더 많은 정보를 기다리며 유연하게 관찰해야 하는가"를 판단할 수 있는 능력이 중요하다. 이것이 바로 메타인지적 자기 조절 metacognitive self-regulation 이다.

메타인지적 자기 조절이란 현재 자신의 정보 처리 방식과 의사결정 스타일을 인식하고, 상황에 맞게 그 방식을 선택적으로 조절할 수 있는 능력을 말한다. 이 조절 능력이 있는 사람은 불확실한 상황에서는 결정을 유보하며 탐색성을 발휘하고, 긴박한 상황에서는 신속하게 실행 전략으로 전환할 수 있다. 즉, 성공적인 메타인지적 자기 조절은 '나는 원래 P형이니까 계속 유예해야 한다' 혹은 'J형이니까 무조건 빨리 끝내야 한다'라는 태도가 아니라 자신의 경향을 인식한 상태에서 의도적으로 다른 전략을 택할 수 있는 유연성에서 비롯된다.

이러한 관점에서 MBTI의 J형과 P형은 '불확실성과 시간 압박을 어떻게 다루는가'에 대한 심리적 태도와 실행 전략으로 재해석되어야 한다. J형에게는 유예와 탐색을 허용하는 시간 관리법이, P형에게는 우선순위 기반의 실행 전략과 구조화된 환경 설계가 요구된다. 어쨌든 J형도 P형도 선천적 기질이 아니라 학습 가능한 실행 전략이다. 개인의 선택과 훈련을 통해 조절 가능한 성향이며, 결국 J형과 P형은 타고난 정체성이 아니라 불확실성을 다루는 방법의 차이일 뿐이다.

5. 현금보다 좋은 선물이 있다

선택권이 주는 만족감

크리스마스가 다가오면 우리는 늘 같은 고민에 빠진다. 현금을 주는 게 나을까, 선물을 사는 게 나을까? 경제학적으로 생각해 보면 답은 뻔하다. 현금이 더 합리적이다. 받는 사람이 원하는 걸 직접 살 수 있으니까. 하지만 우리의 직감은 뭔가 다르다고 속삭인다.

**선물은
현금보다 힘이 세다**

당신은 작은 도서관의 관장이다. 직원은 3명이 있는데, 이들에게 크리스마스 선물을 하려고 한다. 예산은 직원 1명당 5만 원. 그렇다면 5만 원을 현금으로 주는 게 나을까, 선물을 사서 주는 게 나을까? 선물을 준다면 계속 쓸 수 있는 물건이 나을까, 공연 티켓처럼 체험형 선물이 나을까? 당신의 선택은?

A. 현금

B. 물질적 선물

C. 경험적 선물

무엇이 더 나은 선택인지 판단하는 기준은 무엇보다 만족감이다. 그런데 만족감은 불안정한 측정 도구다. 바로 소유 효과 endowment effect 때문이다. 소유 효과는 사람들이 무언가를 소유하지 않았을 때보다 그것을 소유했을 때 더 높게 평가하는 현상을 말한다. 2017년 노벨경제학상 수상자인 리처드 탈러 Richard Thaler 의 책 『넛지』에 소개되어 세상에 널리 알려졌다. 소유 효과를 공동 연구한 이들 중 한 명은 2002년 노벨경제학상 수상자인 대니얼 카너먼 Daniel Kahneman 이다.

리처드 탈러와 연구진은 실험 참가자 중 절반에게 예쁜 로고가 새겨진 커피 머그컵을 선물했다. 나머지 절반은 아무것도 받지 못했다. 10분 후, 컵을 받은 그룹에게 얼마에 팔고 싶은지를 물었고, 컵을 받지 못한 그룹에게는 얼마에 사고 싶은지 물었다. 컵 소유자 그룹의 평균 판매 희망 가격은 7.12달러, 비소유자 그룹의 평균 구매 희망 가격은 2.87달러였다. 사람들은 단지 컵을 소유했다는 이유만으로 자신의 소유물에 정서적 애착을 느끼고 더 큰 가치를 부여했다. 무료 체험, 환불 무료 등의 마케팅 정책의 효과성은 소유 효과로 설명할 수 있다.

다시 크리스마스 선물 이야기로 돌아가 보자. 현금을 주느냐 선물을 주느냐를 만족감을 기준으로 판단하는 것은 소유 효과 때문에 불안정한 측정 방식일 수 있다. 현금이든 선물이든 자신이 가진 무언가에 대한 만족감은 높아질 것이기 때문이다. 이때 만족감보다 더 나은 측정 방식이 바로 생산성productivity이다. 독일 카를스루에 공과대학교 경제학과 클레멘스 푸페Clemens Puppe 교수는 도서관에 장서를 정리할 직원들을 모집했다. 이들에게 책마다 저자, 출판사, 출판연도를 전자 데이터베이스에 입력하는 작업을 시켰는데, 작업 전에 임금 외에 보너스로 현금이나 선물을 주겠다고 알렸다. 한 집단에는 7유로를, 다른 집단에는 예쁘게 포장한 보온병(7유로짜리)을 줄 것이라고 말했다. 세 번째 집단에는 아무런 언급을 하지 않았다. 어떤 선물을 받을 때, 생산성이 가장 높아졌을까?

경제학적 관점에서 보면 현금이다. 현금으로 보온병을 살 수 있고, 자신이 원하는 다른 물건을 구매할 수도 있으니 말이다. 하지만 결과는 그렇지 않았다. 현금을 받은 참가자의 생산성은 5%만 증가했지만, 보온병을 선물 받은 그룹은 무려 25%의 상승률을 보였다. 보온병 가격을 몰라서 그러지 않았을까 싶어서 연구자들은 이번엔 보온병에 7유로라는 가격표를 함께 붙였다. 실험 결과 보온병 그룹의 생산성은 21%의 상승률을 보였다. 선물은 현금보다 힘이 세다.

선물과 현금,
선택권이 생기면 결과는 달라진다

사람들이 진정으로 원하는 것은 선택권이 아닐까? 이런 의문이 든 클레멘스 푸페 교수는 이번엔 돈이나 선물 중 하나를 선택할 수 있는 조건으로 실험했다. 선택권이 주어지자 직원들 중 80%는 돈을 선택했다. 그리고 돈을 받은 그룹의 생산성은 25%나 증가했다. 항상 선물이 현금보다 힘이 센 것은 아니다. 사람들이 진정 원하는 것은 선택의 자율성autonomy이다.

어차피 받는 돈은 똑같은데 선택권이 생기니 생산성이 높아진 이유는 무엇일까? 사람들은 자율성을 원한다. 인간에게 자율성은 자아 개념과 함께 강하게 형성된다. 아이가 여기저기 흘리면서도 스스로 먹겠다고 고집하는 것은 자아 개념과 자율성 때문이다. 아이가 어른보다 게임에 더 쉽게 빠지는 이유도 자율성으로 설명할 수 있다. 아이는 성인에 비해 스스로 선택할 수 있는 것이 많지 않다. 그런데 게임 세상에선 뭐든지 스스로 선택할 수 있다. 캐릭터, 아이템, 게임 공간과 게임 상대 등 자율성 천국이 따로 없다.

럿거스 대학교 심리학과 마우리시오 델가도Mauricio Delgado 교수는 인간의 자율성 욕구에 관한 단순한 게임을 만들었다. 참가자들은 파란색과 노란색 사각형 중 하나를 선택하면 게임 머니 0달러, 50달러, 100달러를 받을 수 있다. 최종 합산 금액이 많을수록 좋고, 게임 머니는 게임이 끝난 후 현금으로 바꿀 수 있다고 안내했다. 게임은 두 그룹으로 나누어 진행했는데, 첫 번째 그룹은 스스로 도형을 선택하게 했고, 두 번째 그룹은 컴퓨터가 지시한 도형을 선택하게 했다.

미리 짜인 프로그램이었기 때문에 두 그룹에 참가한 사람들의 게임 머니 결과는 모두 같았다. 하지만 반응은 달랐다. 스스로 선택한 집단은 더 적극적으로 참여했으며 매우 흥미롭고 재미있는 게임이라고 답했다.[9] 인간에게는 결과가 아닌 선택의 과정이 더 중요한 것이다.

사람들이
진짜로
원하는 것은?

자기계발이 아닌
자기발견을 위한
이야기

**사람들이 진짜 원하는 것은
성의다**

사람들이 원하는 것은 선택의 자유만이 아니다. 클레멘스 푸페 교수는 그보다 더 깊은 욕구, 바로 '성의'에 주목했다. 무엇을 선택할 수 있느냐보다, 그 선택지에 얼마나 정성과 노력이 담겼는가가 더 중요하다는 것이다. 이를 검증하기 위해 그는 현금에 정성을 더해보았다. 5유로 지폐로 종이접기를 하고, 2유로 동전을 엽서에 붙여 직접 직원들에게 전달했다. 그 결과, 이렇게 정성이 담긴 현금을 받은 직원들의 생산성은 30% 가까이 증

가했다.[10]

핵심은 현금이냐, 선물이냐가 아니다. 중요한 것은 선택 자율성이며, 동기를 그보다 더 깊이 자극하는 건 시간과 노력이 담긴 성의다. 사람들은 정성과 고민의 흔적이 느껴지는 선물일수록 더 큰 만족과 동기부여를 느낀다. 내가 직접 선택했다는 경험은 강한 동기를 불러일으키고, 누군가가 나를 위해 시간을 들였다는 느낌은 '성의'라는 심리적 만족으로 이어진다.

물질적 소비보다 경험적 소비가 사람들을 더 행복하게 한다

그렇다면 물질적 선물과 경험적 선물 중 어떤 선물이 사람들을 더 행복하게 할까? 코넬 대학교 사회심리학자 토머스 길로비치Thomas Gilovich 교수는 경험적 소비와 물질적 소비가 사람들의 행복에 미치는 효과를 연구했다. 소비가 얼마나 행복감을 주는지, 삶의 행복에 얼마나 기여하는지, 경제적으로 잘된 지출인지를 평가했는데 사람들은 경험적 소비가 물질적 소비보다 더 좋은 결정이었다고 답했다.

그런데 이 실험에 '시간'을 추가하자 답이 달라졌다. 먼 시간일수록 경험적 소비를 선호했고, 가까운 시간일수록 물질적 소비를 선호했다. 즉, 사람들은 지금 당장은 눈앞에 보이는 물질적 소비를 원하지만, 먼 과거를 회상하거나 미래를 상상하면 경험적 소비에 대한 선호가 높아진다. 경험적 소비는 시간이 지남에 따라 더 긍정적으로 재해석되는 경향이 강하다.

또 경험적 소비는 개인의 정체성에 더 깊이 관여하고 사회적 연결을 촉진하며 이 과정에서 더 큰 만족감을 느끼게 한다. 아이들은 부모로부터 지금 당장은 게임기를 원할 수 있지만, 시간이 지나면 부모와 함께한 여행을 더 가치 있게 기억할 것이다.[11]

타인을 위해 산 선물도 마찬가지다. 결정적으로 물질적 선물은 비교가 쉽지만, 경험적 선물은 상대적으로 비교가 어렵다. 마스터카드 'Priceless' 캠페인이 긴 시간 사랑받는 이유도 같다. 물질적 선물은 시간이 지남에 따라 만족도가 급격히 감소하는 반면, 경험적 선물은 추억으로 남아 지속적인 만족감을 줄 수 있다.

대개 물질적 소비에서는 행동 후회 action regret가 크지만, 경험적 소비에서는 무행동 후회 inaction regret가 더 크다. 젊은 시절에 친구들과 배낭여행을 떠나지 않은 것은 평생 후회하지만 그 당시 갖고 싶었던 최신형 랩탑을 사지 않은 것은 금방 잊는다. 사람들은 물질적 소비에는 '그걸 왜 샀을까? 기다렸다가 더 좋은 제품이 나오면 살걸' 하며 저지른 행동에 대해 후회하지만 경험적 소비에는 '그때 왜 행동에 옮기지 않았을까? 기다리면 다신 안 오는데' 하며 시도하지 않은 것을 더 크게 후회한다.

물질적 소비나 물질적 선물을 무시해서는 안 된다

인간의 두 가지 삶의 방식은 소유 having 양식과 실존 being 양식이다. 소유 양식은 물질적 재화를 축적하고 통제하려는 삶의 태도를 말하고, 존재 양식은 소유가 아닌 내적 경험, 자아실현, 타인과의 관계를 통해 삶을 영위하는 태도를 말한다.

　에리히 프롬은 『소유냐 존재냐』에서 진정한 존재는 소유에 있지 않다고 말한다. 소유 중심의 삶은 타인을 도구화하고 자연과 인간성을 파괴하지만, 존재 중심의 삶은 공동체적 연대와 지속 가능성을 지향한다. 따라서 자신의 정체성을 소유물과 지위로 정의하지 말고 경험, 사랑, 창조와 같은 존재적 활동으로 정의해야 한다. 인생을 얼마나 잘 살았는지는 얼마나 많이 가졌느냐가 아니라 얼마나 의미 있는 존재였느냐에 달려 있다. 『소유냐 존재냐』는 1976년 출간 이후로 지금까지 많은 개인의 삶뿐만 아니라 사회 전반의 문화 형성에 크게 영향을 끼쳤다.

　그런데 소유와 존재는 꼭 둘 중 하나를 선택해야 하는 문제가 아닐 수 있다. 핀란드 알토 대학교 심리학과 프랭크 마르텔라 Frank Martela 교수는 소유와 존재를 동시에 추구할 수 있으며, 이 둘을 균형 있게 추구하는 방식이 오히려 개인의 행복감을 더 높일 수 있다고 주장한다. 그의 관점에 따르면, 소유는 물질적 필요를, 사랑은 심리적 필요를 충족시키며, 존재는 이 두 가지 필요가 충족된 이후에 비로소 가능해지는 삶의 상태다. 다시 말해, 소유와 사랑이 존재적 만족감을 위한 토대로 작동할 때, 우리는 더 깊은 행복을 경험할 수 있다.

　예를 들어 물질적 선물을 줄 때 단순한 소비가 아닌, 그 사람이 내게 지닌 의미와 감사를 함께 담는다면, 그 선물은 단순한 소유물을 넘어 존재적 가치를 담은 행위로 확장될 수 있다. 이처럼 물질과 정서가 함께 작동할 때, 소유는 존재를 위한 도구가 된다.

6. 아파야만
보이는
것들

타인의 아픔을 이해하는 방법

우리는 공감을 아름답다고 여긴다. 하지만 현실의 조직에서는 어떨까? 때로는 남의 아픔이 나의 기쁨이 되기도 한다. 그리고 놀랍게도, 진정으로 타인의 고통을 이해하는 사람은 과거에 아팠던 사람이 아니라 지금 이 순간 아픈 사람이다.

남의 아픔이 나의 아픔이 되는 사람,
남의 아픔이 나의 기쁨이 되는 사람

"아프냐, 나도 아프다."

2003년 방영된 드라마 〈다모〉에서 나온 이 대사는, 지금도 많은 사람에게 한국 드라마 역사상 최고의 명대사로 회자된다. 누군가의 고통을 바라보며 함께 아파하는 것, 바로 그것이 공감이다.

극 중 채옥(하지원)은 신체적 고통을 겪고 있고, 이를 지켜보는 윤(이서진)은 육체적 상처가 아닌 마음의 고통을 겪는다. 가까운 사이일수록 공감은 더 깊어진다. 진화심리학 관점으로 보았을 때, 부모가 자녀의 아픔에 즉각 반응하도록 마음이 설계된 이유는 자녀의 생존 가능성을 높이기 위해서다. 이런 관점에서 보면, 이 장면은 윤이 채옥을 피를 나눈 가족처럼 소중히 여긴다는 상징적 표현이기도 하다.

가족이나 친구처럼 가까운 사이에 느끼는 공감과 조직 안에서 경험하는 감정은 본질적으로 다르다. 현실에서는 남의 고통을 함께 나누기는커녕 타인의 아픔을 기뻐하는 샤덴프로이데(Schadenfreude, 남의 불행이나 고통을 보았을 때 기쁨을 느끼는 심리)가 일상인 조직도 흔하다. 이런 조직의 구성원들은 겉으로는 위로하는 척하면서 속으로는 타인의 아픔을 오히려 기뻐한다. 중요한 점은, 이러한 현상이 단지 일부 개인의 성격적 결함에서 비롯되는 것이 아니라 조직 문화와 구조적 요인에서 비롯된다는 것이다.

조직에서 남의 아픔에 더 잘 공감하는 사람의 특징

일터에서 타인의 고통에 더 잘 공감하는 이는 어떤 사람들일까? 결론부터 말하자면, 과거에 아파 본 사람이 아니라 현재 아픈 사람이 타인의 고통에 민감하다. 여기서 고통은 비단 신체적 고통 physical pain 만을 의미하지 않는다. 따돌림, 실연, 무시와 같은 사회적 고통 social pain 도 포함한다.

실제 우리 뇌는 신체적 고통과 사회적 고통을 구분하지 못한다. UCLA 심리학과 교수 나오미 아이젠베르거 Naomi Eisenberger 는 2003년 〈사이언스 Science〉지에 발표한 논문을 통해 사회적 고통을 느끼는 뇌와 신체적 고통을 느끼

는 뇌가 동일함을 증명한 바 있다.[12]

실험 대상자는 3명이 서로 공을 주고받는 컴퓨터 게임 프로그램에 참가하는데 처음엔 사이좋게 공을 주고받다가 어느 순간 실험 대상자를 뺀 나머지 둘만 공을 주고받는다. 소위 사회적 따돌림 상황을 연출한 것이다.

이때 관계에서 배제당한 사람의 뇌를 보면 전대상피질 anterior cingulate cortex 이 활성화되는데, 이는 물리적 사고나 폭력으로 인한 고통을 느끼는 부위와 동일한 영역이다. 모욕과 차별, 배신, 따돌림, 결별 등의 사회적 고통은 물리적 폭력만큼 혹은 그보다 더 아프다. 상상의 고통이 아니라 실제로 큰 고통을 느낀다.

사회적 상황을 회피할 수 있는 환경이라면 그나마 나을 수 있다. 하지만 군대와 같은 환경이라면 어떨까? 피할 수 없다면 즐기라고 말할 수 있을까? 나는 적어도 사회적 고통에서만큼은 그렇게 말해서는 안 된다고 생각한다. 생계가 달린 조직에서도 마찬가지다. 그래서 군대나 직장에서는 모욕과 차별과 같은 사회적 고통을 가하는 행위를 보다 더 엄격히 다루어야 한다.

신체적 고통을 느끼면 진통제를 복용하듯이, 사회적 고통도 진통제가 효과가 있지 않을까? 연구자들은 진통제가 사회적 고통에 효과가 있음을 확인했다. 진통제는 신체적 고통 경감에 효과가 있을 뿐만 아니라 실연, 따돌림, 배신감을 치유하기도 한다. 직장에서 사회적 고통을 느끼고 있다면, 신체적 고통을 치유하는 방법과 똑같은 처방을 써야 한다. 진통제를 먹고, 죽과 같이 소화가 잘되는 음식을 먹고 잠을 푹 자는 것이 우선이다.

그런데 진통제가 사회적 고통을 경감시킨다면 진통제를 복용한 사람은 타인의 고통에 둔감해지는 것은 아닐까? 연구자들은 진통제를 복용한 그룹이 그러지 않은 그룹에 비해 타인의 고통에 덜 민감하게 반응한다는 사실도 밝혀냈다. 다시 말해, 내가 지금 아프지 않으면 타인의 아픔을 잘 느끼지 못한다. 칠전팔기로 당선된 정치인도 지금 아프지 않으면 국민을 공감하지 못하고, 승리에 도취한 리더는 과거 자신의 처지와 비슷한 부하 직원의 아픔을 알아차리지 못한다.

만일 직장에서 당신이 아파할 때 누군가의 위로가 가식적으로 느껴졌다면, 위로하는 그 순간에 상대가 보였던 표정이나 감정 때문이 아니라 당신을 위로한 후에 그 사람이 보인 모습 때문일 것이다. 현재 아픔을 느끼지 못한 사람은 그 순간만큼은 기가 막힌 연기력을 보일 수 있을지 몰라도, 그 순간과 상황을 벗어나면 본래의 감정 상태를 금세 내비친다. 그래서 우리는 참사 현장에서 눈물을 보였던 가식적인 정치인이 그 상황만 벗어나면 놀랍도록 빠르게 파안대소하는 장면을 쉽게 목격할 수 있다.

비록 아파 본 경험이 있더라도 현재 아프지 않으면 그 고통을 이해하지 못한다. 공감 간극 효과(empathy gap effect) 때문이다. 다이어트를 계획할 때는 한두 끼를 걸러본 경험이 있어서 한두 끼 정도는 안 먹고 버틸 수 있을 것 같지만 막상 허기를 느끼면 그제야 그것이 쉽지 않다는 사실을 깨닫게 된다. 인간은 경험했다 한들, 지금 그 감정이 아니면 충분히 공감하지 못한다.

당신의 아픔을 공감할 수 있는 사람은 과거에 아팠던 사람이 아니라 지금 아픈 사람이다. 진정한 위로는 실패와 좌절, 고통을 함께 경험한 사이에서 이루어진다. 심지어 진짜 진통제가 아니라 진통 효과가 있는 것으로 착각한 약물을 복용한 사람도 타인을 공감하지 못한다.[13] 지금 내 신체가 아프지 않다고 착각하는 것으로도 타인에 대한 공감 능력이 떨어진다니 이 점이 참 흥미롭고 씁쓸하다.

내가 지금 아프다면, 무조건 나쁜 것만은 아니다. 주변의 아픔을 진정으로 공감할 기회가 될 수 있기 때문이다. 당신이 현재 직장에서 여러 실패로 좌절하고 있다면, 과거에 진정으로 위로하지 못했던 동료나 부하 직원을 위로할 시점이다. "내가 겪어보니, 너도 참 힘들겠다는 걸 잘 알겠다", "내가 아프니, 네 아픔을 알겠다"라고 말이다.

지금 내가 힘든데 누굴 위로할 겨를이 있겠냐고 반문할 수 있다. PTSD(외상 후 스트레스 장애)를 겪고 있는 것과 역경에 대해 성숙한 태도를 보이는 것은 서로 다른 심리적 과정이다.[14] 누가 봐도 최악의 상황에 처해 있음에도 다른 사람을 배려하고 아끼는 마음을 표현하는 것은 그 사람이 가식적이어서가 아니라 성숙해서다. 아픔이 없는 조직이 좋은 조직이 아니라 아픔을 이해하고 다룰 줄 아는 조직이 좋은 조직이고 좋은 리더다.

동료의 아픔에
더 공감하는
조직 문화는?

**자기계발이 아닌
자기발견을 위한
이야기**

**타인의 성공에 질투하고,
타인의 아픔에 기뻐하는 조직은 흔하다**

구성원들이 슬픔을 나눌 때 기뻐하고, 기쁨을 나눌 때 질투를 느끼고 있다면 조직 공정성이 무너졌을 가능성이 높다. 질투와 부러움은 비슷해 보이지만 전혀 다른 감정이다. 부러움은 남이 잘되었을 때 나도 그렇게 되고 싶다는 감정이지만, 질투는 남이 잘되었을 때 그 사람이 제발 안되기를 바라는 감정이다.

"기쁨을 나누면 배가 되고, 슬픔을 나누면 반이 된다"라는 말이 있다.

만일 당신 조직에서 누군가 승진을 해 그 기쁨을 나누어 배가 된다면 당신은 좋은 조직에서 일하고 있다고 자부해도 좋다. 그런데 승진 대상자에게 축하의 메시지를 전하면서 얼굴은 웃고 있지만 마음은 질투로 가득하다면 당신이 못된 사람이어서가 아니라 조직의 문제일 수 있다. 더 흥미로운 점은 이런 조직일수록 슬픔을 나눌 때, 겉으로는 함께 슬픈 척하지만 속으로는 웃고 있을 확률이 높다. 기쁨을 나누면 질투를 느끼고, 슬픔을 나눌 때 기쁨이 배가 되는 그런 조직이 세상에는 의외로 많다.

그렇다면 어떤 조직에서 기쁨을 나누면 반이 되고, 슬픔을 나누면 기쁨이 배가 되는 것일까? 조직심리학자들은 그 답을 조직 공정성에서 찾았다. 구성원들이 조직이 공정하다고 느낄수록 기쁨은 배가 되고 슬픔은 반이 되었다.[15]

그렇다면 구성원들은 공정한 조직이라는 신호를 주로 어떤 장면에서 받을까? 대표적인 장면이 바로 리더급 인사다. 구성원들은 마땅히 리더로 승진해야 할 사람들이 승진하고 보상받는다는 인상을 받을 때 공정하다고 느낀다. 반면 조직 정치나 아부를 잘해서 승진하는 사람들이 생기면 불공정성에 대한 지각은 높아진다.

이것이 인사가 만사라고 불리는 이유 중 하나다. 따라서 조직은 리더 선발에 철저해야 한다. 아무리 실적이 좋아도, 그럴듯한 조직 문화를 만들었어도 구성원들의 불공정성에 대한 지각이 높아지면 무너지기 쉽다.

조직 공정성의 핵심은
리더에 대한 신뢰다

어떻게 하면 조직 공정성에 대한 지각을 높일 수 있을까? 조직 공정성은 분배 공정성, 절차 공정성, 상호작용 공정성으로 나누어 볼 수 있다.

분배 공정성은 투입 대비 결과를 말한다. 당신이 100만큼 일하고 100을 받는다면 공정하다고 느끼겠지만, 100만큼 일했는데, 50밖에 못 받는다면 불공정하다고 느낄 것이다. 그런데 분배 공정성이 이렇게 단순하지 않다는 것이 함정이다. 옆 직원이 있다. 나는 100만큼 일하고 100을 받았는데, 옆 직원은 50만큼 일하고 100을 받아간다. 공정한가? 결코 공정하지 않다고 느낄 것이다. 더 재미있는 점은 상황이 바뀐 경우다. 나는 50만큼 일하고 100을 받고 옆 직원은 100만큼 일하고 100을 받는다. 공정한가? 아마 약간의 죄책감은 들겠지만, 공정하다고 느낄 것이다. 이런 이유로 조직이 분배 공정성을 달성하기는 상당히 어렵다.

그래서 조직은 절차 공정성과 상호작용 공정성을 높이는 데 주력해야 한다. 절차 공정성은 평가와 분배가 이루어지는 과정에서 느끼는 공정함이다. 평가와 분배를 정하는 의사결정 과정에 동참하거나 절차가 투명하게 공표되고 절차대로 진행될 때 구성원들은 공정함을 느낀다. 쥐도 새도 모르게 결정되고 결과만을 통보받는 조직에서는 구성원들이 공정함을 느낄 수 없다.

상호작용 공정성은 구성원이 느끼는 리더의 태도다. 리더가 자신을 존중하고 있다고 구성원들이 느낄 때 조직의 상호작용 공정성이 증가한다. 주고받는 정보의 질과 양, 상호작용 과정에 느끼는 인간적인 관계의 질 등이 높다면 신뢰는 증가하고 구성원들은 비록 다른 공정성에서 미흡하더라도 리더를 믿고 버틸 수 있다.

　조직 공정성의 기본 중의 기본은 리더에 대한 구성원의 신뢰다. 최근 ADP 연구소가 5만여 명의 직장인들을 대상으로 한 글로벌 조사에 따르면, 구성원들이 리더를 신뢰한다고 느낄 때 업무에 완전히 몰입하고, 강한 회복 탄력성을 가질 가능성이 그렇지 않은 경우에 비해 3배나 높았다.

2장

성장의 늪

1. 공부에 때는 없다는 착각

공부하기 더 좋은 때는 존재한다

많이 배운 사람은 교만하리라고 지레짐작하기 쉽다. 하지만 진실은 그 반대다. 진정으로 배운 사람은 자신이 얼마나 모르는지를 깨닫는다. 그리고 쉽고 재미있는 배움은 우리를 더 어리석게 만든다. 진정한 성장은 불편함 속에서만 일어난다.

지능보다 지적 겸손성이 중요하다

지적 겸손성 intellectual humility 은 자신의 지식 한계를 인정하고 다양한 관점을 포용하고 수용하는 특성을 말한다. 지적으로 겸손한 사람은 호기심으로 사람과 사물을 대하기 때문에 배움을 얻고 성장할 가능성이 높다. 그뿐만 아니라 조직 연구에서는 집단 지성 collective intelligence 을 예측하는 가장 중요한 변인 중 하나로 밝혀지기도 했다. 아무리 많이 배우고 똑똑하다 해도 지적 겸손성이 낮은 그룹은 집단 지성이 낮고 조직 성과도 낮았다.

흥미로운 점은 지적 겸손성이 더 필요한 사람들은 똑똑한 사람들이 아니라 지능 점수가 상대적으로 낮은 사람들이라는 점이다. 지능이 낮은데 겸손하지 않은 사람들은 최악의 성과를 낳는다.[1] 겸손은 개인의 발전과 조직의 성과를 위해 반드시 갖추어야 하고 표현해야 할 기술이다.

그런데 많이 배울수록 교만할까, 아니면 더 겸손할까? 지적 겸손성은 쉽게 말하면 자신의 믿음이 틀릴 수 있다고 얼마만큼 인식하느냐를 뜻한다. 자신의 지식은 부분적이며 심리적 편견이나 결함으로 인한 오류가 있을 수 있음을 아는 것이다.

보통은 자신의 믿음이 사실인 것처럼 믿고 행동하는 것이 유리하다. 모든 것이 불확실하다고 생각한다면 그 어떤 선택이나 행동을 할 수 없을 것이다. 모든 생각과 행동에 불확실한 태도를 보이는 것은 지적 겸손성의 특성이 아니다. 오히려 지식과 지혜가 너무 소중하기에 보다 더 확실한 증거를 찾고자 하는 태도에 가깝다. 세상에 많은 질문에 정답이 없다며 어떤 의견에도 열린 자세를 보여야 한다고 주장하는 것은 지적 겸손성이 아니다.

UC버클리 대학교 심리학과 연구진의 조사에 따르면 교육 수준이 높을수록 지적 겸손성도 높았다. 아이작 뉴턴이 자신을 바닷가 모래사장에서 좀 더 예쁘고 매끄러운 조약돌과 조가비를 줍고 노는 어린애와 같다고 자신의 지식을 비유한 것도 근거 있는 말이다. 지식의 특성상 많이 배울수록 관련 정보가 더 늘어나기 때문에 모르는 영역이 더 커질 수밖에 없다. 학력 수준이 높을수록 지적으로 더 겸손한 태도를 보이고, 학력 수준이 낮은 사람들이 교만한 태도를 보일 가능성이 높다.

조사 결과, 대도시에 살수록 지적으로 겸손했고, 시골에 사는 사람들이 가장 교만했다. 접하는 정보나 사람의 질과 양이 다르기 때문이다. 현대판 맹모삼천지교는 아이들이 시야, 관점, 경험을 넓힐 수 있도록 해외 각국의 사람과 문화를 경험하게 하는 것일 수 있다. 수입이 많을수록 지적 겸손성이 높았다. 수입이 직접적인 원인이 되었다기보다는 교육 수준이 높을수록 대개 수입이 높아서 나타난 결과로 해석해야 한다.

공부에 더 좋은 때가 있다

이 조사에서 특히 흥미로웠던 점은 나이와 지적 겸손성 간의 관계다. 교육 수준이 높은 젊은 사람들은 지적 겸손성이 높았지만, 나이가 든 후에 공부하는 사람들은 지적 겸손성 증가가 뚜렷하지 않았다. 고등학교를 제대로 마치지 못한 사람들은 나이가 많든 적든 지적으로 겸손한 태도보다는 고집과 확신에 머무는 경향이 전반적으로 컸다.

이 결과를 두고 '나이 들어 공부해도 소용없다'라는 식으로 받아들여서는 곤란하다. 지적 겸손성은 단순히 나이나 학력의 문제가 아니라 학습의 질과 태도의 문제이기 때문이다. 상대적으로 경험이 부족한 젊은 사람들은 배움 속에서 자신이 얼마나 모르는 게 많았는지 일찍 깨달을 수 있었고, 그 경험이 이후의 삶에서 더 겸손하고 개방적인 태도로 이어졌을 가능성이 크다.

반면 나이가 든 후의 배움은 이미 형성된 신념과 경험의 관성 위에서 이루어지기 때문에 자신의 틀을 깨는 데 더 큰 노력과 성찰이 필요하다. 중요한 것은 나이가 아니라 열린 마음으로 배우려는 자세다.

지적 겸손성은 단순히 공부했느냐가 아니라 그 배움이 나를 어떻게 바꾸었는가에 달려 있다. 결국, 지적 겸손성은 나이보다 배움에 대한 태도에서 비롯된다. 하지만 분명한 사실은 젊은 시절에 시작한 배움이 장기적으로 더 깊은 겸손과 호기심을 형성할 가능성이 크다는 것이다. 공부에도 좋은 타이밍은 있다. 그 시기를 놓치지 않고 학습을 시작한 사람은 이후에도 더 유연하고 겸손한 태도로 세상을 바라볼 수 있다.

이왕 시작할 공부는 자신의 인생에서 가장 젊은 '지금' 하는 것이 좋다. '공부는 때가 없다'라는 말에 안주하지 말고, 지금 당장 자신의 세계를 넓히는 데 투자하는 것이 유리하다. 배움의 시기를 미루지 않는 태도 자체가 지적 겸손의 시작일 수 있다.

쉽고 재미있는 공부는 독이다

자기계발이 아닌 자기발견을 위한 이야기

재미는 만족감과 효능감을 높일 수 있지만, 학습 성과와는 관련 없다

아래 두 가지 교육의 목표가 있다. 어떤 목표가 학습 동기를 높인다고 생각하는가?

1. 교육의 목표는 새로운 스킬을 습득하는 것이다. 점점 스킬이 는다고 느낀다면 교육이 잘되고 있다는 신호다.

2. 교육의 목표는 어색함과 불편함을 느끼는 것이다. 불편함을 느끼는 것은

교육이 효과가 있다는 신호다. 따라서 당신의 목표는 심리적으로 편안한 영역에서 벗어나 어색한 상황에 당신을 노출하는 것이다.

대부분의 교육 프로그램 목표는 1번과 유사하다. 몇 가지 예시를 보자.

가. 조직 내 중간관리자가 조직의 창의성 향상에 기여할 방안을 학습해 업무 현장에 효과적으로 적용할 수 있다.

나. 의사결정 과정에 반드시 고려해야 할 요인을 학습하여 기존 의사결정 방식에 적용해 개선할 수 있다.

다. 몰입의 본질을 이해하고 자신의 직무에서 몰입 수준을 높일 수 있는 효과적 대안을 실행하고 업무 몰입 환경을 구축할 수 있다.

가, 나, 다는 모두 1번과 같이 효능감을 측정하기 위한 목표 설정이다. 학습자의 자신감을 높이려면 교육의 내용은 가급적 쉽고 재미있어야 한다. 이해하기 쉬운 사례와 상황을 단순화시킨 토론이나 워크숍이 교육 과정 개발의 핵심이 된 지는 오래다. 여기에 게임 요소는 이제 필수가 되었다. 한마디로 쉽고 재미있어야 학습 효과가 높다는 발상이다. 그리고 그 결과로 적용하기 쉬운 사례와 게임 요소를 잘 개발하는 것이 언젠가부터 교육의 대세가 되었다.

현실적으로 학습자들의 만족도를 무시할 수 없다. 좋은 교육과 그렇지 못한 교육을 평가하는 근간은 교육이 끝난 후 학습자들의 만족도다. 사람들은 커크패트릭 모델 Kirkpatrick's model에 따라 만족도가 높아야 학습, 행동 변화, 조직 성과에도 영향을 미친다고 생각한다. 하지만 만족도가 학습 성과로 이어진다는 증거는 매우 빈약하다.[2]

불편함이야말로
학습에 장기적으로 효과적이다

코넬 대학교 SC 존슨 경영대학원 교수 케이틀린 울리 Kaitlin Wolley와 시카고 대학교 부스 경영대학원 교수 에일렛 피시바흐 Ayelet Fishbach는 5건의 실험을 통해, 스킬 향상에 집착하는 것보다 불편함을 추구하는 편이 학습에 더 큰 도움이 된다고 주장한다. 연구의 결론은 "성장은 본질적으로 불편한 것이고, 쉽고 편한 학습 방식을 추구하는 것은 쉽고 빠르게 잊히기 마련이다"라는 한 문장으로 정리할 수 있다.

연구진은 먼저 현장으로 향했다. 즉흥 연기 수업을 듣는 학생들을 앞서 소개한 두 가지 목표 중 하나에 무작위로 할당했다. 연구 결과, 스킬 향상을 기대한 학생들에 비해 불편함을 기대한 학생들의 학습 성과가 더 높았다. 이어진 다른 실험에서는 코로나19와 관련한 건강 관련 기사를 읽게 했는데, 이때도 기사가 어렵고 불편한 게 당연하다고 인식한 사람들은, 뭔가 쉽게 배울 요령이 있으리라고 생각하는 사람들에 비해 더 열심히 읽으려는 의지와 행동을 보였다.

견해가 다른 사람들의 의견을 수용하는 태도에 관해서도 마찬가지였다. 미국에서 공화당 지지자들은 〈폭스 뉴스〉를, 민주당 지지자들은 〈뉴욕타임스〉를 주로 신뢰한다. 연구진은 민주당 지지자에겐 〈폭스 뉴스〉 기사를, 공화당 지지자들에겐 〈뉴욕타임스〉 기사를 제공했다. 이때도 나와 다른 견해가 불편할 수밖에 없다고 생각한 사람들이 서로 다른 견해를 통해 이해할 수 있다고 믿는 사람들보다 반대 성향의 뉴스를 더 열심히 읽었다.

불편함이 학습 동기에 도움이 되는 이유는 무엇일까? 긍정적인 경험과 피드백도 효과적이지만, 부정적 경험을 성장의 신호로 받아들일 때 오히려 더 큰 동력이 된다. 우리는 긍정적 자극보다 불편함이나 스트레스에 더 민감하기 때문에, 이를 회피하거나 맞서 싸우려는 반응을 보인다. 결국 긍정보다 부정이 더 강한 동기를 자극하는 셈이고, 이 에너지를 어떻게 전환하느냐가 학습 효과를 좌우한다.

부정을 성장으로 전환하는 방법 중 하나는 쓴 약에 꿀을 타듯 부정적 경험에 긍정적 의미를 덧입히는 것이다. 군 복무 시절의 고된 훈련은 당시엔 부조리한 고통이었지만, 지나고 보니 인내와 협력을 배우는 자산으로 여기는 것이다. 그러나 더 효과적인 전략은 상황 자체를 재해석하는 '마인드셋^{mindset}'이다. 낯선 사람들 앞에서 노래할 때 불안을 '위험 신호'가 아니라 '흥분'으로 받아들이면, 불안으로 해석한 사람보다 더 침착하게 실력을 발휘할 수 있다.

물론 불편함이 언제나 도움이 되는 것은 아니다. 그러나 그것을 학습 과정의 일부로 받아들이고 성장으로 이어진다고 믿는다면, 단순히 재미와 즐거움만을 강조하는 교육보다 훨씬 큰 동기부여 효과를 얻을 수 있다.

2. 태도만 바꾸면 모든 것이 좋아지는가?

장기 변화를 이끄는 가시적인 변화

마음가짐 또는 태도만 바꾸면 모든 것이 좋아질 것이라는 믿음, 그 이면에는 더 잔혹한 진실이 숨어 있다. 마음을 바꾸는 것만으로는 충분하지 않다. 진정한 변화에는 눈에 보이는 현실의 변화가 반드시 따라야 한다.

태도만 바꾸면 좋아질까?

'피할 수 없으면 즐겨라'라는 말은 심리학적 관점에서 보면 전형적인 인지부조화 cognitive dissonance다. 신념, 태도, 행동이 일관되지 않거나 모순이 존재할 때 겪는 심리적 불편함을 인지부조화라고 한다. 인지부조화를 경험하게 되면 사람들은 이를 해소하고 신념, 태도, 행동 간의 일관성을 유지하기 위해 바꾸기 쉬운 것을 자연스럽게 바꿔 일치시킨다.

인지부조화의 고전적 실험 하나를 소개한다. 심리학 실험에 참가한 당신은 정말 재미라고는 조금도 찾아보기 힘든 단순 반복 작업을 1시간가량 실행해야 한다. 지겨운 작업을 마치고 나니, 실험자가 다가와 당신 다음으로 실험에 참가하는 사람에게 이 작업이 재미있었다고 말해 달라는 부탁을 해왔다. 당신은 이 부탁을 수락하고, 그들에게 거짓말을 해야 한다.

A. 이후, 실험자는 고맙다면서 당신에게 1만 원을 준다. (1시간 시급)
B. 이후, 실험자는 고맙나면서 당신에게 20만 원을 준다. (1시간 시급의 20배)

거짓말을 한 당신 앞에는 방금 했던 작업이 실제로 얼마나 재미있었는지 묻는 설문지가 놓여 있다. 위 두 가지 경우 중 어느 상황일 때 재미있다고 응답할 확률이 높을까?

사람들은 B보다는 A에서 작업이 가치 있고 재미있었다고 응답하는 경향이 높다. 20만 원을 받은 상황에선 나의 태도와 행위가 일치하지 않은 것은 충분히 설명된다. 거짓말을 하는 대가로 20만 원은 꽤 괜찮은 보수라고 생각하기 때문이다. 그런데 1만 원은 거짓말을 하는 대가로 충분치 않다. 1시간을 생고생했는데, 겨우 1만 원을 받고 거짓말까지 해야 하니 불편한 심정이다. 이때 사람들은 태도와 행동 간의 부조화를 느끼게 되고, 이를 해소하기 위해 이미 뱉은 말을 철회하기보다는 태도를 바꾸는 것을 택한다.

행동이 아니라 태도를 바꾸는 것도 인지부조화 해소에 해당한다. 상대적으로 바꾸기 쉬운 것을 바꾸는 것이 인지부조화 해소의 핵심이다. "피할 수 없으면 즐겨라"가 대표적이다. 이는 보통 자신이 통제할 수 없는 환경에서 적용되는 말이다. 예를 들면 군대와 같은 환경이다. 비록 지금 겪는 환경은 전혀 즐겁지 않지만, 훈련이 정신과 신체를 단련시키는 이로운 활동이라고 생각하면 즐길 수 있는 여지는 있다.

일터에서도 태도 변화는 중요하다

성장 마인드셋 growth mindset 이나 긍정심리학 positive psychology, 그릿 grit 등 많은 심리학 개념들은 "피할 수 없으면 즐겨라"라는 말을 알게 모르게 지원하고 있다. 조직심리학의 잡 크래프팅 job crafting 이란 개념 역시 피할 수 없으면 즐기는 것의 장점을 증명하고 있다.

잡 크래프팅은 개인이 자신의 직무를 보다 더 의미 있고 만족스럽게 만들기 위해 직무의 범위와 방식을 자발적으로 조정하거나 재구성하는 과정을 말한다. 예일 대학교 경영대학원 조직심리학자인 에이미 브제스니에프스키 Amy Wrzesniewski 와 미시간 대학교 로스 비즈니스 스쿨의 조직심리학자인 제인 더튼 Jane Dutton 은 일 자체를 도전적으로 바꾸는 시도를 잡 크래프팅이라고 명명했다.

에이미 브제스니에프스키와 제인 더튼은 일의 의미에 관한 연구로 대학 병원 청소 근로자들을 인터뷰하던 중 흥미로운 현상을 발견했다. 청소라는 동일 업무를 수행하고 있었지만, 그 일에 의미를 부여하는 방식이 각기 달랐던 것이다.

자신의 일이 중요하다고 생각하는 청소 근로자들은 자신의 업무가 환자들의 빠른 치유를 돕는다고 생각하며 자부심을 느끼고 있었다. 이들은 환자들의 병세를 호전시키는 데 도움이 될까 싶어 병실 벽의 액자를 바꾸다는 일을 자발적으로 하고 환자와 환자 가족들과 친밀한 대화를 나누는 등 직무 기술서에 없는 일을 수행하며 자신의 일에 의미를 더하고 있었다. 심지어 누워 있는 환자의 입장에서 생각해 보고는 자발적으로 천장을 자주 살피기도 했다. 청소를 어렵고 힘들다고 생각하지 않고, 가치 있고 의미 있는 일이라고 인식하는 것은 개인의 웰빙과 성과에 매우 중요하다.

태도
변화만으로는
장기 변화를
이끌지 못한다

자기계발이 아닌
자기발견을 위한
이야기

태도 변화는
학습된 무기력으로 이어지기 쉽다

잡 크래프팅 연구의 논리로라면 "피할 수 없으면 즐겨라"가 조직에서도 정답임은 분명해 보인다. 그런데 최근 연구들은 피할 수 없으면 즐겼을 때의 부작용을 충분히 입증하고 있다. 연구자들은 〈포천Fortune〉 선정 500대 기업에 해당하는 IT회사 직원들을 대상으로 현장 실험을 진행했다.

연구 결과, 스스로 변화할 수 있다는 믿음을 가진 성장 마인드셋과 자신의 직무에 의미를 부여하는 잡 크래프팅 중 하나만 있는 사람들은 직장 생활이 행복하지 못했다. 스스로 변화할 수 있다는 믿음이 있지만 직무에서 아무런 변화를 경험하지 못한 사람들이 가장 불행했고, 직무에 의미를 부여하고 변화를 만들었지만 스스로 변화할 수 있다는 믿음이 부족한 사람들은 처음 한 달 정도는 행복감이 증가했지만 지속되진 못했다.[3]

변화할 수 있다는 믿음은 있지만 실제 아무런 변화를 경험하지 못한 사람들이 가장 불행하다는 연구 결과가 안타깝다. 사람들은 가시적인 변화를 경험하지 못하면 스스로 변화를 만들 능력이 없다고 여기고 행동을 멈춘다. 이어서 자신에게 변화할 수 있는 능력이 있는지에 의문을 품게 된다. 자기 의심self-doubt은 효능감을 악화시키고 결국 뭘 해도 해낼 수 없다는 학습된 무기력learned helplessness으로 이어질 수 있다. 그래서 태도만 바꾸면 된다는 발상은 위험하다.

태도와 더불어 가시적인 변화가 반드시 필요하다

피할 수 없으면 즐기라는 태도는 잠시 마음을 붙들어 주지만, 실제 변화를 경험하지 못하면 오래 지속되기는 어렵다. 가령 군에 갓 입대한 신병들은 이 문구를 보고 감동해 인생의 좌우명으로 삼기도 한다. 그러나 자대배치를 받고 군 생활의 현실을 알게 되면, 대부분 이 말은 "너나 즐겨라"라는 식으로 냉소적으로 바뀌어 버린다.

피할 수 없으면 즐기라는 태도만으로 일의 열의를 지속하긴 어렵다. 업무의 의미, 업무상 관계, 실제 업무의 변화나 확장 등의 업무 영역에서 변화가 따라야 비로소 현재를 즐기는 태도에 의미가 생긴다. 실제 연구에서도 스스로 변화할 수 있다는 믿음과 실제 업무를 변화시키는 과정 모두를 경험한 사람은 시간이 지날수록 행복감이 높아졌다.

만일 당신의 조직에서 비전과 가치 전파를 통해 구성원들의 마인드셋 함양을 끊임없이 고민하고 시도하고 있음에도 불구하고 냉소적인 반응이 만연하다면 화려한 비전만 있을 뿐 눈에 보이는 결과를 본 적이 없어서일지 모른다.

3. 경험이 쌓이면 실력도 쌓일까?

노력이 배신하지 않도록 만드는 법

사람들은 경험이 많을수록 실력이 늘 것이라 믿는다. 10년 차 리더가 1년 차보다 당연히 뛰어날 것이고, 베테랑 의사가 신입 의사보다 정확한 진단을 내릴 것이라고 말이다. 하지만 현실은 다를 수 있다. 1만 시간의 법칙이 거짓말은 아니지만, 어떤 1만 시간을 보내느냐가 모든 것을 결정한다.

경험이 쌓여도 같은 실수를 반복한다

무엇이 리더십의 성공을 예측해 줄까? 리더십을 이야기할 때 흔히 '70-20-10 법칙'을 든다. 좋은 리더는 70%의 경험과 20%의 멘토와 같은 사람, 10%의 학습이 필요하다는 것이다. 경험의 중요성을 높게 평가한 반면, 학습의 영향력은 상대적으로 낮게 예측한다. 직관적으로 틀린 말은 아닌 것 같다. 리더십은 학습의 산물이 아니라 어디까지나 현장에서 영향력이기 때문이다.

경험이 많은 리더가 과연 리더십도 강력할까? 신임 팀장에 비해 3년 차 팀장이, 3년 차보다 5년 차 팀장의 리더십이 더 훌륭할까? 리더의 경험이 쌓일수록 조직 성과가 더 좋고, 구성원의 조직 몰입이나 직무 열의는 더 높으며, 이직 의도는 낮아질까?

미국 대기업의 리더십 육성 담당 임원으로 구성된 미국 기업운영이사회 CEB 연구팀은 5,400명의 리더와 이들의 관리자를 조사했다. 조사 결과, 리더들이 겪는 문제점은 매우 전형적이었다. 크게 5가지 문제가 리더십의 실패로 연결되었다. 처음 리더가 된 사람부터 중간 관리자로 승진한 사람, 고위급 임원에 이르기까지 리더십에 실패하는 이유는 비슷했다. 그런데 한 가지 흥미로운 현상은 경험이 많은 리더들과 처음 리더가 된 사람들 사이에 실패하는 이유에 차이가 없었다는 점이다. 사람들은 경험이 쌓여도 같은 실수를 반복한다.

직급에 따른 리더십 문제점

	일선 관리자	중간급 관리자	고위급 관리자
세부적인 내용에 지나치게 집착	19%	17%	15%
비판에 대한 부정적 반응	11%	10%	13%
상대방을 위협	9%	12%	12%
성급하게 결론에 도달	11%	10%	10%
직속 부하 직원에 대한 지나친 간섭	10%	9%	11%

의사들을 대상으로 수행 능력을 측정한 연구를 봐도 그렇다. 연구진은 1만 1,584명의 전문의가 수행한 113개의 연구를 종합해, 과연 경험 많은 의사가 의학적 판단의 정확도도 높은지 확인했다. 20~30년 동안 진료를 한 의사가 수련을 마친 2년 차나 3년 차 풋내기 의사에 비해 실력이 탁월하지 않았다. 단순한 경험의 축적은 의사로서의 역량을 입증하지 못했다.[4]

리더십의 성공을 예측하는 진짜 요인

리더십을 포함한 직장 내 성공을 예측하는 진짜 요인은 무엇일까? 경험 많은 리더가 성공한다는 믿음은 착각에 가깝다. 템플 대학교 경영학과 교수 오인수가 다양한 직종에서 활동하는 400여 명의 리더를 대상으로 진행한 연구의 결과는 매우 분명했다. 리더십의 효과성은 경험의 양이 아니라 질적인 차이에 의해 결정되었다. 단순히 오랜 경험은 리더십의 향상과 아무런 관련이 없었다.[5]

연구 결과, 리더십의 성공을 보장하는 가장 중요한 요인은 리더가 겪는 다양한 역경을 학습과 성장의 기회로 인식하느냐, 아니냐의 차이였다. 이를 심리학에서는 학습 목표 지향성 Learning Goal Orientation 이라고 한다.

당신이 겪는 역경은 무엇인가? 상사, 동료, 부하 직원, 고객과의 껄끄럽거나 적대적인 관계, 직책이 높은 상급자가 반대하는 프로젝트, 여러모로 자원이 부족한 조직을 이끌어야 하는 어려움 등이 비즈니스 현장에서 겪는 역경일 것이다. 역경의 모습은 다양하지만 한 가지 공통점이 있다. 바로 이 역경을 학습의 기회로 인식할 수 있다는 것이다.

역경을 학습의 기회로 인식하면 리더십 향상과 직장 내 성공을 가져온다는 말이 믿기 어려울 수 있다. 하지만 조직 현장에서 분석한 자료는 메시지가 매우 일관적이다. 역경을 학습의 기회로 인식할수록 상사가 평가한 리더십 스킬 및 역량에서 일관되게 높은 점수를 받았다. 반대로 역경을 학습의 기회로 인식하지 못한 사람들의 평가 점수는 낮았다. 그런데 여기에 기본적 업무 스킬인 목표 설정 및 공유, 집단 지성을 활용하는 스킬, 커뮤니케이션 스킬 등이 더해지면 더 좋은 결과로 이어졌다.

성장
마인드셋과
목적의식 있는
연습

자기계발이 아닌
자기발견을 위한
이야기

**조직에서
성장 마인드셋을 기르려면?**

역경을 학습 기회로 인식하는 것은 일종의 성장 마인드셋이다. 업무 역량이나 인간관계 스킬에서도 성장 마인드셋은 중요하다. 그렇다고 성장 마인드셋이 인간의 모든 특성에 예외 없이 적용되는 것은 아니다. "간절히 원하면 온 우주가 나서서 응답해 준다"라는 끌어당김의 법칙과 같은 막연한 믿음은 과학적 검증을 통과하지 못했다.

성장 마인드셋이 잘 들어맞는 영역은, 개념은 명확한데 제대로 측정하기 어렵다는 속성을 띤다. 키와 몸무게, 신체적 능력과 같은 것들은 개념도 명확하고 측정 도구의 신뢰도도 높다. 턱걸이를 몇 개 할 수 있느냐는 질문에 누구나 쉽게 대답할 수 있고, 대답과 실제 측정 결과는 크게 다르지 않을 것이다. 이런 영역에서는 성장 마인드셋이 발현되기 어렵다.

공감 능력 같은 영역은 학자들에 의해 개념이 비교적 명확히 정의되어 있지만, 자신의 능력을 제대로 알고 있는 사람은 거의 없다. 이런 영역에서는 성장 마인드셋이 개입될 여지가 크다. 리더십, 인간관계, 업무 역량도 이 영역에 해당한다. 리더십의 영향력이나 관계의 질, 업무 능력을 정확히 측정하기 어렵다. 이런 영역에서는 마인드셋의 역할이 크다.

마인드셋이 성취에 영향을 미치는 이유는 바로 실패와 노력의 의미를 달리 해석하기 때문이다. 고정 마인드셋 fixed mindset을 갖춘 사람들은 실패를 지능이나 능력이 낮아서 발생한 것으로 이해한다. 그러나 성장 마인드셋을 갖춘 사람들은 실패를 새로운 것을 시도해야 한다는 신호로 받아들인다. 또한 고정 마인드셋을 갖춘 사람들은 지능이나 능력을 증명하는 데 집중하지만, 성장 마인드셋을 갖춘 사람들은 지능을 일깨워 더 유익한 방식으로 활용하는 데 노력을 기울인다.

조직 내 마인드셋은 리더의 마인드셋에 따라 달라진다. 마인드셋의 창시자인 캐롤 드웩 Carol Dweck 스탠퍼드 대학교 심리학과 교수는 리더 스스로 비판을 받아들이고 피드백을 수용하며 스스로 학습하는 모습을 보인다면 구성원의 마인드셋이 변화한다고 역설한다.

리더의 권위에 불필요하게 집착한다거나 타인을 깎아내림으로써 자신의 지위를 확인하려 하고 반대 의견을 쉽게 얘기하지 못하는 분위기를 조성할수록 성장 마인드셋과 멀어진다. 리더가 조직 목표 달성을 위한 협력자로서 구성원을 인식하고 업무 능력 향상을 함께 고민하며, 건설적 비판 분위기를 조성하는 것은 성장 마인드셋 확산에 필수적이다.

목적의식 있는
연습이 답이다

목적의식 있는 연습purposeful practice은 단순한 연습naive practice과 구별된다. 단순한 연습은 반복이 실력 향상의 핵심이라고 믿고 무언가를 그저 반복하는 것이다. 한편 목적의식 있는 연습은 크게 5가지 특징에서 다르다.

첫째, 목적의식 있는 연습은 명확하고 구체적인 목표를 잘게 쪼개 계획을 세운다. 전반적인 목표를 정하고 그것을 다시 현실적인 기대치를 반영한 구체적인 목표로 바꾼다. 가령 현재 수영 초급반인데 상급반이 목표라면 '25미터를 정확한 자유형 동작으로 가기'를 우선 목표로 세워 자신의 모습을 동영상으로 촬영해 확인하는 것이다.

둘째, 스스로 독려하며 집중하기다. 현재 진행 과정을 혼잣말로 모니터링하며 응원한다. 가령 자유형 동작 중에 팔동작이 잘못되었다고 느끼면 '왼팔을 끝까지 찌르자, 집중'이라고 혼잣말을 하고 독려하는 것이다. 혼잣말과 응원은 과제에 온전히 집중하기 위한 전략이다.

셋째, 자신이 정확히 어디가 부족한지 피드백이 필요하다. 가급적 해당 분야의 전문가로부터 현 수준을 진단하고 어떤 부분에 개선의 여지가 있는지 피드백을 받아야 한다.

넷째, '안전지대 comfort zone'로부터 벗어나야 한다. 어떤 종류의 연습이든 일정 수준에 오르면 편안함을 느끼는 상태인 안전지대로 접어든다. 가령 전문의들의 경력이 늘어날수록 임상 실력이 향상되지 못한 이유는 일상 진료 대부분이 안전지대에 속한 의료행위이기 때문이다. 안전지대를 벗어난다는 것은 '더 열심히 하기'가 아니라 '다르게 하기'다. 이전과는 다른 각도로 접근해 다른 방식으로 시도하는 것이 중요하다. 가령 선수들의 자유형 영법은 어떤 것들이 있는지 탐색해 새로운 도전을 해보는 것이다.

다섯째, 집중력과 노력을 유지하기 위해 외적·내적 보상이 필요하다. 수행 능력이 향상된 모습을 보며 만족감을 느낄 수도 있고 타인으로부터 칭찬을 받을 수도 있다. 도전 자체를 즐기면서 내적 보상에 집중하면 실력 향상에 유리한 것은 사실이지만, 외적 보상도 내적 보상 못지않은 보상 기제로 작동할 수 있다. 가령 과로로 쓰러지거나 번아웃되는 의사들의 공통점 중 하나는 환자로부터 피드백이 없는 상태다. 환자로부터 긍정적인 피드백을 지속적으로 받은 의사는 과중한 업무에도 번아웃되지 않고 오히려 활력이 늘었다.

모든 리더는 성공적인 리더십을 바라고, 모든 구성원은 역량의 성장을 바란다. 그러나 단순한 경험의 누적은 리더십의 성공과 구성원의 역량 성장을 충분히 보장하지 않는다. 스킬 학습의 효과는 크다. 학습 자체도 중요하지만 역경을 학습의 기회로 바라보는 성장 마인드셋은 훨씬 더 중요하다. 성공과 성장을 바란다면 눈앞의 문제나 역경을 배울 기회로 삼아야 한다. 그리고 단순한 연습이 아니라 목적의식 있는 연습을 꾸준히 실행해야 한다. 중요한 것은 반복된 노력이 아니라 방법이다. 우리가 노력의 배신을 맞닥뜨리는 이유는 노력을 과대평가하고 방법을 과소평가하기 때문이다.

4. 조용히 엉덩이로만 공부한다는 환상

움직임이 생각을 돕는다

보통 교실에서 가장 조용한 아이가 가장 똑똑할 확률이 높다고 생각한다. 책상에 가만히 앉아 있는 학생은 모범생이고, 몸을 흔들거나 돌아다니는 아이는 문제아 취급을 받는다. 하지만 신체 에너지를 아껴야 생각을 더 잘할 수 있다는 믿음에는 아무런 근거가 없다. 오히려 적정 수준의 움직임은 창의적 사고를 돕는다. 움직임이 사고를 깨우고, 정적인 자세가 정신을 마비시킨다.

신체 에너지를 아껴야 사고력이 좋아진다는 생각은 과학적 근거가 없다

서면 앉고 싶고, 앉으면 눕고 싶은 것은 인지상정이다. 최소 노력의 법칙 the law of least effort에 따라 설계된 인간은 에너지를 덜 소비하는 방식을 자연스럽게 선호한다. 부지런히 신체를 움직이는 것은 에너지를 소비하게 만들지만, 덜 움직인다면 그만큼 에너지를 아낄 수 있다. 인간은 의식적·무의식적으로 에너지 효율을 추구하는 경제적 피조물이다. 그리고 이렇게 절약한 신체 에너지는 우리 뇌를 작동시키는 에너지로 쓰인다.

그 증거로 문명이 발달할수록 인간은 훨씬 덜 움직이게 되었다. 여전히 수렵 채집을 하는 동아프리카의 하즈다족은 하루 평균 135분의 고강도 신체 활동을 하는 반면, 북미나 서유럽과 같은 선진국에 사는 사람들은 1주일 150분의 고강도 운동이라는 WHO의 권고도 지키지 못한다. 수렵 채집 활동을 하는 사람들이 두뇌 노동을 하는 사람들에 비해 신체를 무려 14배 이상 많이 쓴다.

이를 근거로 사람들은 움직이지 않아야 더 좋은 생각을 할 수 있다고 착각한다. 아이들도 초등학교 다닐 때 비해, 중학교, 고등학교로 올라갈수록 신체를 덜 쓰고, 직장에 들어가게 되면 사무직의 경우 하루의 2/3 이상을 앉아서 보낸다. 사람들은 자연스럽게 생각이 많이 필요할수록 덜 움직이는 방식을 택한 것이다.

이렇게 동적일 때보다 정적일 때가 더 꾸준함, 근면함, 진지함과 관련 있다는 우리의 믿음은 자연스럽게 형성된다. 학창 시절에 의자에 가만히 앉아 있지 못하고 돌아다니면 어떤 질책을 받았는지 기억해 보라. 이런 아이들은 성실성과 진지함이 부족하다고 찍히기 쉬웠다. 심지어 움직임을 부도덕함으로 몰아세우는 일도 흔했다. 80~90년대 학교에서는 교실에서 누군가 중요한 물건을 잃어버리면, 모든 아이가 책상 위에 올라가 무릎을 꿇고 눈을 감고 있어야 했다. 이때 움직이는 자는 곧 범인이었다. 움직임은 부도덕성의 상징이었다.

사실 이러한 우리의 믿음엔 아무런 과학적 근거가 없다. 가만히 앉아 있어야 생각을 잘하는 것이 아니라 오히려 적당히 움직일 때 생각을 더 잘한다. 그리고 이런 결과는 놀랍게도 ADHD(주의력 결핍 과잉 행동 장애, attention deficit hyperactivity disorder) 아이들 연구에서 발견되었다. ADHD 아이들은 자연스럽게 몸을 이리저리 흔들고 여기저기 돌아다니고 손가락으로 책상을 두드리거나 다리를 흔드는 등 신체적 각성 수준을 높이려고 한다. 주의력 결핍 환자에게 이런 모습이 자주 목격되었으므로 이런 행동은 곧 주의력 부족의 증거처럼 생각되었다.

그런데 캘리포니아 대학교 데이비스의 정신과 교수 줄리 슈바이처^{Julie Schweitzer}의 연구에 따르면, ADHD 아이들이 몸을 움직여 생리적 각성 수준을 높이는 것은 이 아이들이 정신을 차리고 집중력을 높이기 위한 행동 전략이라는 것이다. 다만 이 아이들이 생각하는 데 필요한 생리적 각성 수준이 ADHD 진단을 받지 않은 아이들보다 상대적으로 높을 뿐이다. 즉, 모든 아이는 최적의 인지적 각성 상태를 유지하기 위해 일정한 신체적 활동이 필요한데, ADHD 아이들은 그 수준이 더 높기 때문에 더 많이 움직여야 비로소 생각하기 좋은 조건이 만들어지는 것이다.

신체적 각성은 인지적 각성으로 연결된다

신체적 각성이 인지적 각성으로 연결된다는 이 개념은 과연 아이들에게만 해당할까? 성인도 마찬가지다. 지루한 듣기 과제를 수행하는 동안, 낙서를 할 수 있는 사람들은 그렇지 못한 사람들보다 무려 29% 많은 정보를 기억한다. 사람들은 어려운 개념을 생각할 때, 펜을 돌리거나 포스트잇을 접거나 클립 같은 사무용품을 만지는 경우가 많다. 그것도 아주 자연스럽게 말이다. 이런 행위를 못 하게 할 때, 사람들은 좋은 생각을 떠올리기 힘들다고 호소한다.

주변 사무용품이 아니라 의도적으로 어떤 물건을 가지고 일하는 사람도 많다. 호두, 돌, 공, 딸깍거리는 물건, 스피너 등 사람들은 쥐어짜고 돌리고 문지르고 딸깍거리면서 생각한다. 그리고 이런 시도는 우리의 사고를 확장하는 데 도움을 준다.

사실 신체를 움직이지 않는 것만큼 정신적 에너지를 많이 소비하는 일은 거의 없다. 신체적 움직임이 없어야 하는 버킹엄 궁전의 근위병은 누구나 할 수 있는 일이 아니다. 교장 선생님의 길고 긴 훈화 말씀을 듣다가 운동장에 서 있던 아이들이 쓰러졌던 이유는 뙤약볕 때문만은 아니다. 만일 아이들이 운동장에서 편히 움직일 수 있었다면 같은 조건의 햇볕 아래에서도 쓰러지는 일은 없었을 것이다.

적정 수준의 신체적 각성은 오히려 정신적 에너지를 덜 쓰게 만든다. 물론 어디까지나 적정 수준의 각성이다. 자연스러운 속도로 산책하는 것은 좋은 생각에 도움이 되지만, 빠른 걸음으로 걸을 때는 다른 생각을 거의 하지 못한다. 적당한 시간 내에 적절한 수준의 신체적 움직임은 언어를 더 유창하게 구사하게 하고 창의적 사고와 문제해결 및 의사결정 능력을 높인다. 신체적 각성이 뇌로 가는 혈류와 정보 전달 효율성을 높이는 신경 화학 물질 분비 증가로 이어지게 하기 때문이다. 그리고 그 효과는 대략 2시간가량 지속된다. 따라서 주말에 몰아서 운동하는 것은 아이디어 생성 차원에서만 보면 큰 도움이 되지 않는다. 매일 꾸준히 몸을 움직여야 한다.

자연스러운 움직임이 생각을 돕는다

**자기계발이 아닌
자기발견을 위한
이야기**

경직된 움직임보다
자연스러운 움직임을 추구하라

　두뇌를 위해선 앉거나 눕는 것보다 서 있는 편이 분명 낫다. 연구진들은 실험에 참가한 사람들에게 서 있는 상황, 앉아 있는 상황, 누워 있는 상황에서 각각 인지적 과제를 부여했다. 사람들은 서 있을 때에 앉아 있을 때나 누워 있을 때보다 말을 더 유창하게 했고, 어려운 문제를 더 잘 해결했으며, 새로운 아이디어를 더 많이 생각해 냈다. 앉아 있는 것과 누워 있는 것의 차이는 없었다.[6]

연구진은 이번엔 자연스러운 움직임과 정해진 동선에 따른 움직임, 그리고 가만히 서 있는 상황을 비교했다. 그랬더니 자연스러운 움직임 상태가 정해진 동선보다, 정해진 동선에 따른 움직임이 가만히 서 있는 상황보다 사람들이 더 유창했고, 더 나은 문제해결과 의사결정 능력을 보였으며, 새로운 아이디어, 기억력이 모든 인지 과제에서 더 탁월했다. 이처럼 경직된 활동보다 몸을 자연스럽게 움직이는 것이 생각하는 데 더 효과적인 것이다.

SNS나 유튜브는
정신을 쉬게 하는 활동이 아니다

우리는 대개 정신노동을 오래 하려면 업무와는 다른 활동, 즉 유튜브를 보거나, 페이스북, 트위터 등의 SNS 활동을 통해 머리를 쉬게 하는 것이 필요하다고 착각하는 경향이 있다. 이런 활동이 뇌의 재충전 작업에 도움이 된다고 믿는다.

하지만 뇌과학 연구를 보면 우리가 영상을 보거나 SNS를 하는 것은 정신노동을 할 때와 똑같은 정신적 자원을 소모하게 한다. 그러니 휴식 시간에 스마트폰을 보는 것은 오히려 인지적으로는 더 피곤한 상태로 정신노동을 재개하게 한다.

텍사스 대학교 건강 과학 센터의 웬델 테일러Wendell Taylor 박사는 스트레스와 피로감을 줄이고 몰입도를 높이기 위해서 휴식 시간에 커피를 마시거나 SNS를 하는 것보다 가벼운 스트레칭이나 요가 동작과 같은 신체적

움직임이 훨씬 도움이 된다고 말한다.[7]

고통스러운 활동이 고도의 창조적 활동에 도움이 되기도 한다

신체적 고통과 정신적 고통이 별개가 아닌 것처럼 신체적 움직임은 정신적 유연성과 연결되어 있다. 과학자들은 여러 연구를 종합하여 운동 강도와 인지 기능 사이의 관계가 역 U자형 곡선 inverted U-shaped curve 이라고 주장한다.

적정 수준의 움직임이 최상의 정신적 유연성을 낳는다. 그런데 간혹 자신의 신체 능력을 넘어선 고강도 운동으로 정신을 깨우는 사람도 있다. 소설가 무라카미 하루키가 대표적인 인물이다. 무라카미 하루키는 매주 80km 이상을 달리고, 매년 마라톤 대회에 참가하는 마라톤 마니아다.

"나는 달리면서 이렇다 할 그 어떤 것도 잘 생각하지 않는다. 그냥 달린다. 나는 공허한 마음으로 달린다. 아니, 이렇게 뒤집어 말해도 좋을 것 같다. 나는 공허한 마음을 느끼고 싶어 달린다."

-무라카미 하루키, 『달리기를 말할 때 내가 하고 싶은 이야기』

무라카미 하루키가 언급한 '공허한 마음'을 뇌과학자들은 '일시적 전두엽 기능 저하 transient hypofrontality'라고 칭한다. 전두엽은 계획하고, 분석하고, 비판하고, 우리의 생각과 행동을 통제하는 기능을 담당하는 뇌 영역이다.

우리의 모든 자원이 격렬한 신체 활동에 집중될 때, 전전두엽피질의 기능이 저하된다. 이때 생각과 느낌이 자유롭게 섞이면서 뜻밖의 아이디어가 떠오르기도 한다. 이 상태가 되려면 호흡이 힘들어지는 수준까지 고강도 운동을 40분 이상 지속해야 한다.

창작의 고통은 정신적 고통만을 의미하는 것이 아니다. 창작의 고통이란 곧 신체적 고통이다. 무라카미 하루키만큼은 아니어도 우리의 정신적 유연성을 위해서 반드시 신체적 움직임이 필요하다. 더 좋은 생각을 위해 지금 당장 일어나 걸어보자.

5. 적성에 맞는 일을 찾아야만 열정이 생길까?

일에 대한 열정을 만드는 올바른 방법

우리는 스티브 잡스의 "좋아하는 일을 찾으라"라는 조언을 진리처럼 받아들인다. 그러나 과학적 연구는 다른 이야기를 한다. 어떤 사람들에게는 완벽한 일을 찾는 것보다 평범한 일을 완벽하게 만드는 것이 훨씬 현명한 선택일 수 있다.

일에 대한 열정은 중요하다

일에 열정이 있는 사람은 정서적으로는 일을 좋아하고, 인지적으로는 일을 중요하게 여기며, 자신의 가치관과 동일시하는 경향이 뚜렷하다. 행동적으로는 자발적으로 일을 하며 자신의 시간과 에너지를 아낌없이 투입한다.

그런데 일을 하며 억지로 열정을 강요당하는 경우도 있다. 조직심리학에서는 이를 강박적 열정 obsessive passion 이라고 해서 자발적인 열정 harmonious passion과 구분한다.

일에 대한 자발적 열정이 다양한 조직 결과물에 영향을 미치는지를 연구한 메타 연구(지금까지 발표된 모든 연구를 검토하고 결과를 수집한 후 결론을 얻는 통계적 방법)를 보자. 일에 열정이 있다면, 성과 개선은 물론이고 창의성, 직무만족, 효능감 등 직무 수행에 있어 긍정적 요인은 높아지고 직무탈진 burn out, 조직 냉소 cynicism, 이직 의도 turnover intention는 낮아진다.[8]

한마디로 일에 대한 열정은 개인의 안녕감 well-being과 조직의 성과 모두를 높이는 매우 효과적인 방안이다. 그런데 안타깝게도 조직 내에서 일에 열정이 있는 사람의 비율은 그다지 높지 않다.

일에 열정을 발견하는 방법

누구에게나 일에 대한 열정이 있는 것은 아니다. 자신의 일에서 열정을 발견하는 것은 꼭 사명처럼 느껴지지만, 그 열정은 일하는 사람 모두에게 찾아오는 행운은 아니다. 2005년 스티브 잡스 Steve Jobs의 스탠퍼드 대학교 졸업식 축사는 지금까지도 명연설로 꼽힌다. 스티브 잡스는 좋아하는 일을 찾는 것을 결코 멈추지 말라고 주장했다. 일의 열정을 발견하는 데는 "Stay hungry, Stay foolish(항상 갈망하고, 늘 우직하라)"의 자세가 필요하다고 말했다. 당신의 생각은 어떠한가? 당신도 스티브 잡스의 생각이 옳다고 믿는가?

사실 스티브 잡스의 말은 과학적으로 절반은 맞고 절반은 틀렸다. 일에 대한 열정을 발견하는 데는 크게 두 가지 경로가 있기 때문이다. 그리고 사람마다 일에 대한 열정을 발견하는 더 적합한 경로가 있다.

첫 번째 경로는 적합 이론가fit theorist 경로다. 자신에게 적합한 일을 만나야 열정이 생성된다. 그래서 적합 이론가에 속하는 사람들은 현재 하는 일에 열정이 느껴지지 않는다면 다른 분야에서 열정을 발견하는 것이 유리하다. 자신이 진정으로 좋아하는 일을 찾기 위해 시간과 노력을 기울여야 하고, 그 시간과 노력을 낭비가 아니라 투자 개념으로 인식해야 한다. 실제 이 유형인 사람들은 자신에게 맞는 일을 만나야만 스파크가 튄다.

두 번째 경로는 개발 이론가develop theorist 경로다. 어떤 일을 하든지 그 일에 대한 열정과 의미가 점차 증가하는 경향이 뚜렷하다. 따라서 섣불리 다른 일로 옮겼다가는 시간과 노력을 낭비하기 십상이다. 이 유형인 사람들은 특정 범주 내에서 자신의 직무 스킬이 늘어나는 것을 즐기며 일을 하는 것이 중요하다. 따라서 어떤 일이 자신에게 꼭 맞는지 고민하기보다는, 오히려 정말 하기 싫은 일을 피한다는 기준으로 현재의 일을 선택하는 것이 더 유리할 수 있다.

자, 그렇다면 당신이 일의 열정을 찾을 때 어떤 경로가 더 적합할지 궁금하지 않은가? 심리학자들은 두 가지 경로 진단 방식을 개발했다. 다음 두 문장 중 더 동의하는 쪽을 선택하면 된다.

A. 일에 대한 열정은 내가 딱 맞는 직업을 찾았을 때 생긴다.
B. 일에 대한 열정은 내가 업무적으로 성장함에 따라 커지는 것이다.

A가 더 맞는다고 생각한다면 적합 이론가 유형, B가 더 맞는다고 생각하면 개발 이론가 유형이다. 비록 두 문항이지만 타당도가 확보된 것이다. 실제 이 문항으로 연구한 논문을 보면 적합 이론가 유형인 사람들은 직업 초기에 적합성이 높아야 이후에도 그 일이 맞는다는 신념을 가질 수 있었지만, 개발 이론가 유형인 사람들은 직업 초기에 적합도가 높지 않아도 시간이 지나며 점점 그 일에 의미나 가치를 느꼈다.[9]

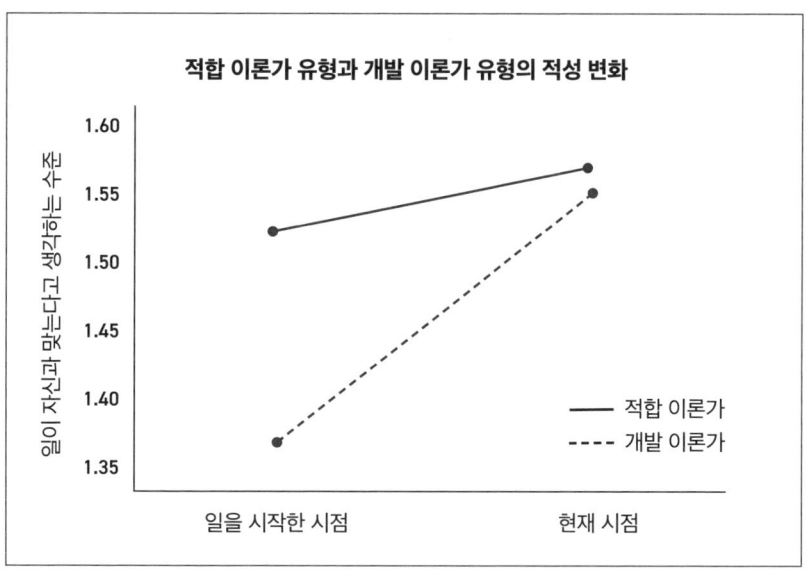

직업 초기에 적합도를 낮게 평가하더라도 시간이 지나 열정을 느낄 가능성이 높은 사람들은 개발 이론가 유형이다. 당신이 일에 대한 열정을 발견하지 못했다면, 당신 내면은 개발 이론가 유형인데, 스티브 잡스와 같은 적합 이론가 유형인 사람의 말에 휘둘렸을 수도 있다. 어느 정도 시간이 지나면 충분히 열정이 생길 수도 있었을 텐데, 업무 숙련도가 떨어져 일을 어려워할 때 적합 이론가 유형인 사람들의 충고를 들으면, '내 선택이 잘못되었구나'라고 착각할 수 있다. 모든 사람이 자신에게 맞는 일을 찾아야 열정이 생기는 것은 아니다.

일에
열정을
높이려면?

자기계발이 아닌
자기발견을 위한
이야기

**개발 이론가적 마인드를
택하라**

    세상엔 적합 이론가 유형보다 개발 이론가 유형이 훨씬 더 많다. 적합 이론가 유형은 자신의 경험에 근거해 좋아하는 일을 찾아서 나서라고 충고하지만 당신이 개발 이론가 유형이라면 새로운 일을 찾는 데 시간과 에너지를 낭비할 것이 아니라 현재 하는 일에 어떻게 하면 유능감을 느낄 수 있을지를 고민하는 편이 낫다.

오래 하면
좋아한다

사람들은 열정이 더 필요한 직업이 따로 있다고 생각한다. 예를 들어 같은 병원에서 근무하는 의료진과 행정 직원 중 누가 더 열정이 있을까? 대부분은 환자를 치료한다는 사명감 때문에 의료진이 행정 직원보다 자신의 일에 더 열정을 느낄 것이라고 예측한다. 과연 그런지 예일 대학교 교수이자 조직심리학자인 에이미 브제스니에프스키가 병원에서 수행한 연구를 살펴보자.

에이미 브제스니에프스키는 자신의 일을 단순히 돈을 버는 수단job으로 보느냐, 일을 통해 직업적 성장을 꾀하는 경력career으로 보느냐, 자신의 가치관과 정체성의 일부인 소명calling으로 보느냐가 병원에서 맡은 업무에 따라 달라지는지를 살펴보았다. 미국 내 주요 대학들의 헬스케어 센터의 의료 직군과 행정 직군에 근무하는 직원들을 대상으로 조사한 결과, 자신의 일을 돈 버는 수단, 경력, 소명으로 보는 비율은 하는 일과는 아무런 관련이 없었다. 어떤 일을 하고 있다는 것만으로 그 사람의 열정 유무를 예측하기는 어렵다.[10]

소명 의식을 예측하는 데 가장 중요한 변수는 그 일을 해온 기간이었다. 사람들은 어떤 일을 오래 하고 능숙할수록 열정적이고 행복해질 가능성이 높다. 잠깐 어떤 일을 경험하고 자신과 맞지 않다고 느낀다면, 적성이 맞지 않거나 소명 의식을 느끼지 못해서가 아니라 그 일을 수행할 실력이 부족할 가능성이 훨씬 더 높다. 열정을 느낄 만한 일을 찾아 자주 직업을 바꿀 것이 아니라 실력을 쌓을 시간이 필요하다는 것을 알아야 한다.

적성보다 중요한 것은
의도적 연습과 동료와의 유대감이다

심리학의 여러 연구에 따르면 수많은 직업 분야에서 두각을 드러내는 방법은 적성이 아니다. 플로리다 주립대학교 콘라디 석학 교수이자 심리학자 안데르스 에릭손Anders Ericsson이 수십 년간 연구한 바에 따르면, 성공의 핵심은 의도적 연습deliberate practice, 또는 목적의식 있는 연습purposeful practice, 즉 목표에 따른 정교한 계획과 꾸준한 연습이다. 구체적이고 도전적인 목표를 세우고, 훈련을 꾸준히 실행하며, 좋은 코치로부터 잦은 피드백을 받아 개선하는 과정이 타고난 적성보다 훨씬 더 중요하다.[11]

조직 내 열정을 경험한 사람들에게는 유능감을 경험했다는 것 말고도 공통점이 있었다. 그들은 동료들과 끈끈한 유대감을 형성하고 있었다. 의도적 연습 외에 열정을 만드는 데 중요한 요인은 동료와의 관계다. 관계적 갈등을 매일, 매 순간 경험하면서 직업에서 열정을 느끼기는 어렵다. 주변 동료들과 관계적 안정감 속에서 자신이 어려울 때 도움을 받을 수 있다는 믿음이 있을 때, 우리는 더 열정적일 수 있다.

6. 번아웃은 일이 많아서 오는 것이 아니다

번아웃을 예방하는 심리적 자원을 쌓는 법

우리는 야근과 과로가 번아웃의 주범이라고 믿는다. 하지만 진실은 다르다. 같은 양의 일을 해도 어떤 사람은 쌩쌩하고 어떤 사람은 쓰러진다. 문제는 일의 양이 아니라 그 일을 감당할 수 있는 자원이 얼마나 있느냐다.

일이 많아서가 아니라
직무 자원이 부족하면 번아웃되기 쉽다

어떤 사람들이 번아웃되기 쉬울까? 사람들은 해야 할 일이 많고, 시간적 압박까지 겹치면 번아웃되기 쉽다고 생각한다. 하지만 조직심리학자들의 연구 결과는 다르다. 누군가는 일이 많고 시간적 압박을 받으면 쉽게 번아웃 상태에 빠졌지만, 또 다른 누군가는 일이 많아도 쌩쌩했고, 시간적 압박에 오히려 더 집중력을 발휘해 일을 처리했다. 도대체 이 둘에게는 어떤 차이가 있을까?

조직심리학자들은 개인이 보유한 직무 자원 job resources이 이런 차이를 만들었다는 사실을 밝혀냈다. 직무 자원은 일터에서 개인의 성과와 동기에 영향을 미치는 요인을 말하는데, 개인의 역량, 리더와 주변 동료의 도움 행동이나 지지, 시간적 여유, 가족의 심리적 지원 등 다양하다. 직무 자원이 부족한 사람은 일이 많고 시간적 압박을 받게 되면 번아웃되기 쉽다. 하지만 직무 자원이 충분히 많다면, 가령 좋은 리더 밑에서 팀워크가 좋고, 조직 차원에서 충분한 지원을 받는다고 믿는다면 쉽게 번아웃되지 않는다.

이 연구 과정에서 밝혀낸 또 다른 흥미로운 사실은 일 자체가 직무 자원이 될 수 있다는 것이다. 사람들은 일이 많아도 자신의 성장과 발전에 도움이 되는 일이라면 배움의 기회로 생각해 도전적으로 인식하고 보람과 성취감도 느낀다. 보람과 성취감은 직무 자원적 속성을 띤다. 도전적인 일도 너무 과도하면 번아웃으로 이어지지만, 직무 자원적 속성이 있기 때문에 잘 버틸 수 있다.

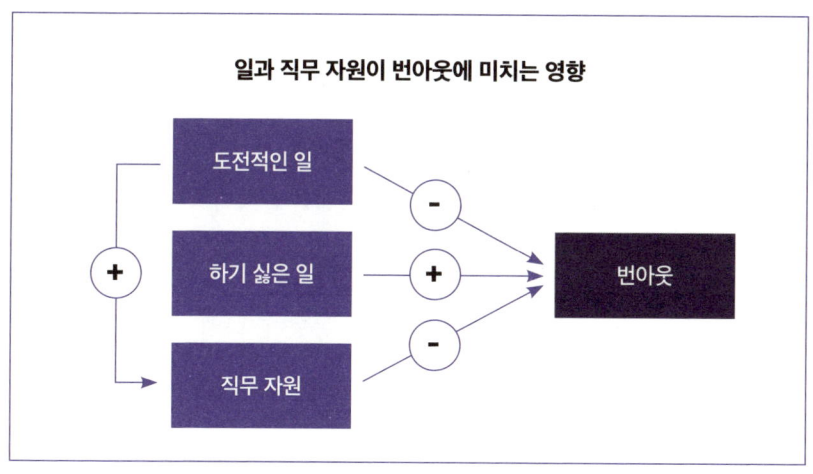

사람들이 번아웃되기 쉬운 일은 따로 있다. 결과가 모호하고, 책임 소재가 불분명하며, 왜 해야 하는지 이유를 모르는 일이 대표적이다. 다시 말해, 일의 양이 많아도 배움의 기회가 되고 책임과 보상이 분명하면 쉽게 번아웃되지 않지만, 일이 적어도 모호하고 불분명하며 조직 정치에 연관된 일은 번아웃으로 이어지기 쉽다.

가난하면 더 열심히 일하지만 번아웃되기 쉽다

조직심리학들의 연구를 보면 개인이 보유한 재산도 직무 자원처럼 쓰일 수 있다. 피츠버그 대학교 카츠 경영대학원 교수 데이빗 레벨 David Lebel은 가난한 사람들이 결핍을 느끼면 이를 만회하기 위해 더 적극적으로 행동하지만 이때 높은 성과보다는 번아웃으로 이어지기 쉽다는 다소 씁쓸한 연구를 발표했다.

연구에 참여한 직장인들은 우선 최근 돈이 없다고 느끼는지, 자신의 재정적 상태가 걱정되는지에 답하는 동시에 자신이 조직 내에서 타인에게 잘 보이고자 하는 동기가 있는지에 응답했다. 가난한 사람들은 다른 사람에게 잘 보이려는 동기가 강했다. 이후 이들은 4주 후에 자신이 평소 느끼는 감정에 대해 보고했다. 가난하고 다른 사람에게 잘 보이고자 하는 동기가 강한 사람들은 두려움을 느낄 가능성이 높았다. 다시 4주 후에는 일을 하면서 얼마나 적극적으로 행동하려 하는지 응답했다. 재정적 결핍에 두려움을 느낀 사람들의 적극성이 눈에 띄었다. 재정적 결핍에 따른 두려움을 회피하고 결핍을 만회하고자 매사에 더 적극적으로 임한 것이라 볼 수 있다. 그렇다면 더 열심히 일하니 성과도 더 좋을까?

데이빗 레벨 교수는 다시 4주 후, 마지막으로 이들의 성과와 번아웃 정도를 측정했다. 번아웃은 정서적으로 너무 지치고 소진된 상태와 자신의 일, 직장, 동료에 대해 냉소적인 반응을 보이는 정도, 일을 잘 해낼 수 있다는 믿음의 감소를 포함한 개념이다. 사람들은 자신이 가난하다고 느낄수록 더 불안하고 두려워하고, 더 열심히 뭔가를 하려고 들었지만, 더 지치고, 더 냉소적이며, 실제 성과는 떨어졌다. 자원이 충분한 상태에서의 적극성은 좋은 성과로 이어지기 쉽지만, 자원이 부족한 상태에서 벗어나기 위한 적극성은 번아웃이라는 아픈 결과를 낳는다.[12]

경제적 불안이 심리적 불안으로까지 영향을 미치는 양상은 국내 연구 결과에서도 그대로 나타났다. 한국보건사회연구원의 「한국 사회의 사회심리적 불안의 원인분석과 대응 방안」 보고서에 따르면 대한민국 성인의 43.7%가 경제 문제로 불안해하고 있다. 심리적 불안이 클수록 스트레스, 우울 등 정신 건강이 열악하고 사회적 일탈 충동, 분노조절 장애 등 사회적 위협 social threat 을 유발할 가능성 또한 높았다.[13] 특히 우리나라 사람들은 심리적 불안을 혼자서 극복하려는 경향이 뚜렷하여 경제적 문제로 인한 심리적 불안을 적절히 관리하는 것은 매우 중요하다.

자신이 가난하다는 사실을 인지하는 것만으로도 번아웃되기 쉽다. 이때 만일 다른 사람에게 좋은 인상을 심어주기 위한 동기마저 강하다면 최악의 결과를 맞게 된다. 가난도 번아웃으로 이어지기 쉽고, 남의 눈치를 살피며 표정 관리하는 사람도 번아웃되기 쉽다. 가난하면서 눈치 보는 사람들이 같은 일을 해도 가장 쉽게 지치고 힘들어한다. 이에 비해 부자이거나, 자신의 행동에 당당한 사람들은 상대적으로 덜 지친다.

더 열심히 일한다고 반드시 성과가 높아지는 것은 아니다. 어떤 상태에서 열심히 일하고 있느냐가 더 중요하다. 불안, 두려움, 남들에게 살 보이고자 하는 욕구로 열심히 일한다면 쉽게 번아웃되고 결정적으로 성과도 나빠진다.

가난한 사람들이 더 빨리 지치고 성과가 나쁜 이유는 일의 의미나 가치, 재미 등의 내재적 동기 intrinsic motivation 로 일하는 게 아니라, 당장 불편한 불안과 두려움을 만회하려는 동기로 일해서다. 당장 돈은 벌어야겠고, 그러니 더 눈치를 보게 되고, 더 적극적으로 행동하지만 이런 동기로 일하면 쉽게 성과로 이어지지 않는다. 조급한 마음을 숨기고 감정 노동까지 해가며 사람들 앞에서 태연한 척, 괜찮은 척 연기하지만 이런 행동은 번아웃을 악화시킬 뿐이다.

심리적
자원을
쌓고 유지하라

**자기계발이 아닌
자기발견을 위한
이야기**

공정한 세상의 오류에 빠지지 마라

'가난한 집 자식들은 우애가 좋지만, 부잣집의 자녀들은 우애가 나쁘다', '미인은 일찍 죽는다', '천재는 악필이다' 등 우리 주변에는 공정한 세상에 대한 믿음으로 가득 차 있다. 세상은 공정하다는 믿음 때문에 부자에게도 일종의 대가가 있어야 한다고 생각한다. 그런데 세상이 공정해야 한다는 믿음은 생각의 오류다.

부자라고 형제 간의 우애가 반드시 나쁜 것도 아니고 가난하다고 반드시 우애가 좋은 것도 아니다. 가족의 화목함은 경제적 요인뿐만 아니라 개인적인 성향, 관계의 질, 가치관 같은 여러 요소가 영향을 미친다. 미인의 유전자와 장수의 유전자는 아무런 상관이 없다. 천재가 악필이거나 천재는 인간관계에 서툴다거나 하는 생각도 근거가 없기는 마찬가지다.

사람들이 세상을 합리적이고 과학적인 방식으로 이해하지 않고, 모든 것은 공평하게 나누어져야 한다고 믿어서 이런 단순하고 잘못된 인과관계가 만들어진 것이다. 신은 공평하므로 누군가에게 가난을 줬다면 인성이나 다른 면에서 좋은 것도 함께 주었을 것이라는 생각은 명백한 오류다.

오히려 경제적으로 어려운 상황에서는 사람들의 인지 자원이 제한되면서 장기적인 계획보다 당장의 생존과 단기적인 문제해결에 집중하게 되는 경향이 있다.

연구에 따르면, 가난한 사람들에게 경제적 문제를 떠올리게 하면 IQ 점수가 일시적으로 낮아진다. 즉, 경제적 어려움이 단순히 돈 문제를 넘어 의사결정 능력과 문제해결 능력에도 영향을 미친다. 이 효과는 아이들보다는 성인에게 더 확실히 나타난다. 아이들에게 경제적 어려움은 지능에 미치는 영향이 크지 않지만, 가난한 성인들에게 경제적 어려움을 상기시키면 합리적 의사결정과 문제해결 능력에 부정적 영향을 미친다.[14]

심리적 자원에
집중하라

지금 재정적 어려움을 겪으며 일을 하는 사람들은 심리적 자원을 쌓고 유지하는 법을 배워야 한다. 심리적 자원은 직장과 가정에서의 안정적 관계에서 비롯된다. 가정에선 되도록 돈 얘기를 줄이고, 가족과 적은 돈으로 의미 있는 경험을 나눌 활동을 찾아야 한다. 직장에선 타인을 돕는 작은 선행부터 시작하는 것이 좋다. 이타적 행동은 관계적 안정감을 만드는 데 최상의 방식이기 때문이다.

또한 남의 시선에 민감하게 반응할 것이 아니라 자신의 목표를 세우고 계획대로 실행해야 한다. 업무 및 자기계발 계획이 제대로 수립되었는지 리더와 함께 확인하고, 하나씩 완수해 가는 것이 좋다. 가난하면 여러모로 불리한 것이 현실이다. 하지만 가난에 지지 않는 법을 배운다면 역전의 기회는 얼마든지 만들 수 있다.

3장

생각의 늪

1. 긍정적인 생각이 긍정적인 결과를 가져온다는 거짓말

낙관도 비관도 아닌 제3의 사고를 선택하라

검사 결과가 나쁜데도 "별일 아닙니다"라는 말만 전하는 의사는 없다. 실제 결과가 나쁘다면, 환자는 최악의 가능성까지 솔직히 들어야 제대로 된 치료 계획을 세울 수 있다. 맹목적인 낙관주의는 오히려 더 큰 재앙을 부르는 지름길이 된다.

긍정적 기대가
긍정적 결과를 낳지 않는다

데이터를 분석한 결과, 당신 조직은 현재 심각한 위기에 처해 있다. 당신이 경영자라면 어떤 방식으로 의사소통할 것인가?

A. 위기임을 솔직히 밝히고 구체적 대안을 탐색하도록 유도한다.

B. 구성원의 동요를 막기 위해 현재 위기는 수면 아래로 숨기고 "극복할 수 있다"라고 말한다.

이성적으로는 A가 맞는 것 같지만, 막상 현실로 부딪히면 많은 조직의 리더는 B에 대한 선호가 매우 강하다. 아무리 불리한 환경이라도 "할 수 있다"라는 마인드는 위기 극복에 황금 열쇠가 될 수 있기 때문이다. 불리한 상황을 솔직히 말하면 구성원들의 사기는 떨어질 것이 분명하고 조직 이탈로 이어지는 것은 불 보듯 뻔하다.

구성원들 역시 현재 위기를 직감하면서도 리더의 입에서는 낙관적인 희망을 기내할 것이다. 회사도 어려운데 리더가 구성원들에게 희망을 심어주지는 못할망정, 패배자의 메시지를 전할 필요가 뭐 있겠는가? 위기가 명확한 상황에서조차 낙관적 메시지를 기대할 텐데, 낙관도 비관도 할 수 없는 불확실성이 높은 환경이라면 어떨까? 긍정적인 기대는 긍정적인 결과를 낳기 때문에 낙관과 긍정이 중요할까?

'간절히 바라면 온 우주가 나서서 응답해 준다'라는 '끌어당김의 법칙 law of attraction'은 전형적인 우연의 산물일 뿐이다. 주말에 붐비는 대형마트로 차를 타고 이동하고 있다고 가정해 보자. 주차도 편하고 짐 싣기도 편한 장소가 비어 있으면 좋겠다고 생각한다. 문득 끌어당김의 법칙이 떠오른다. 간절히 원하면 달성될 수 있으리라고 생각한다. 가급적 머릿속에 생생하게 그릴수록 달성 가능성은 높아질 것 같다. 만약 차에 다른 가족도 함께 타고 있다면 가족 모두 함께 바라야 달성 가능성이 높아진다. 막상 도착하니 진짜 그 장소가 비어 있다. 간절히 원하면 이루어 낼 수 있다는 확신이 강화된다.

자기계발서 시장에는 소위 '18개월의 법칙'이 존재한다. 자신이 통제할 수 없는 무언가로 인해 절망한 사람들이 자기계발서로 위안을 얻지만,

변화는 만들지 못하고 유사한 책을 18개월 후에 다시 사게 된다는 법칙이다. 과학적 인과 지식에 기반을 두지 않은 낙관주의는 성과로 이어지지 않는다.

그렇다면 긍정적 기대의 효과는 없는 것일까? 그렇지 않다. 긍정적 기대의 힘은 분명 존재한다. 심리학의 피그말리온 효과 pygmalion effect나 자기충족적 예언 self-fulfilling prophecy, 로젠탈 효과 rosenthal effect 등이 이를 증명한다. 그런데 긍정적 기대의 힘은 단순히 기대 그 자체만이 아니라 기대의 대상도 중요하다.

1965년 하버드 대학교 사회심리학과 교수였던 로버트 로젠탈 Robert Rosenthal은 캘리포니아에 있는 공립초등학교 교장과 실험을 공모했다. 학생들을 대상으로 하버드 대학교에서 새로 개발한 '하버드 변형습득능력검사 Harvard Test of Inflected Acquisition'를 실시했는데, 이 검사는 아동의 학년 진급 이후 학업 성적을 정확하게 예측할 수 있었다. 교사들은 잠재력이 높은 학생들로 분류된 아이들의 명단을 전달받았다. 현재 성적은 좋지 않지만, 지적 성장에서 뛰어난 잠재력을 보일 수 있는 아이들이었다. 8개월 후, 학생들의 지능지수와 성적은 검사가 예측한 결과대로 급격히 상승했다. 교사들은 이 아이들을 가르치는 게 보람 있고 즐거웠다고 말했다.

하지만 검사는 가짜였다. 교사들에게 무작위로 뽑힌 20%의 학생들을 '지적 능력이나 학업 성취도의 잠재력이 높은 학생'이라고 전달한 것뿐이다. 이 실험의 진짜 대상은 학생들이 아닌 교사와 학생 사이의 관계였다.

이처럼 극적인 변화를 만들어 낸 실험에는 공통점이 있다. 교사의 영향력이 커 반응을 얻어내기 쉬운 저학년을 대상으로 했다는 점이다. 만약 이런 유사한 실험을 대학생들에게 했다면 동일한 결과가 나올까? 그럴 리 없다. 기대의 힘이 성과를 만드는 것이 아니라 대상에게 긍정적 기대를 품고 일관된 상호작용을 해야 좋은 성과를 만들어 낸다. 구성원과 신뢰 관계가 잘 형성된 리더는 긍정적 기대의 효과를 누릴 수 있지만, 신뢰 관계가 없다면 긍정적 기대의 효과는 그저 우연의 산물일 뿐이다.

위기 상황에서
신뢰를 높이는 소통법

위기 상황에서 어떻게 의사소통해야 신뢰 관계를 형성할 수 있을까? 아이오와 대학교 심리 및 뇌과학과 교수 폴 윈드시틀Paul Windschitl은 사람들이 부정적 사건에 대해 어떤 정보를 바라는지 연구했다. 연구자들은 실험에 참여한 사람들에게 일반 시민, 정치인, 정책 입안자 등의 역할을 부여하고 어떤 사건의 발생 가능성을 어떻게 추정해야 바람직한지를 물었다. 연구 결과, 사람들은 부정적인 사건에 마냥 낙관적인 추정치를 원하지 않았다.[1] 오히려 비관적인 추정이 낙관적인 추정보다 더 도움이 된다고 여겼다.

부정적이거나 불확실한 사건에 대해 사람들이 긍정적이고 편향된 방식으로 정보를 제공받는 것을 좋아할 것이라고 생각한다면, 이는 착각일 수 있다. 사람들은 심각한 사건에 대해 더 나빠질 상황을 고려해 추정하고 의사소통하기를 원한다. 병원에서 정밀 검사 후에 의사한테 기대하는 말은 낙관적인 기대치가 아니라 최악의 현실까지 고려한 정보를 원하는 것과 같다. 그래야 최악의 상황을 고려해 대응책을 마련할 수 있기 때문이다.

한 가지 흥미로운 점은 연구 대상자 중의 30%는 끝까지 낙관적인 추정치만을 고수했다는 것이다. 이들에겐 객관적인 데이터도 필요치 않았다. 최악의 상황이 뻔히 예견됨에도 낙관성을 포기하지 못하는 것이다. 우리 주변엔 항상 사실 정보와 데이터로도 설득이 불가능한 30%가 있다.

이 연구에서 또 하나 눈여겨봐야 할 점은 이러한 추정이 시점에 따라 달라졌다는 것이다. 사람들은 단기적인 사건에 대해서는 부정적이거나 정확한 추정치를 더 원했다. 반면, 장기적인 사건에 대해서는 낙관적인 시각을 더 원했다. 치명적인 사건이 단기적으로 발생할 경우, 가능성을 과소평가해서 생기는 손실은 감당할 수 없을 만큼 클 수 있다. 이럴 때 사람들은 최악의 상황을 고려하길 원한다. 그러나 부정적 사건이 미칠 영향에 대한 미래 추정치는 보다 더 낙관적이길 바란다.

리더라면 현재 벌어지고 있는 부정적 사건에 대해서는 최악의 상황까지 고려해 소통할 필요가 있다. 객관적 데이터를 기반으로 비판적 사고로 접근하는 것이 좋다. 구성원들의 기대와 너무 다른 장밋빛 전망은 감언이설로 들릴 뿐이다. 그렇다고 미래 사건에 대해서는 무조건 희망적이어도 된다는 것은 아니다. 어디까지나 상대적으로 조금 더 낙관적이라는 뜻이지 낙관성 자체는 미래 전망에 도움이 되지는 않는다. 객관적 데이터를 기반으로 판단하되, 긍정적인 결과가 나올 수 있도록 동기부여를 하는 정도가 옳다.

건물 사이에 피어난 장미가 삭막한 도시를 아름답게 물들인다. 영화 〈인터스텔라〉의 등장인물 쿠퍼의 명대사처럼 "늘 그랬듯이 길을 찾을 수 있다"라는 마인드는 필요하다. 인간의 낙관성 편향 연구로 유명한 2002년 노벨경제학상 수상자 대니얼 카너먼 교수도 그의 저서 『생각에 관한 생각』

에서 낙관성은 인간이 피해야 할 인지적 편향이지만, 자본주의의 엔진 역할을 한다고 표현했다.

낙관성은 누가 언제 어떻게 활용하느냐에 따라 결과가 달라지는 묘한 속성을 가지고 있다. 위험과 불확실성을 무시하는 낙관성은 거대한 성장을 낳기도 하지만 동시에 거대한 위기의 씨앗이 될 수 있다. 결국, 상황에 맞지 않는 과도한 낙관성은 문제를 키울 수 있다는 점을 주지해야 한다.

과도한 낙관주의는 결코 사라질 수 없다. 낙관적인 진망으로 살아남은 것들은 여전히 우리 주변에 영향을 발휘하지만, 낙관적 전망으로 사라진 것들은 흔적도 찾기 힘들다. 그래서 사람들은 착각한다. 낙관성만이 희망이라고. 하지만 그렇지 않다. 오히려 분석적 사고의 성공 확률이 훨씬 높다. '모 아니면 도'식의 접근보다 유리한 방식이 있다면 그걸 선택하는 것이 현명하다.

현대의 정보와 기술은 굳이 극단적 리스크를 감수하지 않아도 될 만큼 발전되어 있다. 데이터를 기반으로 다양한 가설을 검토함으로써 리스크를 줄일 수 있다. 매사에 "괜찮아, 잘될 거야"로 넘어갈 일이 아니다. 현재 닥친 위기는 최악의 경우를 가정해 리스크를 분석하고, 미래에 대한 전망은 객관적 데이터 기반으로 다양한 가설을 세워 최상의 결과가 도출될 수 있도록 계획하는 것이 좋다.

현재를 모면하기 위한 그럴듯한 낙관은 이후에 벌어질 재앙과 같은 상황에서 리더 자신과 구성원들을 더 무력하게 만들 뿐이다. 위기 상황에서는 "괜찮아, 잘될 거야"보다 "더 힘들어질 수 있어. 정신 똑바로 차리자"가 더 바람직하다.

과도한
낙관성을
줄이려면?

**자기계발이 아닌
자기발견을 위한
이야기**

낙관적 이상치를 묻고
다시 현실적 추정치를 묻자

듀크 대학교 교수 커트 칼슨^{Kurt Carlson}과 연구진이 연구한 내용에서 힌트를 얻을 수 있다.[2] 많은 집에서 운동 기구는 본연의 용도가 아닌 주로 옷걸이로 활용된다. 아마 구매할 때는 달랐을 것이다. 나는 분명 다른 사람과 달리 운동 기구를 잘 쓸 것이라고 낙관한다. 이런 장면에 착안한 커트 칼슨은 실험 참가자에게 일주일에 평균 몇 번의 운동을 할지 물었다. 사람들은 답을 했고, 2주가 흘렀다. 동일한 참가자들에게 지난 2주 동안 몇 번 운동

했는지 물었다. 사람들은 자신이 예측한 것보다 훨씬 적은 운동 횟수를 답했다. 커트 칼슨은 다시 "앞으로 2주 동안 몇 번이나 운동할까요?"라고 물었고, 사람들은 분명 2주 동안 경험했음에도 불구하고 여전히 낙관적인 답을 내놓았다.

다음 실험에서는 질문을 두 번 나누어 진행했다. 먼저 가장 이상적인 상황을 가정하고 운동을 한다면 몇 번을 할 것인지 물었다. 이후, 이상적인 수치가 아니라 현실적으로는 몇 번이나 할 것 같은지 다시 물었다. 그랬더니 사람들은 첫 번째 실험보다 현실적인 답을 내놓기 시작했다. 사람들이 자신에 대해 답할 때, 현실적인 상황을 가정하고 답을 하는 것이 아니라, 이미 머릿속에 낙관적인 상황을 가정하고 답을 하기 때문이다. 따라서 이상적인 상황에 대한 답을 한 다음에 현실적인 질문을 받으면 그나마 실제에 가까워지는 것이다.

낙관성에 대한 우리의 믿음은 과대평가된 측면이 있다. 낙관적 믿음은 동기를 높이는 것이 아니라 떨어뜨린다. 사람들은 자신의 건강 상태에 대해 낙관적 믿음이 클수록 건강을 위한 운동, 금연, 검진과 같은 구체적인 행동을 실행하는 빈도가 줄어든다.[3]

심리학자들이 제안하는 '낙관성을 줄이는 가장 좋은 대안'은 다음과 같다. 그냥 예측을 물으면 낙관성 편향이 개입되기 때문에 질문 설계가 필요하다. 먼저 참가자와 비슷한 사람들의 주간 평균 운동 횟수를 알려준다. 이를 기저율$^{\text{base rate}}$이라고 한다. 이상적인 운동 횟수를 답하게 하고, 다음에 현실적인 운동 횟수를 답하게 하는 방법이다. 이와 같은 단계적 접근은 참가자들이 더 객관적이고 현실적인 답변을 하도록 돕는다.

낙관도 비관도 아닌
제3의 사고를 택하자

가까운 미래에는 비관을, 먼 미래에는 낙관이 상호 신뢰를 높이는 데 도움이 된다. 그런데 우리 뇌는 분명 낙관성에 대한 위험은 지나치게 낮게 평가하고 비관성의 부정적 측면은 과대평가하는 경향이 강하다. 또한 일부 30%의 사람들은 부정적 견해를 원천 배척하기 때문에 우리 주변에 과도한 낙관주의는 결코 사라지지 않을 것이다. 암에 걸린 사람들은 건강에 대한 낙관성이 일반인들에 비해 더 높다.[4] 이는 사람들이 부정적 상황에 처했을 때 긍정적 믿음이 더욱 강해짐을 보여준다. 하지만 객관적 현실은 암 환자의 생존율이 일반인에 비해 낮다.

평소 우리는 낙관도 비관도 아닌 다른 사고를 훈련해야 한다. 이른바 과학적 사고다. 과학적 사고는 한마디로 가설과 검증 위주의 사고다. 현재 닥친 위기는 최악의 경우를 가정해 가설을 세워 리스크를 분석하고, 미래에 대한 전망 역시 가설을 세워 최상의 결과가 도출될 수 있도록 계획하는 것이다.

세계적인 심리학자이자 미시간 대학교 심리학과 교수 리처드 니스벳 Richard Nisbett은 평소 가설과 검증 위주의 과학적 사고 훈련이 컴퓨터에 하드웨어와 소프트웨어가 필요한 것처럼 인간이 마인드웨어 mindware를 장착해야 한다고 주장한다.[5] 세상을 이해하는 것은 추론과 해석의 문제다. 추론의 도구가 적절해야 현상을 제대로 해석할 수 있다. 세상은 불확실하고 불확실성은 점차 커지고 있지만, 가설적 사고는 불확실성을 줄일 수 있다.

2. 생생하게 꿈꾸면 현실이 되는가?

뇌도 거짓말을 한다

우리는 뇌가 미래를 예측하고 과거를 기억하는 데 있어 일관되고 정확할 것이라고 생각한다. 그러나 우리 뇌는 미래를 상상할 때는 중요한 것들을 빠뜨리는 허당이며 과거를 회상할 때는 없던 것까지 만들어 내는 마술사다.

우리 뇌는 미래 상상에는 허당이고 과거 회상에는 마술사다

이제 막 결혼식을 마친 사람에게 물어보자. 당신 인생에 앞으로 일어날 사건 중 가장 최악의 사건이 어떤 것이냐고 말이다. 그러면 열이면 아홉은 이혼이라고 답할 것이다. 이제 막 결혼한 사람에게 이혼은 앞으로의 인생에서 최악의 사건이 될 것이다. 이번에는 이미 이혼한 사람들에게 물어보자. 당신이 살면서 겪은 인생 최고의 사건이 무엇이냐고 말이다. 놀랍게도 이들 중 상당수는 이혼을 떠올린다. 이혼이 없었다면 인생이 뒤바뀌는 새로운 경험을 하지 못했을 것이라고, 이혼을 통해 더 나은 인생을 살 수 있었다고 고백하는 사례를 우리는 심심찮게 접한다.

그렇다면 결혼 전이나 직후에는 최악으로 예측되는 이혼이 어떻게 이혼 후에는 인생 최고의 사건으로 등극할 수 있을까? 결혼식장에 들어선 순간에는 그 누구도 앞으로 인생에서 이혼이 인생 최고의 사건이 되리라고 예측하지 못할 것이다. 이혼을 예상하는 것은 그 무엇보다 고통스럽지만, 이혼 후에 이혼을 회상할 때는 덜 고통스럽고 심지어 누군가에겐 축복받는 이벤트가 된다. 도대체 무엇 때문에 이런 일이 우리에게 일어나는 걸까? 심리학이 발견한 답은 우리 뇌가 미래를 상상할 때는 머릿속에 쉽게 떠오르지 않은 것들을 빠뜨리고, 과거를 회상할 때는 경험하지 않은 것을 채워 넣기 때문이다. 우리 뇌가 상상할 때 머릿속에 쉽게 떠올리지 못한 것을 삭제하기 때문에 때때로 우리는 말도 안 되는 선택을 한다.

다음 질문에 답해보자. "이혼을 준비하는 부부가 있다. 누구에게 양육권을 줄 것인가?"

이혼을 준비하는 부부의 사례

부모 A	부모 B
• 높은 소득 수준	• 평균 정도의 소득 수준
• 사소한 건강상 문제 있음	• 평균 정도의 건강 수준
• 잦은 야근과 출장	• 평균 정도의 근무 시간
• 아이와 매우 친밀한 관계	• 아이와 적당히 친밀한 관계
• 매우 활발한 사회 생활	• 안정적 사회 생활

당신은 어떤 선택을 했는가? 이번엔 다른 질문에 답해보자. "이혼을 준비하는 부부가 있다. 누구에게 양육권을 주어서는 안 될까?"

이 실험을 두 집단으로 나누어, 양육권을 주어야 하는 부모 중 한 명과 양육권을 주어서는 안 될 부모 중 한 명을 선택하게 하면, 둘 다 A라는 답이 높게 나온다. 사람들은 양육권을 주어야 한다고 생각할 때는 부모 중 한 명이 지닌 양육상의 장점을 떠올리긴 쉽지만, 단점을 무시하는 경향을 보인다. 반대로 양육권을 주지 말아야 하는 부모를 선택할 때는 양육상의 단점은 쉽게 떠올리고, 장점은 쉽게 무시된다.

그래서 남한과 북한은 다른 나라 사람들이 보기에 가장 비슷한 나라이기도 하고, 가장 차이가 큰 나라이기도 하다. 미국인이나 유럽인들에게 '노르웨이와 캐나다', '남한과 북한' 중에 어떤 나라들이 서로 더 비슷한지 물으면 남한과 북한이라고 답한다. 그런데 두 쌍의 국가 중에 어떤 나라들이 서로 더 다르냐고 물어보면, 이번에도 역시 남한과 북한이다.

유사성을 물어보면 비슷한 점은 쉽게 찾지만, 차이점은 무시한다. 다른 점을 물어보면 차이점에 주목하고 유사점을 빠뜨린다. 우리 뇌는 무언가를 상상할 때는 고려해야 할 중요한 사실을 쉽게 빠뜨린다. 한마디로 우리 뇌는 미래 상상에는 허당이다.

반면 우리 뇌는 과거를 회상할 때는 실제로는 없던 것을 채워 넣는 마술사가 된다. 기억력 테스트를 통해 확인해 보자.

다음에 제시되는 단어 목록을 한 번 읽은 후, 바로 가리고 다음 질문에 답해보자.

제시 단어		
침대	휴식	일어나기
피곤한	꿈	지친
졸음	담요	꾸벅꾸벅
선잠	코골기	낮잠
평화	하품하기	나른한

다음 단어 중, 방금 읽었던 목록에 없는 단어는 무엇인가?

1. 침대
2. 졸음
3. 잠자기
4. 창문

정답은 창문이다. 그런데 정답이 하나 더 있다. 바로, 잠자기다. 대부분의 사람은 잠자기가 있었다고 착각한다. 우리 뇌가 각각의 단어를 일일이 기억하기보다는 비슷한 단어들을 묶어서 범주화하는 경향이 있기 때문에 이런 일이 벌어진다. 범주화 과정에서 실제 목록에는 없었지만, 제시된 모든 단어가 잠자기와 관련 있기 때문에 없던 것을 채워 넣게 된다. 우리 뇌는 이처럼 과거를 회상할 때는 없던 것도 채워 넣어 기억을 왜곡한다.

어떤 사건의
경험 전후로
관점이
달라진다

자기계발이 아닌
자기발견을 위한
이야기

경험 후에는
사후확신 편향이 작동한다

미래의 어떤 사건을 상상할 때 떠오르는 끔찍한 생각이 그 사건을 경험한 후 회상할 때도 동일할 것으로 생각하지만 실제로는 그렇지 않다. 어떤 사건을 경험한 후에 우리의 관점은 너무나도 쉽게 변한다. 이러한 과정이 무의식중에 일어나기에 우리가 자각하지 못할 뿐이다.

미래는 우리가 상상한 대로 이루어지는 것이 아니다. 실제 우리의 예측은 빗나갔지만, 마술사의 뇌가 억지로 끼워 맞춰 사실인 양 왜곡한다.

'내가 그럴 줄 알았어'와 같은 사후확신 편향hindsight bias은 어떤 일이 일어난 후에, 그 일이 이미 예측 가능하거나 당연하게 느껴지는 심리적 경향성을 말한다. 사건이 일어나기 전에 결과를 확신하지 못했더라도, 일이 벌어진 후에는 마치 처음부터 그 결과를 알았던 것처럼 느끼는 것이다.

현재 시점에 예측해 보자. 비트코인은 오를까? 떨어질까? 미래에 우연히 이 책을 다시 보게 된다면, 그 시점에서 당신의 생각과 지금의 답을 비교해 보라.

비난의 대상이 명확할수록
미래의 고통에서 쉽게 빠져나올 수 있다

A, B 두 회사의 면접을 본다고 상상해 보자. A사는 면접관 1명이 독단적으로 결정해서 합격 여부를 통보하는 조건이고, B사는 5명의 면접관 전원이 불합격을 통보해야 탈락하는 조건이다. B사는 5명 중에 단 1명이라도 찬성한다면 취업에 성공할 수 있다. 두 회사의 면접이 모두 시행된 후, 연구자가 당신에게 만약 불합격할 경우에 심정이 어떨지 묻는다.

이 질문에 실험에 참가한 사람들은 A사든, B사든 둘 다 기분이 매우 좋지 않을 것이라고 예측했다. 10여 분이 지난 후에 연구자가 참가자들에게 불합격을 통보하고 바로 심정을 물었다. B사에 떨어진 사람들은 여전히 기분 나빠했다. 그런데 A사에서 불합격을 통보받은 사람들은 크게 기분 나빠하지는 않았다.

정서를 예측할 때는 1명의 결정이나 5명의 결정 모두 똑같다고 생각했지만, 실제 탈락해 보니 1명의 심사위원에게 불합격 통보를 받은 것이 훨씬 덜 아팠다. 그 이유는 면접관이 1명인 경우, 자신에게 유리하게 해석할 여지가 많지만, 면접관 5명이 동시에 거절했다는 사실에는 다른 해석의 여지가 있기 어렵기 때문이다. 쉽게 말해, 1명의 부정적 견해엔 남 탓으로 돌리기 쉽지만, 집단이 만장일치로 동시에 부정적 의견을 주는 것에 대해서는 남 탓하기가 쉽지 않다.

그런데 왜 사람들은 1명에게 거절당하는 경우에 남 탓을 통해 쉽게 고통에서 빠져나올 수 있다는 사실을 사전에 미리 알지 못했을까? 사람들은 탈락 결과를 예측할 때, 탈락의 아픔만 떠올릴 뿐, 심사위원을 비난함으로써 고통을 줄일 수 있다는 점을 전혀 예상하지 못한다.

그래서 비난할 대상이 명확하지 않은 사건일수록 사람들의 고통은 더 길고 더 아프다. 세월호가 그렇고, 이태원 참사가 그렇다. 이혼의 경우엔 부부 중 누구의 말이 진실인지 알 수 없지만, 비난의 대상은 각자에게 비교적 명확하다. 그래서 개인적 고통에서 빠져나오기가 훨씬 수월하다.

그렇다고 상대를 공개적으로 비난하는 것은 매우 어리석은 짓이다. 자신이 사회에서 좋은 사람으로 인정받아야 다음 기회가 생긴다. 사람들은 비난을 들으며 자신도 그 사람에게 비난의 대상이 될 수 있다고 무의식중에 염려한다. 따라서 이혼 후에는 상대를 비난하기보다는 과거의 아픔을 딛고 성장해 더 좋은 사람이 되었다고 스스로 최면을 걸고 대중에 공개하는 편이 낫다. 이점이 바로 이혼을 다루는 TV 프로그램들이 인기를 끄는 이유다.

부정 경험이라도
교훈을 찾는 편이 유리하다

이직은 어떨까? 직장을 옮긴 후에 이전 직장을 지속해서 비난하는 경우를 생각해 보자. 블라인드나 잡플래닛 등의 평판 사이트에 부정적 평판을 올려 혹시 모를 피해자들을 예방하는 것은 의미가 있다. 하지만 비록 좋지 못한 경험이라 할지라도 그 과정을 통해 배우고 성장했다고 말하는 편이 훨씬 현명하다. 당신의 입에서 직접 부정적 평판을 들은 사람들은 당신이 언급한 불만이나 비난만을 기억하는 것이 아니라 그 말을 전하는 당신에 대한 평가도 함께 기억 속에 저장한다.

리더나 동료에 대한 평가도 마찬가지다. 뒷말은 사회적 결속 효과가 있다. 함께 뒷말을 나눌 때의 즐거움에, 그 대상이 알면 안 된다는 아슬아슬한 긴장감까지 더해져 짜릿하다. 그래서 대개 믿을 만한 사람과 나누기 마련이고 이 과정을 통해 결속과 유대감은 높아진다. 사람들은 좋아하는 것을 나누면서 친밀감을 높이기도 하지만 싫어하는 사람을 욕하면서 친해지기도 한다. 하지만 아무에게나 험담을 한다면 무리 안에서 빠르게 신뢰를 잃을 수 있다.

또한 개인의 경험은 제한적이기 때문에 아무리 오래 경험했더라도 어떤 대상에 대해 정확히 평가하기는 어렵다. 오히려 작은 잘못을 침소봉대하는 경우가 흔하다. 이 사실을 누구나 알고 있기 때문에 성인이라면 험담이나 뒷말을 어느 정도는 걸러 듣는다. 뒷말, 험담, 가십 등은 리스크가 큰 사회적 상호작용 기제다.

부정적 과거 경험에 대한 교훈을 찾는 것은 나 자신의 성장뿐만 아니라 나에 대한 사회적 평판을 위해 필요하다. 실제 그 경험이 교훈적이었는지는 크게 중요치 않다. 우리의 뇌는 원래 과거를 미화하고 의미를 부여하도록 진화해 왔다. 당신이 어떤 경험에서 교훈을 얻기로 마음먹는 순간, 뇌는 그 경험을 의미 있게 재구성하고 채워 넣기 시작한다. 그렇게 해야 미래가 더 밝아진다. 결국 과거의 부정적 경험을 통해 성장했다고 믿을 때, 현재의 당신도 더 나은 사람이 될 수 있다.

3. 강점을 강화해야 성공하는가?

자기인식 강화가 커리어를 돕는다

아무것도 모르는 신입사원 시절에는 강점이었던 것이 팀장이 되면서 최악의 단점으로 변할 수 있다. 신입사원 시절 인정받던 완벽주의가 관리자가 되면서 독재가 되고, 탁월했던 집중력이 상황 판단력을 흐리는 고집이 된다.

성공을 보는 두 가지 생각, 강점 강화, 약점 보완

세상에는 성공에 관한 두 가지 시각이 있다. 하나는 강점 강화이고, 다른 하나는 약점 보완이다. 어떤 쪽이 정답에 가까울까? 먼저 강점 강화가 중요하다는 주장을 살펴보자.

갤럽이 64개국, 101개 기업에서 일하는 170만 명의 직장인을 대상으로 한 조사에 따르면, 일하면서 자신의 강점을 활용한다고 느끼는 직원들은 그렇지 못한 직원들에 비해 더 높은 생산성과 만족도를 보였다. 뛰어난 리더의 공통점도 강점 인식에 있었다. 뛰어난 리더는 자기 자신과 구성원에 대해 두 가지 가정을 가지고 있었다.

- 모든 사람은 자신만의 독특한 재능을 가지고 있으며 이는 결코 변하지 않는다.
- 모든 사람의 가장 큰 성장 가능성은 그들이 가진 강점에 있다.

이 두 가지 가정을 기초로 삼는 리더는 구성원들을 한 가지 정형화된 틀에 맞추기보다는 구성원 각자에게 맞는 방식으로 재능을 찾을 수 있도록 독려한다. 세상의 많은 성공하는 기업과 리더의 공통점은 강점 발휘의 중요성에 집중한 데 있다. 그렇다고 갤럽의 연구원들이 약점 보완이 필요 없다고 주장하는 것은 아니다. 약점 보완은 강점 발휘에 장애가 되지 않을 정도로 유지하면 된다고 말한다.

이번에는 약점 보완이 중요하다는 주장을 보자. 성공하는 사람들이 자신의 강점에 올인했기 때문에 성공했다고 보는 것은 생존 편향survivorship bias일 수 있다. 생존 편향이란 선택 과정을 통과한 개체에만 집중하고 통과하지 못한 개체를 간과하는 오류를 말한다.

몇 해 전, 어떤 자리에서 피플 애널리틱스(People Analytics, 인적자원관리에 통계를 적용한 것) 전문가의 발표를 들은 적이 있다. 국내 모 대기업 임원들의 공통점을 분석해 보니, 역사에 대해 관심이 깊다는 내용이었다. 그리고 그럴듯한 설명도 덧붙였다. 역사는 결국 인과의 흐름이고 어떤 결과에 있어 원인을 파악하는 습관이 성과를 높인다는 것이다.

참석한 대부분의 사람은 고개를 끄덕였지만, 이는 전형적인 생존자 편향이다. 낮은 성과를 내는 사람 역시 역사를 좋아하는지를 확인해야 하고, 역사를 좋아함에도 임원이 되지 못한 사람의 비율은 얼마나 되는지를 확인해야 했다. 당시는 역사 스토리텔러의 대중적 인기로 많은 사람이 역사에 관심이 높아진 시점이기도 했다. 프랜차이즈 업체는 성공 사례만 홍보할 뿐, 실패 사례는 언급하지 않는다. 『성공하는 사람들의 7가지 습관』은 우리나라에서 가장 많이 팔린 자기계발서 중 하나이지만, 이 책에는 치명적인 단점이 있다. 실패한 사람들이 같은 습관을 갖고 있는지 살펴보지 않았다는 것이다.

우리 사회에서 실패는 잘 보이지 않는다. 실패한 당사자는 부끄러워 드러내지 않고, 세상은 실패한 사람에게 스포트라이트를 비추지 않는다. 똑같이 강점에 집중해서 망한 기업이 있다손 치더라도 이 조직들은 매스컴에서 접할 수 없다. 창업해서 성공할 확률은 희박하지만 우리 주변에는 성공한 사업가와 관련된 정보만 회자된다.

망하지 않게 리스크를 관리하는 것은 성공하기 위해 강점을 강화하는 것보다 중요할 수 있다. 약점을 최소화하는 노력은 반드시 우선되어야 한다. 약점을 보완하기 위해서는 사소한 약점과 치명적인 약점을 구분하고, 치명적인 약점 중에서도 고칠 수 있는 약점과 고칠 수 없는 약점을 구분한 다음 치명적이면서 고칠 수 있는 약점은 집중해서 개선해야 한다. 치명적인데 고칠 수 없는 약점은 보완할 수 있는 외부 대안을 강구해야 한다.

당신은 강점 강화와 약점 보완의 주장 중 어떤 주장에 더 동의하는가? 우선, 강점을 살렸을 때의 장점은 매우 분명해 보인다.

성공이 유지되려면
약점 인식은 반드시 필요하다

조직에서의 성공도 강점 강화에 달려 있을까? 직장 생활을 하면서 자신의 강점과 장점을 인정받는 순간은 참 뿌듯하다. 그 장점으로 인해 리더가 된 경우, 더 그렇다. 그런데 리더가 된 이후엔 강점이 곧 약점이 되기도 한다.

A 팀장은 신입 시절부터 목표 집중력이 좋다는 말을 들어왔다. 결과를 낼 때까지 끈기 있게 밀어붙이는 업무 스타일을 고수해 왔다. 계획대로 되지 않은 일은 적극적으로 관여해 차질이 없게 진행했다. 발군의 업무 추진력을 인정받아 팀장이 되었다.

A 팀장은 변한 게 없다. 여전히 결과 지향적이고 집중력이 탁월하다. 그런데 팀장이 되고 나서는 하나의 일이 아니라 여러 프로젝트를 동시에 관리해야 하는데, 우선순위에만 지나치게 집착하는 바람에 돌발적인 상황에 대처하지 못하는 일이 한두 번씩 발생하기 시작했다. 하나의 프로젝트를 완벽하게 마치기 전에 다른 프로젝트를 시작하는 것도 어려워했다. 뜻대로 진행되지 않을 때 쉽게 화를 내고 짜증을 내는 일도 잦아졌다.

과거에는 전략 실행 능력이 탁월했다는 평가를 받았지만, 현재는 상대적으로 전략적 사고력이 떨어진다는 말이 흘러나오기 시작했고, 최근엔 비전과 전략적 사고 측면에서 최악의 평가를 받았다.

A 팀장에게만 나타난 독특한 현상이라고 생각하는가? 그렇지 않다. 세계적인 조직심리학 박사인 로버트 호건 Robert Hogan은 리더십에 관한 여러 연구의 연구 시점, 다양한 장소, 다양한 집단을 종합해 성공하는 리더와 실

패하는 리더에는 눈에 띄는 점이 있다는 사실을 발견했다. 성공하는 리더들 간의 공통점은 비교적 적지만, 실패하는 리더의 공통점은 훨씬 많았다. 그리고 그 공통점 중 하나는 바로 자신의 장점이 약점으로 변질되는 순간을 인식하지 못했다는 것이다.[6]

매우 독립적인 사람이 리더가 되면 팀 구축이나 충원, 육성에 약점을 보이고 부하들에게 권한을 위양하지도 않고 부하들 간의 갈등도 해결하지 못한다. 매우 창의적인 사람이 리더가 되면 조직화하지 못하고 과업을 세밀하게 검토하지 못한다. 자기 주장과 의지가 확고한 사람이 리더가 되면 주변 사람과의 논쟁에서 이기려 하고 상사와 전략적 관점에 차이가 있을 경우 좁히지 못한다. 조직에서 성공이 유지되려면 자신의 강점이 약점이 될 수 있는 순간을 알아차리고 효과적으로 대응할 수 있어야 한다.

자기인식
강화가
중요하다

자기계발이 아닌
자기발견을 위한
이야기

경력 초기엔 내부 자기인식 강화,
경력 후기엔 외부 자기인식 강화

강점을 유지하고 약점으로 변질되지 않게 만드는 대안은 무엇일까? 가장 중요한 것은 자기인식 강화다. 자기인식에는 두 가지 유형이 있다. 내부 자기인식 internal self-awareness 과 외부 자기인식 external self-awareness 이다.

내부 자기인식은 자신의 가치, 열정, 생각, 감정, 강점 및 약점, 타인에 대한 영향력 등을 얼마나 명확히 보는지를 나타낸다. 내부 자기인식이 높은 사람들은 더 높은 직업 및 관계 만족도, 효능감, 행복감을 보인다. 반면에 내부 자기인식이 낮은 사람들의 경우 불안, 스트레스, 우울증을 겪을 확률이 높다.

외부 자기인식은 앞서 열거한 내부 자기인식의 각 요인을 다른 사람이 어떻게 보는지를 이해하는 것을 말한다. 외부 자기인식이 높은 사람들은 타인이 자신을 어떻게 보는지 알고 있기 때문에 다른 사람의 관점을 받아들이는 데 더 능숙하고 공감을 잘한다.

경력 초기에는 내부 자기인식에 중점을 두는 것이 유리하지만 어느 정도 경력이 쌓이고 리더의 위치까지 승진한 이후에는 외부 자기인식을 반드시 높여야 한다.

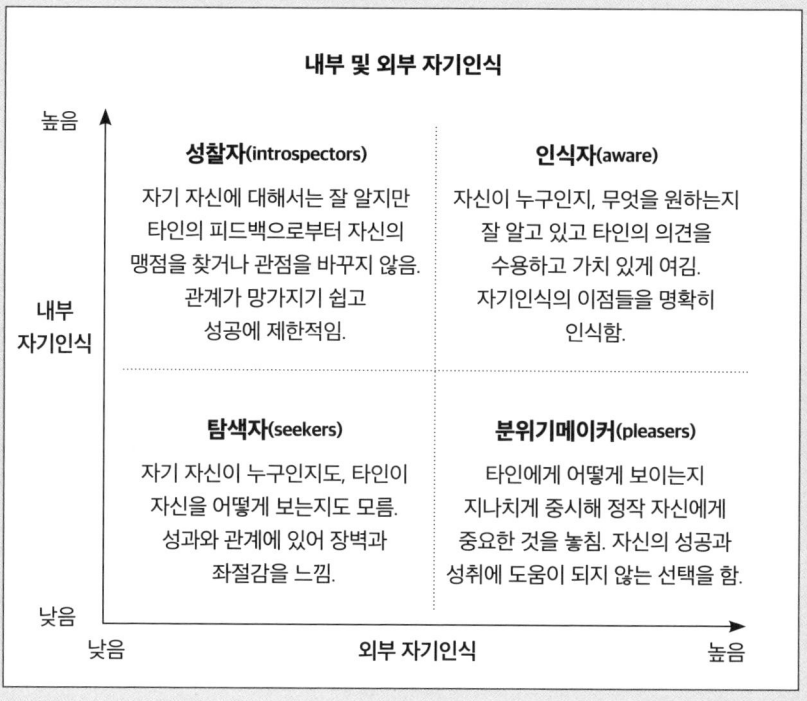

외부 자기인식 수준을 높이기 위해 360도 피드백이나 비공식적 멘토를 통해 피드백을 받는 것도 고려해야 한다. 조직심리학 박사인 타샤 유리크^Tasha Eurich가 5년 이상, 5,000여 명의 직장인을 조사한 자료에 따르면, 조직 내 가장 성공적인 사람들은 상사, 동료, 부하 직원, 외부 멘토 등으로부터 자주 비판적인 피드백을 구하는 사람이었다. 또한 이들은 여러 피드백을 종합해 자신의 생각과 행동을 개선했지만, 한 사람의 의견에 과민 반응을 하지는 않았다.

**경력 초기에는 강점 강화,
경력 후기에는 강점이 약점이 되지 않도록 보완**

외부 자기인식 피드백을 통해 자신의 강점이 약점이 될 수 있음을 인지했다면 이를 보완할 효과적인 대안을 실행해야 한다. 자신의 강점이 약점이 될 수 있는 구체적 요인을 스스로에게 질문함으로써 해결안을 찾을 수 있다. 이때 '왜 나의 강점이 약점이 되었을까?'와 같은 Why 질문에 매몰되기보다는 '무엇이 나의 강점이 약점이 되는 것을 막을 수 있을까?'와 같은 What이나 How 질문을 하는 것이 좋다.[7]

A 팀장의 사례의 경우, '왜 나의 강한 목표 집중력이 팀장이 된 후에 약점이 되었을까?'라고 고민하는 것은 별로 도움이 되지 않는다. '무엇이 강한 목표 집중이 약점으로 변질되는 것을 막을 수 있을까?'라고 물어야 한다. 그래야 우선순위 결정, 적절한 위임 등의 대안을 떠올릴 수 있다. 경력 초기에는 자신의 강점을 잘 활용하는 것이 필요하지만 경력 후기에는

자신의 약점을 보완해야 한다.

건강한 자아를 위해
자아 복잡성을 높여야 한다

나만이 옳다고 생각하는 자아 중심적 사고 egocentric thinking는 심리적 불균형 상태에서 강해진다. 누구나 아닌 줄 알면서도 끝까지 우길 때가 있다. 자신의 소중한 가치나 신념이 위협받는 상태에서 더욱 그렇다. 자아 위협을 받게 되면 인간은 반사적으로 흥분하거나 분노하고 완고해지기 쉽다.

자아 self는 내 자신에 대한 인식이다. '나는 누구입니까?'에 대한 답이 'OO 회사의 OOO입니다'와 같이 하나밖에 없다면 하나의 자아가 위협받을 때 위기감을 크게 느끼게 된다. 하지만 자아가 다양하고 복잡하다면 하나의 자아가 공격받아도 다른 자아가 있기 때문에 크게 동요하지 않을 수 있다.[8] 건강한 직장인이라면 직장에서 자신뿐만 아니라 가정에서, 사회에서 다양한 자아를 의미 있게 갖춰야 한다. 자아가 다양한 사람들은 자아 위협에 비교적 효과적으로 대응할 수 있다. 직장뿐만 아니라 가정, 운동, 취미, 학습, 봉사활동, 사회 모임 등 다양한 장면에서 자아를 돌아보는 일이 필요하다.

조직에서의 성공에는 강점 강화도 약점 보완 모두 필요하다. 경력 초기엔 강점 강화가 유리하지만 리더가 된 후에는 반드시 약점을 보완해야 한다. 성공하기까지의 강점이 성공 후 약점으로 변질되는 시점에 대한 인식과 대응책을 마련해야 한다. 이를 위해서 자기인식 강화, 적극적인 성찰과 실행, 균형 잡힌 삶이 필요하다.

4. 장고 끝에 두는 것이 과연 악수인가?

최초 직감의 오류에서 벗어나라

우리는 유독 시험에서 처음 선택한 답을 바꾸는 것을 심히 고민한다. 물론 직감이 맞을 때도, 틀릴 때도 있다. 그러나 우유부단한 사람을 무능하다고 평가하고, 결정을 번복하는 것을 우둔함의 증거라고 보아서는 안 된다.

생각을 바꾸는 것이 통계적으로 유리하다

학창 시절 누구나 '찍기'를 해본 적이 있을 것이다. 당신은 지금 객관식 사지선다형 시험을 치고 있다. 2번과 3번은 확실히 답이 아니라는 사실을 알고 있다. 정답은 분명, 1번과 4번 중 하나다. 다른 문제도 풀어야 하므로 더 지체할 수는 없다. 이 순간, 1번이라는 확신이 든다. 이제 모든 문제를 풀고, 선택한 답을 답지에 마킹해야 하는 시간이 되었다. 아까 1번으로 결정한 문제의 답을 보니 다시 헷갈린다. 이번에는 4번이라는 확신이 더 강하게 든다. 이때 당신은 주로 어떤 선택을 했는가?

   1. 최초의 답인 1번을 그대로 고수한다.
   2. 4번으로 답을 바꾼다.

　실제 이와 유사한 장면을 재현한 실험에서 75%의 사람들은 처음 답변을 고수했다. 그렇다면 이 선택은 과연 옳은 선택이었을까?
　미국 일리노이 대학교 심리학과 교수 저스틴 크루거 Justin Kruger가 실제 시험에서 1,500여 명 학생들의 답안지 내용을 분석한 결과, 전체적으로 54%의 학생은 답을 바꿔서 점수가 높아졌고, 19% 학생만 답을 수정해서 점수가 깎였다. 답을 바꾸는 것이 통계적으로 유리하다.[9] 장고 끝에 악수 둔다는 말은 과학적으로 옳지 않다.
　답을 바꾸는 것이 유리함에도 불구하고 사람들은 답을 고수하는 것이 유리하다고 믿는다. 저스틴 크루거의 연구에서도 마찬가지였다. 실제 시험을 친 학생들에게 정답을 알려준 뒤, 답을 바꾸는 게 유리했는지, 불리했는지 물었다. 객관적으로는 답을 바꾸는 것이 분명 유리함에도 무려 75%의 학생이 답을 바꾸는 것이 불리하다고 응답했다. 저스틴 크루거는 이러한 '잘못된 신념'의 원인이 궁금해서 다른 실험을 계획했다.
　이번에는 학생들에게 1번 문제는 답을 바꿔서 틀렸고, 2번 문제는 답을 고수해서 틀렸다는 상황을 제시한 후, 어느 경우가 더 후회스럽고 스스로 바보같이 느껴지는지 물었다. 대부분의 학생은 답을 바꿔 틀린 1번 상황을 훨씬 크게 후회했으며 자신의 결정이 어리석었다고 응답했다. 그리고 이 현상은 시간이 지날수록 강해졌다. 답을 고쳐서 틀린 기억은 후회가 너무 커서 기억에 오래 남는다. 반면, 고쳐서 맞혔던 좋은 기억은 평소 실력이라 생각하기 때문에 그렇게 강렬하지 않고 쉽게 잊힌다.

이처럼 손실을 강하게 오래 기억하는 이유는 우리 뇌가 손실과 이득을 똑같이 처리하지 않기 때문이다. 사람들은 최초의 답을 포기해서 생긴 손실을, 답을 바꿔서 얻을 이익보다 항상 더 크게 생각한다. 이러한 현상을 '최초 직감의 오류 first instinct fallacy'라고 한다. 이는 처음 답을 바꾸는 것이 충분히 유리할 수 있음에도 불구하고, 최초 선택을 고수하려는 인지적 오류를 뜻한다.

조직에서도 비슷한 일이 나타난다. 어떤 프로젝트에서 새로운 대안의 좋은 면보다 기존 대안을 포기함으로써 생기는 손실이 더 크게 부각된다. 최초 직감의 오류에서 벗어나지 못하는 조직에서는 "잘된 결정이든 잘못된 결정이든 결정했으니까 그냥 가자"라는 말이 자연스럽게 받아들여진다. 그렇다면 답을 바꾸는 것이 유리하다는 사실을 알게 된 아까 그 학생들은 다음 시험에서 과감히 답을 바꿨을까? 안타까운 사실은 그렇지 않다는 것이다. 답을 바꿔서 틀린 경험에서 오는 후회가 여전히 더 빠르고 쉽게 떠오르기 때문이다.

우유부단함이 항상 나쁜 것은 아니다

어떤 일에 긍정적인 느낌이 들 때가 있다. 이런 느낌일 때, 과연 결과도 좋을까? 반대는 어떨까? 어떤 프로젝트가 진행되는데 자꾸 불안하고 걱정이 든다. 결과도 나쁠까? 그럼, 어떤 일에 긍정적인 느낌과 부정적인 느낌이 공존한다면 그 결과는 어떨까?

우리가 어떤 일, 사람, 문제에 대해 긍정적 생각과 느낌이 듦과 동시에 부정적 생각과 느낌이 드는 심리적 갈등상태를 '주관적 양가감정 subjective ambivalence'이라고 한다. 조직이라면 대개 구성원들보다는 리더들에게 더 흔하게 나타나는 심리 현상이다. 리더의 위치가 본질적으로 서로 다른 것들을 절충하면서 다루어야 하는 일이 많기 때문이다.

목표 관리만 해도 그렇다. 장기 목표와 단기 목표의 균형과 조화가 중요하다. 서로 다른 부서 또는 이해관계자의 상충하는 요청을 조정하는 일도 마찬가지고, 팀 내 다양한 역할과 책임에 대해 고민할 때도 긍정과 부정은 공존한다.

이런 양가감정으로 유발된 행동이 부하 직원의 동기와 팀 성과 관리에 긍정적 결과를 낳을까, 부정적 결과를 낳을까? 양가감정으로 인한 리더의 태도는 자칫 우유부단해 보이기 쉽다. 목표나 방향성을 명확히 가져가기도 어렵고 명확하지 않은 표현으로 불필요한 오해를 사거나 이도 저도 아닌 입장을 취해 팀 내 사기를 떨어뜨릴 우려도 있다.

그런데 리더의 양가감정은 팀 성과를 높이는 데 도움이 된다. 리더의 양가감정이 항상 유리한 것은 아니지만, 양가감정이 반드시 필요한 상황이 있다. 그렇다면 어떤 일에 양가감정이 도움이 될까? 우리가 주관적 양가감정을 경험한다면, 아직 확실한 결단을 내린 상태가 아니다. 그런데 인간은 양가감정 상태를 유지하는 것을 결코 좋아하지 않는다. 모호함을 회피하는 기제를 타고났기 때문이다. 만약 누군가 당신에게 다음 두 가지 게임을 제안한다면 어떤 게임을 하겠는가?

A. 100% 확실한 100만 원을 얻는 게임

B. 50% 확률로 200만 원을 얻을 수도 있고, 50% 확률로 아무것도 받지 못하는 게임

사람들은 A를 선택한다. 확실성이 우리의 생존확률을 높이기 때문이다. 우리 인간이 모호함을 회피하려는 본능이 없었다면 보험 비즈니스는 아예 탄생조차 하지 못했을 것이다. 우리는 불확실성이라는 불편한 감정을 회피하기 위해 확실성을 가져다줄 수 있는 무언가를 찾기 시작한다. 바로 이 상황에서 양가감정이 도움이 된다. 모호할 때 확실함을 찾기 위해 '정보추구행동 information-seeking behaviors'을 더 많이 보이기 때문이다. 우리가 일하면서 언제 양가감정을 느낄까? 아마 당면한 문제를 더 잘 이해하고 더 좋은 의사결정을 위해 고민하는 상태일 것이다. 이때는 더 많은 정보를 얻고자 할 동기가 높다.

리더들은 어떤 사안에 답을 확실히 알고 있다면, 정보추구행동을 보이지 않는다. 만약 리더가 팀원들에게 정보추구행동을 보인다면, 팀원들은 리더를 겸손하다고 여길 것이다. 이때 팀원들이 자신의 리더를 신뢰하고 매력적으로 느낀다면, 리더의 정보추구행동을 모방할 것이다. 이 과정을 통해 팀 내 지식, 아이디어, 기술 및 능력의 활용은 극대화되며 성과 또한 높일 수 있다.[10]

우유부단함을
전략적으로
활용하려면

**자기계발이 아닌
자기발견을 위한
이야기**

**과제의 난이도가 높을수록
확신보다는 우유부단함을 보여라**

모든 프로젝트에 리더의 양가감정이 도움이 되었을까? 그렇지 않았다. 리더의 양가감정이 도움이 되는 프로젝트는 복잡하고 난도가 높은 경우에 한했다. 단순하고 난도가 낮은 프로젝트의 경우 리더의 양가감정은 정보추구행동으로 이어지지 않았다. 누가 봐도 쉬운 문제를 리더가 양가감정으로 고민하고 질문을 한다면, 어떤 구성원이 신뢰할 수 있겠는가.

리더의 양가감정은 어렵고 복잡한 프로젝트에만 힘을 발한다. 쉽고 단순한 프로젝트라면 리더가 양가감정을 보이는 것이 오히려 성과에 부정적인 영향을 미칠 수 있다. 그러니 리더들이여, 어렵고 복잡한 프로젝트를 혼자 고민하지 마시라. 팀원들에게 양가적 태도^{ambivalent attitude}를 보이는 것을 두려워하지도 마시라. 팀원들은 당신을 결단력이 없고 우유부단한 리더라고 여기지 않고, 겸손하고 본받고 싶은 리더로 생각할 것이다.

팀원들도 더 좋은 정보를 구하기 위해 팀 내외에서 정보추구행동을 더 많이 나타낼 것이다. 팀의 집단 지성과 성과는 이런 식으로 만들어진다. 평소 신뢰가 없고, 매력이 없는 리더는 이러한 양가감정으로 인한 이득을 얻기 힘들다는 사실을 유의하자. 신뢰가 높은 리더의 우유부단함은 과소평가된 미덕이다. 어렵고 모호한 문제일수록 장고 끝에 좋은 수를 둘 가능성은 높다.

최초 직감의 오류에서
벗어나려면

'최초 직감의 오류'는 보통 대안이 하나 혹은 둘만 있을 때 주로 등장한다. 따라서 처음 대안을 셋 이상으로 늘리면 최초 직감의 오류에서 벗어날 수 있다. 연구자들은 그래픽 디자이너들을 대상으로 광고를 제작하라는 임무를 준 후, 두 그룹으로 나누어 프로세스를 달리 진행했다.[11] 첫 번째 그룹은 광고를 한 번에 하나씩 만들어 피드백을 받게 했다. 예를 들어 A라는 광고를 만들었다면 피드백을 통해 수정해서 A-1, 다시 피드백을 받아 A-2를 만드는 식으로 5회의 수정을 거쳐 최종적으로 6개의 광고를 완성했다. 두 번째 그룹은 처음에 3개의 광고를 만든 후, 피드백을 받아 2개를 만들고, 다시 피드백을 거친 다음 최종 하나를 완성하게 했다.

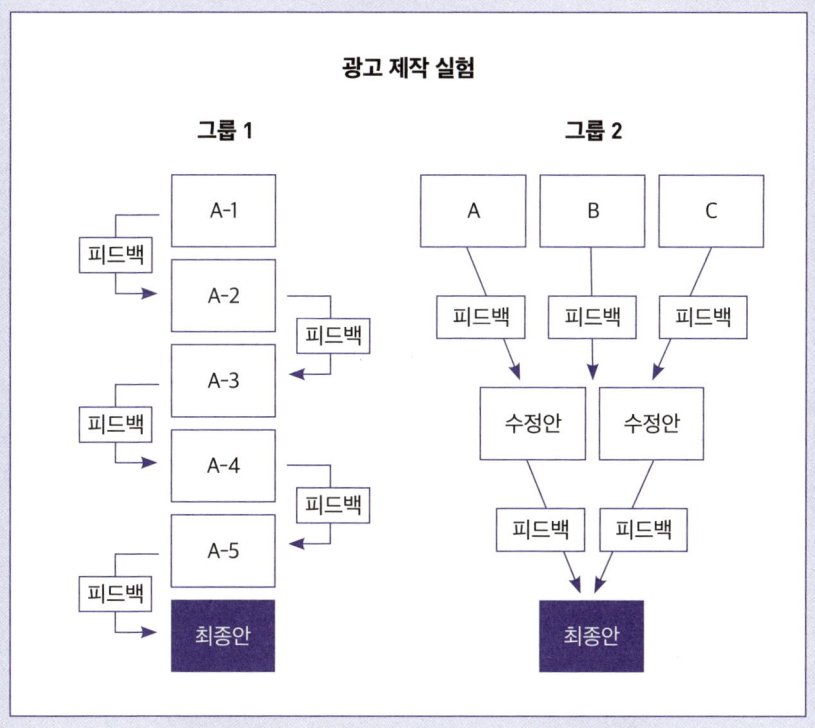

두 그룹 모두 6개의 광고를 만들었고 5회의 피드백을 받았지만 결과는 달랐다. 처음에 3개의 광고를 만든 그룹은 하나씩 광고를 제작한 그룹보다 광고회사 간부들을 대상으로 한 시연에서 더 호평을 받았고, 실제 웹사이트에 게시했을 때 고객의 클릭을 더 많이 얻었다.

일상생활에서도 마찬가지다. 해외 출장이나 여행 갈 때, 반드시 챙겨야 할 물건이 여권이다. '여권을 어디에 뒀지?' 하고 생각해 보자. 맨 처음 생각나는 장소는 대개 '책상 서랍 안'일 것이다. 하지만 찾아보니 없다. 다른 곳을 찾아보다가도 이상하게도 여전히 책상 서랍 안에 있을 것 같아 반복적으로 서랍을 확인하게 된다. 최초 직감의 오류에 빠져 있으면 여권을 찾는 시간은 점점 길어진다. 최초에 여권이 있을 법한 다른 장소를 의도적으로 떠올릴 수 있어야 오류에서 탈출할 수 있다.

조직의 의사결정도 마찬가지다. 처음 기획안에 꽂혀 있으면 더 나은 기획의 기회를 놓치게 된다. 대안이 하나뿐인 상황에서는 다른 대안을 탐색하는 시도를 하더라도, 다시 원점으로 돌아가는 경우가 더 많다. 최초 대안으로부터 기획안의 버전은 달라지는 것처럼 보이지만 최종 선택되는 것은 초기 원안과 크게 다르지 않게 된다. 최초 직감의 오류에서 벗어나기 위해서는 최초 대안을 늘리고 다른 대안을 습관적으로 찾아보는 훈련이 필요하다.

퇴근하고 뭘 하겠는가? 대안이 하나라면 하나 더 생각해 보자. 이러한 작은 생각 훈련이 더 좋은 결정을 하게 만들어 줄 것이다.

시점을 멀리 보면
바꾸지 않은 것을 더 후회한다

지금 당장은 무언가를 바꾸면 크게 후회할 것처럼 느껴지지만, 장기적으로 보면 생각이 달라진다. 10년 전, 20년 전을 생각해 보자. 바꾼 것과 바꾸지 않은 것, 어떤 후회가 큰가? 더 많은 경험을 쌓지 않은 것, 더 많은 공부를 하지 않은 것, 다른 취미를 시도해 보지 않은 것, 더 많은 사람과 친분을 쌓지 못한 것, 여행을 가지 않은 것 등등 먼 과거의 일일수록 그 상태를 내내 유지했던 것에 대한 후회가 더 크다.

가까운 미래를 떠올릴 때는 처음의 결정을 바꾸려 하지 않지만, 더 먼 시점으로 시선을 옮기면 이야기가 달라진다. 바꾸지 않은 것에 대한 후회가 더 크다는 사실을 깨닫게 되는 것이다. '지금 당장'에서 '조금 먼 미래'로 관점을 전환하면, 최초 직감의 오류에서 벗어나 새로운 대안을 모색하고 실행할 수 있다.

5. 매몰 비용의 오류를 피해야만 할까?

때로는 포기가 아니라 기다림이 정답이 될 때가 있다

몇 년간 정성껏 가꾼 나무가 열매를 맺지 않는다면 정원사는 어떻게 할까? 곧바로 베어 버릴까? 경험 많은 정원사라면, 단순히 쏟은 시간과 노력이 아까워서 남겨두는 것이 아니라, 뿌리와 토양이 건강하다면 기다림이 더 현명하다는 것을 안다.

매몰 비용은 인간을 비합리적으로 만든다

당신은 한 달 전에 20만 원짜리 콘서트 티켓을 예매했다. 오늘 저녁 관람인데, 하필이면 아침부터 고열에 시달리고 있다. 관람을 포기할 경우, 20만 원은 환불되지 않는다. 어떻게 할 것인가?

공연 관람으로 얻는 효익은 즐거움이고 비용은 고열로 인한 고통과 옆자리 사람에게 미치는 혹시 모를 피해, 그리고 예매에 들어간 20만 원이다. 관람으로 인한 즐거움이 30만 원의 가치가 있고, 병원을 가지 않아 발생하는 고열의 고통과 혹시 모를 주변 피해가 40만 원의 가치라면 관람할 경우, 순손실은 마이너스 30만 원(30-40-20=-30)이다. 그냥 관람을 포기하면 손실은 20만 원이다. 이 경우 손실을 최소화하는 측면에서 관람을 포기하는 것이 합리적이다.

그런데 사람들은 이처럼 합리적이지 않다. 사람들은 예매 비용 20만 원을 그냥 날리는 걸 싫어한다. 손실 회피$^{\text{loss aversion}}$, 즉 같은 금액이라도 이득 상황보다 손실 상황을 더 크게 인식하는 인간의 심리적 특성으로 인해 기어코 콘서트장에 나간다. 예매 비용 20만 원은 이미 써버렸고 회수할 수 없는 매몰 비용$^{\text{sunk cost}}$이기에 추가적인 손실만 고려해 판단하면 되지만 사람들은 위험을 무릅쓰고 회수하려 한다.

또 다른 사례를 보자. 당신은 오래전부터 가고 싶었던 휴양지에 2박 3일 호텔 숙박권이 50만 원에 나왔다는 사실을 발견하고 급히 예매했다. 그런데 당신의 배우자도 같은 날짜, 같은 호텔의 숙박권을 오션뷰까지 지정할 수 있는 특가로 구매할 기회를 발견하고 30만 원에 예매했다. 두 숙박권은 모두 환불 및 양도 불가다. 누구의 숙박권을 활용할 것인가?

숙박권 예매에 들어간 돈은 매몰 비용이다. 따라서 효용을 극대화하는 의사결정을 하는 것이 합리적이므로 너무나 쉽고 간단한 의사결정이다. 하지만 당신은 50만 원 숙박권을 선택하고 호텔에 전화해 30만 원 숙박권에 포함된 오션뷰 지정권만 옮겨달라고 할지도 모른다. 이는 30만 원 숙박권을 선택했다면 하지 않아도 될 수고다.

심리학과 행동경제학에서 말하는 매몰 비용의 오류$^{\text{sunk cost fallacy}}$는 이미 투입한 비용과 노력이 아까워서 경제성이나 효용성이 없는 사건을 중단하지 않고 손실을 키우는 것을 말한다. 비즈니스 세계에서 대표적인 매몰 비용의 오류는 부루마블 게임에도 나오는 콩코드기 개발 사례다. 1962년 영국과 프랑스는 초음속 여객기 콩코드의 공동개발에 착수했다. 개발 과정에서 이용객이 적고, 연료비는 비싸 과도한 운송비로 사업성이 떨어질 것이라는 사실이 밝혀졌다. 하지만 이미 들어간 투자 비용을 포기하지 못하고 개발을 강행해 적자는 눈덩이처럼 불어나고 결국 파산하고 말았다.

일단 매몰 비용으로 판명된 다음에는 경제적 셈법이 달라져야 한다. 매몰 비용이 발생한 시점 이후에 경제성을 분석할 때는 매몰 비용은 더 이상 고려 대상이 아니다. 하지만 인간은 손실을 혐오하고, 자기가 하는 일이 장밋빛이 될 것이라는 소망적 사고 wishful thinking 와 자신의 결론에 부합되는 증거만 보려고 하는 확증 편향 confirmation bias 을 벗어나지 못한다. 의사결정 전문가들은 이러한 오류를 인식하고 냉정해지라고 조언한다.

매몰 비용을 감수해야 할 상황이 있다

과연 매몰 비용의 오류가 나쁘기만 한 걸까? 미국 콜로라도 볼더 대학교 리즈 경영대학원 교수 제프리 로이어 Jeffrey Reuer 와 연구진은 매몰 비용과 관련한 흥미로운 연구를 진행한 바 있다. 세계 최고의 비즈니스 전략 전문가답게 제프리 로이어는 기업이 매몰 비용을 전략적으로 활용하는 편이 유리할 수도 있다는 시각이 있었고, 실제 비즈니스 현장에서 자신의 생각이 사실임을 입증했다.

논문의 제목은 「Resource Idling and Capability Erosion」, 번역하면 '자원 공회전과 역량 침식'인데, 기업이 투자를 멈추는 것이 곧 역량 저하로 이어진다는 의미다. 다시 말해 비록 매몰 비용이라 하더라도 계속 자원을 투자하는 것이 역량 저하를 막는 좋은 전략일 수 있다는 것이다.

연구진은 가설을 검증하기 위해 석유 시추 사업에 관한 데이터를 활용했다. 석유 시추 사업은 매몰 비용이 가장 많이 발생하는 대표적인 비즈니스다. 시추하는 도중에 사업성이 떨어진다는 사실을 알게 되는 경우가 비일비재하다. 이때 전통적인 경제학이나 경영학은 더 이상 투자를 멈추라고 말한다. 이미 들어간 비용은 매몰 비용이기 때문에 추가 투자비 대비 효용 가치만 고려하라고 조언한다.

제프리 로이어는 매몰 비용으로 판명이 난 이후에도 시추를 이어간 조직과 그렇지 않은 조직을 분석했다. 매몰 비용으로 판명이 난 후에도 시추를 이어간 조직과 그렇지 않은 조직은 무엇이 달랐을까?

연구진은 텍사스의 모든 석유와 가스 시추를 감독하고 시추된 모든 유정에 관해 기록하는 위원회인 TRC와 석유가스 산업에 대한 거시적 데이터를 유지 관리하는 연방 기관인 EIA 등의 데이터를 분석했다. 이러한 데이터로부터 연구진은 석유 시추에 관한 다양한 실증적 연구 정보를 검증할 수 있었다.

그 결과, 놀랍게도 매몰 비용으로 판명이 난 후에 과감히 시추를 그만둔 조직의 장기적인 수익성이 악화되었다. 시추를 그만둔 조직은 우수한 역량을 갖춘 인재를 뺏겼고 기술력 등 인적 자원을 유지하는 것에도 어려움을 겪었다. 반면에 매몰 비용을 감수하고 시추를 이어간 조직은 당장은 어려웠지만, 장기적인 사업성을 강화할 수 있었다. 그러니 매몰 비용이 늘 피해야 할 오류는 아닌 셈이다. 우수한 역량을 갖추고 인적 자본에 대한 의존도가 높은 기업일수록 특히 그렇다.[12]

매몰 비용을
감수해야 할
상황이 있다

자기계발이 아닌
자기발견을 위한
이야기

**매몰 비용을
섣불리 판단하지 마라**

매몰 비용이 발생하는 환경적 원인은 불확실성 때문이다. 비즈니스 자체가 불확실하면 제대로 계획을 못 하고 의도한 대로 사업이 진행되기도 어렵다. 불확실성이 심화되면 조직은 관련 비즈니스에 투여된 자원을 매몰 비용으로 서둘러 결정하는 경향도 높다. 해당 시점에서 손실을 최소화하기 위해서다.

불확실성에서 매몰 비용으로 서둘러 결정하고 비즈니스를 중단하는 경향은 우수한 역량을 갖춘 회사일수록 더 심했다. 인적 자본에 크게 의존하는 조직은 자동화에 의존하는 회사보다 매몰비용의 오류에 빠지지 않기 위해 사업을 더 빨리 포기하는 경향이 있었다. 하지만 현재 우수한 역량을 확보한 조직일수록, 불확실한 투자에서 성급하게 매몰비용을 근거로 한 결정을 내리는 것은 오히려 독이 된다.

인간관계의 매몰 비용은 감수할 가치가 있다

매몰 비용도 전략적 차원에서 감수해야 할 경우가 있다. 역량이 높고 인적 자원에 의존성이 높은 조직이라면 반드시 매몰 비용의 전략적 활용을 검토해야 한다. 인간관계도 유사한 측면이 있다. 우리는 종종 내 시간이 매몰 비용으로 느껴지게 만드는 사람들, 소위 테이커^{taker}들을 주변에서 볼 수 있다. 이들은 당신의 시간과 노력에 보답할 생각이 전혀 없고 사람들을 이용 대상으로 볼 뿐이다.

조직심리학의 대가인 애덤 그랜트$^{Adam\ Grant}$는 그의 책 『기브 앤 테이크』에서 기버^{giver}들이 호구가 되지 않기 위해서는 테이커^{taker}를 만났을 때 기브 앤 테이크가 분명한 매처^{matcher}의 전략을 써야 한다고 주장한다. 테이커를 만나면 베풂을 멈추고 거래적 관계로 전환하라는 것이다. 테이커들에게 이미 투자한 매몰 비용은 과감히 버려야 한다. 유독한 관계인 상황인데, 이미 들인 시간과 노력을 떠올리며 그 관계를 유지하는 것은 불필요한 고통만 연장시킬 뿐이다. 우리 사회에서 황혼 이혼의 증가는 사람들이 매몰 비용의 오류에서 벗어나 더 현명한 의사결정을 하고 있다는 증거일 수 있다.

그럼에도 애덤 그랜트는 테이커들에게 기회를 주라고 말한다. 기버인 당신이 테이커를 만나 기브 앤 테이크가 분명한 매처의 전략을 구사하는 것이다. 이때 테이커가 매처로 변해 상호성의 약속을 지키며 관계를 이어간다면 다시 너그러이 기버로서 모습을 보이는 편이 좋다. 감정적 유대와 신뢰가 깊어져 매처 간의 관계로 만들기 어려운 시너지를 창출할 수 있기 때문이다.

모든 인간관계에 매몰 비용이 감수할 가치가 있는 것은 아니다. 하지만 당신이 전략적으로 관계의 양상을 변화시키며 상대의 반응을 살필 수 있다면 인간관계의 매몰 비용은 감수할 가치가 충분하다.

6. 명백한 오답에는 가치가 없는가?

집단 사고를 없애는 강력한 무기

오케스트라에서 바이올린이 예상치 못한 불협화음을 터뜨릴 때 오히려 새로운 선율이 탄생한다. 우리는 조직에서 오답을 말하는 사람을 문제적 존재로 여긴다. 하지만 명백히 틀린 답변은 집단의 동조 압력을 깨뜨리고 진정한 집단 지성을 만들어 내는 가장 강력한 촉매제다.

집단 사고는 너무 쉽게 나타난다

조직의 성과는 집단 지성 collective intelligence 을 전제로 한다. 집단 지성은 개개인이 올린 성과의 단순 합보다 구성원들 간의 상호작용을 통해 더 우수한 결과물을 만드는 것을 말한다. 집단 지성을 이끄는 중요한 원동력 중 하나가 바로 사고의 다양성이다. 사고의 다양성이 사라지고 누군가의 의견에 동조되기 시작할 때, 집단 사고 group think 가 나타나기 시작한다.

집단 지성과 집단 사고 모두 집단에서 발생하는 현상이지만 전혀 다른 개념이다. 집단 지성이 집단에서 개별적으로 얻기 어려운 창의적이고 우수한 결과를 도출하는 현상을 말한다면, 집단 사고는 집단 내 합의를 지나치게 중시해 비합리적이거나 잘못된 결정을 내리는 현상을 말한다.

구성원들의 의견 일치를 유도하는 경향이 높은 조직일수록 집단 사고가 빈번하다. 집단 사고가 형성되면, 리더의 주장을 무비판적으로 수용하고, 심지어 비윤리적이거나 비합리적인 결정조차도 정당화시킨다. 집단 사고를 일으키는 핵심 키워드는 동조conformity다. 동조는 사회적 규범 혹은 다수의 태도나 의견에 따라 개인이 생각이나 행동을 바꾸는 것을 말하는데, 집단의 압력이 느낄 때 심화된다. 사회심리학이 동조 연구에서 흥미로운 발견 중 하나는 사람들이 집단의 압력이 실재하지 않고, 상상하는 것만으로도 동조가 활성화된다는 것이다.

심리학 역사상, 가장 큰 반향을 일으킨 실험으로 꼽히는 것이 바로 1955년에 진행된 솔로몬 애쉬Solomon Asch의 동조 실험이다. 실험실엔 원탁이 준비되어 있고, 6명의 참가자가 자리에 앉자마자 실험이 시작된다. 이 사람들에게 실험자는 차례로 질문을 던지는데, 참가자들은 기준으로 주어진 선분과 같은 길이의 선분이 어떤 것인지 답해야 한다. 누가 봐도 답은 A가 명백하지만 첫 번째 참가자부터 B라고 엉뚱한 답을 하기 시작한다. 다음 참가자 역시 자신 있게 B를 외치고, 마지막 참가자가 답하기 직전까지 모든 참가자의 답은 B다. 그리고 마지막 참가자에게 질문을 던지자, 이전에 답했던 5명의 참가자가 일제히 마지막 참가자를 쳐다본다. 사실, 이 5명은 실험자와 사전에 공모한 사람들이고 진짜 참가자는 6번째 사람이다. 이 실험에서 75%의 참가자는 적어도 한 번은 B라고 동조 반응을 보였다.[13]

동조가 발생하는 이유에 관해선 크게 두 가지를 들 수 있다. 첫째, 다수가 경험적으로 옳을 확률이 높기 때문이다. 둘째, 인간은 집단으로부터 배척당하는 것을 너무 두려워하기 때문이다. 사람들은 집단 내 절대다수의 사람들과 다른 답을 내는 것을 두려워한다. 솔로몬 애쉬의 이 매력적인 실험은 다른 연구자들의 호기심을 불러일으켰다.

그리고 후속 연구의 초미의 관심사는 바로 이 질문이었다. "동조 효과를 없애는 가장 훌륭한 대안은 무엇일까?" 연구 결과, 앞서 5명 중에서 단 한 사람이라도 A라고 정답을 외쳤을 때의 영향력이 가장 컸다. 사람들은 단 한 명의 정답자가 나타난 경우에는 집단의 의견에 결코 동조하지 않았다.

그런데 과연 정답자의 영향력만이 클까? C라고 또 다른 오답을 외치는 사람이 있다면, 사람들은 어떤 영향을 받게 될까?

명백한 오답도 집단 사고를 없애고 집단 지성을 높일 수 있다

UC버클리 심리학과 교수 찰란 네메스 Charlan Nemeth는 명백한 오답도 사람들의 정답을 높이는 데 크게 기여한다는 사실을 발견했다. 그의 실험에서는 4명의 참가자가 한 개 조로 참여한다. 과제는 총 두 번 실시되는데, 화면에 제시된 슬라이드의 색상과 밝기를 맞추는 과제다. 먼저 밝기가 다른 파란색 슬라이드 20장이 제시되는데, 모두 아무 문제 없이 과제를 수행한다. 이후에 제시되는 과제는 밝기가 다른 빨간색 슬라이드 20장이다. 이제 4명

중 실험자와 공모한 3명은 일관되게 빨간색을 주황색이라고 말한다. 마지막 참가자는 20장의 빨간색 슬라이드 중 평균 14차례는 다른 사람들이 말한 대로 주황색이라고 답했다. 동조 효과가 여실히 나타난 것이다.

다음 실험 역시 처음에는 밝기가 다른 파란색 슬라이드 20장이 제시된다. 그런데 이때 파란색을 녹색이라고 틀리게 말하는 사람이 나타난다. 이어진 두 번째 과제에서 실험자는 20장의 빨간색 슬라이드를 보여주면서 앞서와 마찬가지로 3명은 지속적으로 주황색이라고 외치는 상황을 연출했다. 하지만 결과는 첫 번째 실험과 달랐다. 마지막 참가자가 빨간색이라고 매번 정확히 답한 것이다. 앞서 파란색을 녹색이라고 말했던, 즉 비록 오답이지만 용기 있는 오답을 보는 것만으로도 집단의 동조 압력에서 벗어날 수 있었던 것이다.[14]

조직 내 집단 사고를 피하고 집단 지성을 높이기 위해서는 바보 같은 오답조차도 긍정적 영향이 있다는 사실을 이해해야 한다. 바보 같은 오답이 지금 당장 정답이 될 수는 없지만, 조직 내 무언의 동조 압력에서 벗어날 수 있는 최적의 해답이 될 수는 있다. 집단 지성을 중시하는 조직인지 그렇지 않은지는 오답을 말하는 사람을 대하는 태도를 보면 알 수 있다.

비즈니스 조직은 학교가 아니다. 주로 정답이 정해진 문제를 푸는 학교에서 오답은 잘못된 생각의 과정을 의미하지만 비즈니스 조직에서 흔히 접하는 문제들은 정답이 명확히 주어진 문제가 아니다. 그렇다고 모든 답이 정답일 수가 없으므로 더 나은 답을 탐색하는 과정은 필수다. 더 나은 답을 찾는 과정에서 오답의 가치를 인정하고 의도적으로 열린 자세를 보여야 한다.

오답을 통해 배울 수 있으려면?

자기계발이 아닌
자기발견을 위한
이야기

빨간 펜을 바꾸자

 오답을 통해 배울 수 있으려면 빨간 펜을 바꿔야 한다. 모 학습지 회사의 브랜드 정책으로 빨간 펜은 좋은 선생님의 전유물처럼 여겨지지만, 한 심리학 연구에서는 정반대의 결과를 보여준다.

 실험에 참가한 학생들에게 단어를 구성하는 문자의 순서를 바꿔 다른 단어를 만드는 애너그램 anagram 테스트를 보게 했다. 예를 들어 'belta' 문제의 정답은 'table'이다. 학생들은 연습 테스트에서 실력 체크 후, 곧바로 세 집단으로 나뉘었다. 세 집단 모두 동일한 문제를 받았지만 다른 점이 딱 하나 있었다. 바로 시험지에 적힌 숫자의 색깔이었다. 실험 진행자는 참가자에게 각 페이지에 있는 숫자를 확인하라고 지시했는데, 숫자는 빨간색, 초록색, 검은색으로 적혀 있었다. 테스트를 마친 후 결과를 채점해 보니 놀랍게도 빨간색에 배정된 집단의 성적이 현저하게 나빴다. 유사한 후속 실험에서 이번엔 테스트 표지의 색깔을 빨간색, 초록색, 하얀색으로 제시했는데 이때도 빨간색 표지를 받은 학생들의 성적이 가장 낮았다.[15]

빨간색은 잠재적 위험을 상기시킨다. 교통 신호등, 소방 표시등, 속보 표시 등이 빨간색인 이유는 빨간색이 위험하며 회피해야 할 대상을 알려 주기 때문이다. 빨간색은 피를 상징한다. 혈관 밖으로 나온 피는 생명의 상징이 아니라 세균의 온상일 수 있다. 빨갛게 상기된 상대가 있다면 공격성을 인식하고 일단 피하는 것이 좋다. 빨간 신호는 주의 집중을 높이는 동시에 회피 행동을 일으킨다. 따라서 빨간색 외에 다른 영역에 집중하기 어렵게 만든다.

빨간 펜으로 교정받으면 본인이 저지른 실수에 비해 과도하게 지적받은 느낌이 든다. 열린 사고보다는 닫힌 사고로 유도하고 그 문제 외에 다른 문제 풀이의 수행 능력을 떨어뜨릴 수 있다. 빨간 펜과 같은 경계, 경고를 의도한 매개체는 회피 동기를 높이므로 학습에 부정적이다. 빨간 펜은 하나의 은유이고 상징이지만, 우리 주변에는 오답을 경계와 경고로 인식하게 만드는 매개체가 많다. 부정적 피드백이 그렇고, 사람 고쳐 쓸 수 없다는 고정 마인드셋이 그렇다. 처벌 규정도 마찬가지다. 빨간 펜을 비롯해 경계나 경고를 상기시키는 피드백, 제도, 규정, 마인드셋을 바꾸어야 오답을 통해 배울 수 있다.

실수 회피 문화가 아닌
실수 관리 문화를 만들자

많은 조직이 실수를 줄이는 데만 집중한다. 싱가포르 국립대학교 비즈니스 스쿨 교수인 마이클 프레제Michael Frese는 조직에서의 실수와 관련해 두 가지 문화가 있다고 말한다. 실수 회피와 실수 관리 문화다.

실수 회피 문화의 조직에서 실수는 매우 부정적이고 예방할 수 있고 예방해야 하는 것으로 여겨진다. 반면에 실수 관리 문화의 조직에서 실수는 불가피하지만 그것을 통해 배울 수 있다고 여겨진다. 실수 회피 문화는 실수 자체가 없는 상태를 강조한다. 반면 실수 관리 문화는 실수는 할 수밖에 없는 것이라고 전제하고 실수를 일찍 발견해 부정적 효과를 줄이는 데에 집중한다. 실수 회피 문화에서는 실수에 대한 비난과 감추기 문화가 만연하고 실수 관리를 강조하는 곳에서는 실수를 공유하고 학습하는 문화가 생긴다. 마이클 프레제 교수의 연구에 따르면 조직이 실수 관리에 가까울수록 혁신적이고 수익률도 높았다.[16]

실수 관리 문화가 정착되면 실수에 대해 더 많은 커뮤니케이션과 관련 지식들이 공유된다. 구성원 간의 도움 행동도 늘어나고 실수에 대한 통제감도 높아진다. 그로 인해 실수의 부정적인 효과는 감소하고 업무 절차는 개선되며 학습과 혁신이 조장된다. 결과적으로 조직의 목표를 달성하고 지속적 성장과 발전을 이루어 낼 수 있다.

4장

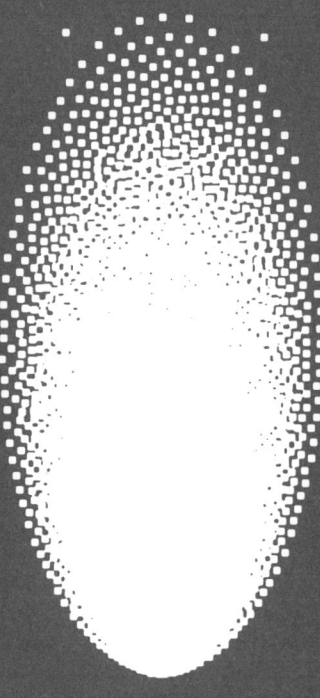

일의 늪

1. 팀을 살리는 리더의 조건

'똑부형' 리더가 '똑게형' 리더보다 낫다

우리는 늘 자율적인 팀을 원한다. 그러나 리더 없는 팀은 회의만 길어지고 결정은 미루어진다. 게으른 리더보다 부지런한 리더가 훨씬 높은 성과를 낸다. 우리가 멋있다고 여기는 팀 운영 방식은 조직을 망치는 지름길로 향하는 중이다.

리더가 없어도 잘되는 팀이 있을까?

독일 뮌헨 대학교의 교수이자 심리학자인 플로리안 엥글마이어 Florian Englmaier와 연구진은 리더의 존재가 팀 성과에 어떤 영향을 주는지 알아보기 위해 281개 팀, 1,273명이 참가한 대규모 현장 실험을 진행했다. 참가자들은 협업 없이는 절대 해결할 수 없는 방 탈출 과제에 도전했고, 연구진은 팀을 두 집단으로 나누어 절반의 팀에게만 "여러분을 도와줄 팀 리더를 선발하세요"라는 지침을 추가했다.

지침은 오직 그 한 문장뿐이었다. 리더를 어떻게 정하라는 방법도, 리더에게 어떤 권한이 주어진다는 설명도 없었다. 그저 '리더를 정해보라'는 가벼운 유도에 불과했다. 그런데 결과는 놀라웠다. 리더가 있는 팀의 성공률은 리더가 없는 팀에 비해 약 1.5배나 높았다.[1] 가장 흥미로운 점은 리더가 실제 어떤 행동을 했는지보다, 단지 '우리 중 조율자가 있다'라는 인식 자체가 팀의 사고방식과 협업 행동을 바꿨다는 것이다. 이 실험은 리더십이 직책이 아니라 심리적 구심점임을 보여준다.

도대체 리더를 정하면 뭐가 그렇게 달라지는 걸까? 연구팀은 그 이유를 세 가지로 설명한다. 첫째, 리더는 인지적 기준점 cognitive anchor이 된다. '누군가는 방향을 잡아줄 거야'라는 기대만으로도 팀원들의 심리적 부담이 줄어든다. 둘째, 자발적인 조율이 쉬워진다. 각자가 정보를 모으더라도, 최종적으로는 리더에게 전달하거나 맡긴다는 암묵적 합의가 생긴다. 그만큼 혼란도 줄어든다. 셋째, 책임을 함께 나누기보다 명확하게 위임할 수 있다. 모두가 함께 결정하려다 생기는 혼란 대신, '최종 결정은 리더가 내린다'라는 체계가 만들어지는 것이다.

리더가 필요 없는 팀은 없다. "우린 자율적인 팀이에요, 누가 리더인지 따로 정하진 않아요" 이 말이 멋있어 보일지 몰라도 현실에선 문제가 된다. 회의는 길어지고, 결정은 미루어지고, 책임은 애매해지며, 성과는 흐려진다. 리더가 없어도 잘되는 팀은 없다. 좋은 팀은 모두가 리더인 팀이 아니다. 좋은 팀이란 누군가 조율을 맡고, 나머지는 그에게 신뢰를 보내는 팀이다.

그렇다면 팀의 심리적 구심점이 되는 리더는 어떤 특성을 갖추었을 때 팀의 성과를 극대화할 수 있을까? 똑부(똑똑하고 부지런한)형 리더, 똑게(똑똑하고 게으른)형 리더, 멍부(멍청하고 부지런한)형 리더, 멍게(멍청하고 게으른)형 리더. 이는 한 번쯤은 접했을 리더 분류법이다. 많은 사람은 똑똑하지만 게으른 '똑게형' 리더가 최고의 리더 유형이라고 말하곤 한다. 하지만 실제 조직심리학 연구들은 이러한 통념에 의문을 제기한다. 과연 똑게형 리더가 최고의 리더일까?

리더가 갖춰야 할 특성 중 우선순위는 정직과 유능함이다

사실 유능한 리더는 똑똑하면서 부지런하다. 실제 조직 연구에서도 똑부형 리더는 똑게형 리더보다 성과가 높았다. 게다가 똑부형 리더는 구성원과 관계도 잘 맺었다. 리더가 높은 성과와 좋은 관계, 두 마리 토끼를 모두 잡기 위해서는 똑게형 리더가 아니라 똑부형 리더가 답이다.

조직심리학 박사인 로버트 호건Robert Hogan은 효과적 리더가 조직에 활기를 불어넣고, 스트레스를 잘 극복하며, 비전과 이를 실현하기 위한 전략을 수립하며, 전술적이고 전략적인 문제들을 해결하고, 높은 목표를 세우고 달성하기 위해 열심히 일하며, 자신감이 넘치고, 사람들과 관계를 잘 맺으며, 팀을 구축해 구성원들을 몰입하게 하고 공정하게 대하며, 업무 계획을 체계화해 나가는 경향이 있다고 말한다.

흥미로운 점은 세계 어느 나라의 리더에게 물어도 같은 답이 나온다는 것이다. 효과적 리더십과 관련된 특징들은 동서양과 산업 분야를 막론하고 공통적으로 발견된다. 리더가 이런 태도와 행동을 보인다면 높은 성과를 내는 팀을 만들 가능성을 높일 수 있다. 하지만 어떤 리더도 이 모든 특성을 다 갖추지는 못한다.

그렇다면 리더가 갖춰야 할 특성 중 우선순위는 무엇일까? 『리더십 챌린지』의 저자 제임스 코제스 James Kouzes와 배리 포스너 Barry Posner는 2002년 세계 각지의 7만 5,000명 이상의 사람들에게 고성과 조직의 리더가 갖춰야 할 특성이 무엇인지 물었다. 대략 20가지 특성 중 상위 네 가지 특징은 정직 honest, 미래지향 forward-looking, 유능함 competent, 동기부여 inspiring였다.[2] 2009년 조사에서는 정직 honest, 유능함 competent, 공정성 fair-minded, 포용력 broad-minded으로 바뀌었지만, 유능함과 정직은 여전히 높은 자리를 지켰다.[3] 이후 연구에서는 세대별 차이도 발견되었는데 X세대는 정직성을, 더 젊은 세대일수록 유능함을 리더의 최고 덕목으로 꼽았다.[4]

어떤 이유로 사람들은 '리더에게 가장 중요한 특성'으로 정직성을 꼽은 것일까? 자연에서는 경쟁이 원칙이고, 협력은 예외적이다. 그러나 인간은 다르다. 인간 사회에서는 협력으로 얻는 이익이 매우 크기 때문에 인간은 사회적 동물로 진화했다. 정직성이 부족한 리더는 신뢰에 문제가 생기기 때문에 구성원과 안정적인 관계를 형성하지 못한다. 정직한 리더는 자신이 한 말에 책임을 지고, 약속을 준수하며, 일관성 있게 행동하며, 자신의 직위를 이용해 사리사욕을 취하지 않고, 특권의식이 없는 행동을 보인다.

똑부형 리더가
똑게형 리더보다 낫다

연구의 어디에서도 리더의 게으름과 관련한 특성을 발견할 수 없다. 분명한 점은 유능하고 똑똑한 리더가 좋은 리더라는 사실이다. 리더의 유능함을 예측하는 가장 중요한 변수는 리더의 지능이다. 지능은 리더십과 같은 복잡한 직무를 이해하고 새로운 지식을 습득하는 데 중요하기 때문이다. 실제로 지능과 성과와의 관계는 팔로워의 지능과 성과와의 관계보다 더 명확하다.[5]

유능함과 정직성 외에 좋은 리더의 또 하나의 특성은 바로 성실성이다. 성실성은 정직성과 결합해 구성원들의 조직시민행동 Organizational Citizenship Behavior을 잘 예측해 준다. 조직시민행동이란 어떠한 의무도 보상도 없지만 자신이 속한 조직의 발전을 위해 자발적으로 이타적인 행동을 하는 것을 말한다.

조직에는 세 가지 유형의 사람이 있다. 받는 것보다 주는 것을 좋아하는 기버, 주는 만큼 받기를 원하는 매처, 준 것보다 더 많이 받기를 원하는 테이커다. 테이커는 다른 사람에게 꼭 필요한 것보다 자신의 이익을 우선시한다. 테이커에게 직장은 치열한 경쟁의 장이고 따라서 성공하려면 남들보다 뛰어나야 한다고 생각한다. 반면에 기버는 타인에게 중점을 두고 자신이 상대를 위해 해줄 수 있는 것이 무엇인지 주의 깊게 살핀다. 공평함을 원칙으로 삼는 매처는 남을 도울 때 상부상조의 원리를 내세워 자신의 이익을 지킨다.

정직성과 성실성이 높은 사람이 바로 기버다. 정직하더라도 성실하지 않으면 남을 도우려는 마음은 있지만 행동으로 옮기지 못한다. 성실한데 정직하지 않다면 계획적으로 남을 이용해 먹을 것이다.

그렇다면 조직 내 성공 가능성이 높은 유형은 셋 중 무엇일까? 연구에 따르면, 세 유형 중 기버의 성공 가능성이 가장 높았다. 이들은 좋은 평판과 신뢰를 기반으로 일터에서 시너지를 높였다. 주변 동료들은 기버의 성공을 응원하며 자발적으로 도왔다. 그런데 기버는 조직 내 성공 가능성이 가장 낮은 사람이기도 했다. 기버는 성공 사다리의 꼭대기와 밑바닥 모두를 차지한 것이다.

따라서 단순히 기버라는 사실만으로 조직 내 성공 가능성을 예측하기 어렵다. 기버이면서 똑똑해야 성공 가능성이 높다. '똑똑한 기버'가 다른 기버를 대하는 방식과 테이커를 대하는 방식은 다르기 때문이다. 이들은 평소 너그러운 기버의 행동을 보이다가도 테이커를 만나면 매처로 변한다. 자신이 필요할 때, 타인에게 자원이나 도움을 요청하는 전략을 적절히 구사한다.

리더가 똑똑한 기버일수록 성과도 높고 구성원들의 만족도도 높다. 똑똑한 기버가 리더가 되면, 테이커보다 기버들이 더 행복하고 일하기 좋은 조직을 만들기 때문에 구성원들은 일터에서 만족도가 높고, 특히 장기 성과가 높다.[6]

똑똑함, 부지런함, 정직함은 좋은 성과와 관계를 만든다

자기계발이 아닌
자기발견을 위한
이야기

똑게형이 똑부형보다 낫다고 생각하는 편향

'내가 경험한 리더들을 보면 똑게가 똑부보다 나은데'라고 생각한다면 인지적 편향 때문이다. 처음 작용하는 것이 현저성 편향 salience bias이다. 현저성은 눈에 띄는 특징, 뚜렷하게 드러나는 속성을 말하는데, 현저성 편향은 어떤 특징이 유난히 눈에 띈다는 이유로 원래 그것이 갖고 있는 의미보다 더 큰 의미를 부여하는 오류다.

똑부형 리더의 성과가 높은 것은 당연해서 눈에 띄지 않지만, 똑게형 리더의 성과가 높은 것은 의외라 더 쉽게 눈에 띈다. 이렇게 현저성 편향이 머릿속에 입력되면 이제 정보를 인출할 때는 가용성 휴리스틱 availability heuristic 이 작동한다. 가용성 휴리스틱은 머릿속에 잘 떠오르는 정보에 근거해 특정 사건이나 사례가 일어날 확률이 높다고 여기는 인지적 편향이다. 가령 여름철 해안가 해파리 공격 관련 뉴스 기사를 방금 접한 사람이 있다면 통계적으로 해파리 피습을 당할 가능성보다 그 가능성을 과대평가할 것이다.

"창의적인 사람은 외향적일까, 내향적일까?"라는 질문을 받았을 때도 마찬가지다. 사실 창의성과 외향성은 통계적으로 유의미한 관련성이 없지만, 창의적이면서 사회성이 떨어지는 사람들이 상대적으로 쉽게 떠오르기 때문에 그 확률을 과대평가한다. 당신이 경험한 똑부형 리더의 성과가 좋은 것은 당연하기 때문에 특이할 것이 없지만, 성과가 높은 똑게형 리더가 있다면 우리 머릿속을 보다 더 쉽게 장악한다.

똑똑한 리더는
관계 능력도 탁월하다

성공적인 리더십은 리더 혼자 모든 일을 도맡아 하는 것이 아니다. 조직의 각 기능이 효과적으로 작동될 수 있도록 구성원들을 적재적소에 잘 활용해야 한다. 지능이 높은 리더는 아무에게나 리더의 자원(정보, 재원, 시스템, 의사결정권한 등)을 공유하지 않고, 성과가 탁월한 구성원과 신뢰 관계를 형성해 이들에게 먼저 자원을 제공한다. 자원을 제공받은 구성원은 리더의 신뢰에 보답하기 위해 자신의 업무를 잘 수행하는 것을 넘어서 다른 구성원들이 직무를 잘 수행할 수 있도록 자발적으로 돕는 경향을 보인다.

이처럼 리더와 신뢰 관계를 구축한 구성원은 자신의 직무 성과 달성에만 머물러 있지 않는다. 조직 내 팀워크를 강화하거나 동료를 돕는 행동 등을 자발적으로 수행한다. 결과적으로 리더는 전략적 자원 배분을 통해 직무성과 in-role performance 뿐 아니라 팀워크와 같은 직무 외 성과 out-role performance 를 달성할 수 있다.

최근, 조지아 대학교 테리 경영대학원 교수 파델 마타 Fadel Matta 와 연구진은 지능이 높은 리더가 구성원과 전략적 관계를 잘 맺는다는 사실을 밝혔다. 리더의 지능은 구성원과 전략적 관계를 맺는 데 탁월한 기능을 한다. 여기에 리더가 성실하고, 자아존중감과 자기효능감이 높고, 스스로 상황을 통제할 수 있다는 믿음이 있으며, 스트레스를 잘 견딘다면 지능이 성과에 미치는 효과는 더 커진다.[7]

똑똑하고 성실한 리더가 구성원들과 전략적 신뢰 관계를 효과적으로 맺는다. 리더의 지능이 구성원과 전략적 관계 형성에 영향을 미친다는 사실은 매우 흥미롭다. 참고로, 파델 마타 교수의 연구에 활용된 지능 측정 방식이 궁금한 리더들은 'Wonderlic Test Practice 웹사이트'를 통해 직접 측정해 볼 수 있다.

똑게형 리더가 똑부형 리더보다 낫다는 것은 과학적 진실이 아니다. 똑똑한 사람이 관계를 맺는 데 서툴다는 것 역시 과학적 진실이 아니다. 특히 조직 내 전략적 관계를 맺고 실행하는 데 있어 리더의 지능과 성실성의 역할은 중요하다. 게으른 리더는 계획을 세우고 실행에 옮기는 노하우와 에너지가 부족하기 때문에 성과를 낼 수 없다.

'실제로는 부지런한데, 게을러 보이는 리더가 있지 않나'라고 생각할 수 있다. 실제 부지런한데 게을러 보이는 리더가 있다면, 이 역시도 바람직하지 못하다. 어떤 학생이 밤을 새워 열심히 공부했지만, "나 어제 시험공부 하나도 안 했어"라고 말한다면 실패하더라도 핑계를 댈 염두를 둔 자기 불구화 self-handicapping 전략을 구사한 것이다.[8] 시험 성적이 좋다면 그 성공을 더 뽐낼 수 있지만, 망치면 시험공부를 하지 않았다고 핑계를 댈 수 있다. 그러나 이처럼 정직하지 못한 행동이 쌓이면 신뢰를 떨어뜨린다. 리더에게 가장 중요한 덕목은 성실성, 똑똑함 그리고 정직함이다.

2. 적극적인 사람이 되어야 한다는 강박

적극성에도 이면이 있다

회사는 회의에서 아이디어를 쏟아내고, 새로운 프로젝트에 앞장서며, 열정 넘치는 태도를 보이는 직원을 선호한다. 그런데 적극성은 조직에 혼란을 빚기도 한다. 진정한 성과는 적극성 그리고 성실함이 조화롭게 결합될 때 생성된다.

적극성만으로 성과를 예측하기 어렵다

당신의 팀에 팀원을 충원해야 한다. 다음 두 부류 중 리더로서 당신은 어떤 구성원을 원하는가?

1. 적극적이고 열정적으로 아이디어를 내면서 실행 의지가 넘치는 팀원
2. 치밀하게 계획하고 꼼꼼히 따져본 후 실행하는 팀원

많은 조직과 리더가 1번의 가치를 2번보다 훨씬 높게 친다. 조직심리학에서는 적극적이고 열정적인 태도를 적극성proactivity이라고 하고, 계획하고 따져본 후에 실행하는 성격적 특성을 성실성conscientiousness이라고 한다.

조직은 구성원들의 적극적이고 열정적인 태도가 더 커지기를 기대한다. 이에 따라 많은 조직의 조직 문화와 리더십은 구성원의 적극성을 높이는 방향으로 설계되어 있다. 실제로 구성원의 적극성은 조직 내 많은 긍정적 결과를 잘 예측해 준다. 적극적인 구성원은 조직 내에서 이타적 행동을 보일 가능성도 높고, 자신의 직무에 대해 더 만족하며 더 높은 성과를 낸다.[9] 또한 적극적인 구성원은 더 높은 성장을 바라기 때문에 자신에게 주어진 일을 긍정적으로 해석하며 경력 개발에도 강한 의지를 보인다.[10] 여기까지 보면 적극성을 거부할 이유는 하나도 없다.

그런데 과연 적극성은 많으면 많을수록 좋은 덕목일까? 조금만 더 생각해 보자. "사공이 많으면 배가 산으로 간다"라는 속담도 있지 않은가? 적극적으로 아이디어를 개진하는 사람들이 많아질수록 갈등이 생길 가능성도 커지고 방향이 오리무중일 가능성이 높아진다. 실제 조직 연구에서도 구성원의 적극성과 팀 성과 사이에 아무런 관련이 없거나 오히려 악영향을 미친다는 결과도 있다.

구성원의 높은 적극성이 항상 좋은 결과로 이어지지 않는다. 적극성이 높은 구성원들은 변화를 주도하려는 경향이 강한데, 이 과정에서 비효율적이거나 조직 목표와 일치하지 않는 활동에 시간과 자원을 과도하게 투자할 수 있다. 때로는 조직 목표에 어긋난 방식으로 변화를 시도해 조직의 리더와 갈등을 유발하기도 한다. 이들에게 우선순위는 조직의 목표가 아니라 본인이 원하는 방향이기 때문이다. 또한 타인을 돕는 적극적인 이타적 행동은 본연의 핵심 업무의 차질을 가져오기도 한다.[11]

특히 개인-조직 적합성 Person-Organization Fit이 낮을수록 더 심각한 문제를 초래할 수 있다. 개인-조직 적합성은 개인과 조직 간의 가치, 목표, 성격, 문화 등이 얼마나 잘 조화를 이루는지를 말한다. 한마디로 내가 속한 조직이 나의 직업적 가치와 얼마나 부합하는지를 알려준다.

예를 들어 자신의 직업적 가치가 타인의 잠재력을 개발하고 자율성을 추구하는 데 있다면 일반대학과 사관학교 교수 중 어느 쪽이 더 개인-조직 적합성이 높을까? 일반대학에서 교수가 되는 것은 개인-조직 적합성이 높지만, 사관학교 교수가 되는 것은 자율성의 가치가 맞지 않아 개인-조직 적합성이 떨어질 수 있다. 따라서 높은 개인-조직 적합성은 직무 만족, 조직 몰입, 직무 성과와 관련이 있지만, 낮은 개인-조직 적합성은 직무 만족도와 성과를 떨어뜨리고 이직 의사를 높인다.

그런데 조직심리학의 연구 결과에 따르면 적극성은 개인-조직 적합성이 높을 때만 긍정적 효과가 나타난다. 앞서 언급한 자율성을 추구하는 적극성 높은 사관학교 교수는 자율성을 확보하기 위해 학교 시스템과 사사건건 부딪칠 가능성이 높다. 다시 말해, 적극적이면서 개인-조직 적합성이 높다면 긍정적이지만, 적극적이면서 개인-조직 적합성이 낮으면 부정적 결과를 초래할 수 있다. 이처럼 적극성이 항상 좋은 결과를 가져오지 않기 때문에 조직 관리와 리더십의 적절한 개입이 필요하다.

적극성과 성실성이
성과를 예측한다

역동적인 비즈니스 환경에 대응하기 위해 애자일^{agile}이 요구되지만, 새로운 시도의 효과성을 보장하는 것은 적극성만으로는 어렵다. 동시에 계획과 조율이 필요하다. 계획과 조율은 프로세스 손실을 최소화하면서 해당 활동에서 효율성을 극대화하도록 한다. 결국, 변화의 성공은 구성원의 적극성과 계획과 조율 능력인 성실성을 어떻게 조화롭게 가져가느냐에 달려 있다.

그래서 대두되는 관점이 바로 '다를수록 좋다'이다. 조직은 적극성과 성실성 차원에서 팀을 다양하게 구성하는 것이 성과에 도움이 될 것이라고 믿는다. 적극적이고 실행 동기가 넘치는 구성원이 있다면 이를 보완하는 우선순위를 제시하고 비효율적 행동에 빠지지 않도록 하는 다른 구성원이 필요하다고 생각하는 것이다.

과연 그럴까? 안타깝게도 관련 연구를 살펴보면 구성원 간의 적극성과 성실성이 서로 다를수록 좋다는 것을 입증하는 일관된 결과는 없다. 적극성과 성실성 면에서 하나만 강한 구성원들을 조화롭게 팀을 꾸리는 것보다 한 개인 내에서 적극성과 성실성이 모두 높은 것이 훨씬 더 중요하다. 그렇다면 적극성과 성실성 모두 낮은 구성원이 최악이었을까?

델라웨어 대학교 경영학과 교수 카일 에미치^{Kyle Emich}와 연구진은 적극성과 성실성을 어떻게 조화하는 것이 조직의 성과를 높이는지에 관한 현장 연구와 실험실 연구를 했다. 연구진은 팀 구성 모형을 네 가지로 구분했다.

- 가산모형 additive model: 평균 적극성과 평균 성실성이 모두 높은 팀이 성과가 높다.
- 극대치모형 maximum model: 최고 적극성과 최고 성실성을 갖춘 구성원을 확보하는 것이 중요하다.
- 분산모형 dispersed model: 팀 내 주도성을 담당하는 구성원과 성실성을 담당하는 구성원을 다양하게 갖추는 것이 관건이다.
- 정렬모형 aligned model: 한 개인 내에서 적극성과 성실성의 차이가 크지 않은 구성원들로 구성하는 것이 성과를 높인다.

연구 결과, 가산모형, 극대치모형, 분산모형에 비해 정렬모형이 성과에 미치는 효과가 가장 컸다. 적극성과 성실성은 팀 내 구성원 간의 다양성보다 한 개인 내의 차이가 크지 않은 것이 더 중요하다는 뜻이다. 적극적이

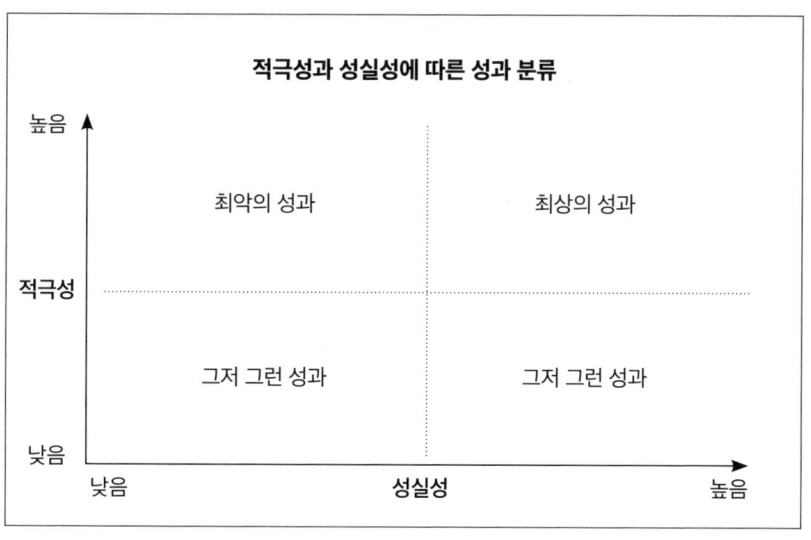

면서 성실한 구성원의 성과가 가장 좋았다. 눈여겨봐야 할 결과는 적극성과 성실성이 모두 낮은 구성원들이 적극성은 높지만 성실성이 낮은 구성원에 비해 성과가 더 좋았다는 것이다.

적극성만 높은 구성원과 성실성만 높은 구성원을 한 팀으로 만들어 조화롭게 팀을 꾸려가는 것보다 적극성과 성실성이 모두 높은 구성원으로 한 팀을 만드는 것이 더 바람직하다. 매우 적극적이지만 성실하지 않은 구성원은 계획과 조정 및 구체적인 실행에 관심이 없다. 자신의 성취 지향성과 야망만 드러낼 뿐, 팀 성과에 기여하고자 하는 의도는 약할 수 있다. 또한 이들은 다른 팀원들의 참여 의도를 떨어뜨리기 쉽다. 좋은 성과로 인한 공은 적극적인 어필에 능한 이들의 차지가 될 것이기 때문이다.

적극성과
성실성이
성과로
이어지려면?

**자기계발이 아닌
자기발견을 위한
이야기**

개인-조직 적합성을
높여야 한다

조직의 성과를 바란다면 무엇보다 개인-조직 적합성을 높이는 것이 필요하다. 조직의 문화와 가치를 명확히 정의하고 구성원이 빠르게 이해할 수 있도록 교육하고 실천 사례를 공유해야 한다. 리더가 조직 가치를 실천하고 구성원들에게 롤 모델로 보여주며, 구성원들이 자신의 업무에 의미를 부여할 수 있도록 조직 목표와 개인의 역할을 연결시키는 과정이 필요하다.

또한 구성원들의 다양한 의견을 수용하고 구성원들이 조직의 방향성에 참여하는 기회를 제공하는 것도 중요하다. 업무는 조직과 개인 간의 목표, 가치, 역량 중 부합하는 것과 그렇지 못한 것을 구분해 부합도가 높은 업무 위주로 목표를 설정하고 실행하는 것을 고려해야 한다.

성실성이 높은 구성원은 적극성을, 적극성이 높은 구성원은 성실성을 높여야 한다

리더는 적극성이 높지만 성실성이 낮은 구성원이 보다 높은 성실성을 갖도록 업무에 있어 책임을 명확히 제시해야 하고, 계획과 조정 활동에 적극적으로 참여시켜야 한다. 팀 목표와 관련 없는 활동에 과도한 자원과 에너지를 쓰는 것을 모니터링하고 피드백하고 성실성을 높이는 활동을 유도할 필요가 있다.

이때 할 일 목록to-do list 작성은 성실성을 높이는 데 매우 효과적이다. 할 일 목록은 당일 출근한 다음에 작성하기보다는 전일 퇴근 전에 작성하는 것이 성실성을 높이는 데 더 효과적이다. 우리 뇌가 다음 날 해야 할 일을 작성하는 동안 그 일들을 무의식중에 시뮬레이션하기 때문이다. 예상 소요 시간과 실제 소요 시간 간의 차이를 비교하고 피드백하는 과정을 통해 계획과 실행 간의 오차를 줄이는 행동을 꾸준히 시도하게 하는 것도 좋다.

매우 성실하지만 적극적이지 않은 구성원이 있다면 보다 적극적으로 의견을 구해야 한다. 주도성을 조장하는 프로그램이나 팀 차원의 활동에 역할을 부여하는 것도 고려하는 것이 좋다. 팀에서 주도적인 역할을 수행할 기회를 자율적으로 선택할 수 있도록 옵션을 제안하는 것도 필요하다. 그리고 해당 역할을 지원하고 지지하고 인정하는 리더십이 필수적이다.

채용이나 새로 팀을 구성할 때는
적극성과 성실성 모두를 고려해야 한다

채용이나 팀을 구성할 때는 적극성과 성실성, 이 두 가지 속성을 모두 고려해야 한다. 적극성에만 가중치를 두는 것보다 성실성을 동시에 고려한 채용 전략이 필요하다. 전통적으로 산업 및 조직심리학자들은 성실성의 가치를 높게 친다. 성실성이 다양한 직무에서 성과를 일관적으로 잘 예측해주기 때문이다.

하지만 성실성이 높고 적극성이 매우 떨어진다면 자신의 업무 영역만으로 고수할 뿐, 변화에 효과적으로 대응하기 어렵다. 최악의 경우가 바로 적극성은 높으나 성실성이 떨어지는 경우일 수 있다. 특히 지금처럼 빠른 변화가 요구되는 시기에 적극성이 높고 성실성이 낮은 구성원이 실제로는 가장 위험할 수 있다.

리더는 구성원들의 적극성만을 최우선 가치로 두기보다는 성실성이 기반이 된 적극성의 중요성을 인식하고 적극적으로 관리해야 한다. 적극성이 높은데 성실성이 낮은 구성원들이 팀에 있다면 이들이 팀에 미칠 수 있는 해악을 경계하는 리더십을 발휘하는 것이 필요하다. 이들이 노력 없이 좋은 결과를 차지하지 않도록 공정한 팀 운영에 더 민감해야 하고, 이들이 성실하게 팀 활동에 참여할 수 있는 장치를 마련해야 한다.

3. 권한의 크기와 영향력의 크기는 비례하는가?

영향력을 효과적으로 발휘하는 방법

직책이 높아야 영향력이 생길까? 진정한 영향력은 지위에서 나오는 것이 아니라 인간적 권력에서 나온다. 권한 탓만 하는 리더와 자신이 할 수 있는 영역에 집중하는 리더의 성과는 천지 차이다. 즉 리더십은 명함이 아니라 사람의 마음을 움직이는 힘에서 나온다.

영향력은 지위적 권력보다는 인간적 권력에서 나온다

"예전 팀장들은 권한도 많았고 실무는 거의 하지 않았으니 상대적으로 관리에 전념할 수 있었고 팀원들에게 미치는 영향력도 컸지만, 지금의 팀장은 말이 팀장이지 실무자와 다름없어요. 팀원들도 권한 없는 팀장인 걸 뻔히 알고 자신들과 비슷한 일을 하고 있다고 생각하는데 무슨 영향력이 있겠습니까? 여러 리더십 교육을 받아봤지만, 효과성은 크지 않았던 것 같습니다. 교육의 문제가 아니라 팀장의 권한과 영향력이 없는 구조적인 문제이기 때문입니다."

현장에서 흔히 듣는 리더들의 푸념이다. 그런데 과연 그럴까? 실제 리더의 권한이 줄어든 것은 맞지만, 영향력은 권한에 비례해 줄어들지 않았다. 권한의 크기와 영향력의 크기가 비례하지 않는다는 첫 번째 증거는 1959년에 발표한 프렌치와 레이븐 French and Raven의 권력 형태에 관한 연구다.

리더의 영향력에 관해 프렌치와 레이븐은 크게 5가지로 정리한 바 있다. 후에 정보 권력 informational power이 추가되어 현재는 6개 모형을 주로 활용하고 있다. 따져보면, 과거에 비해 줄어든 권한은 지위적 권력 positional power일 뿐, 개인적 권력 personal power은 변함이 없다. 개인적 권력은 지위적 권력에 비해

개인적 권력과 지위적 권력

	권력의 종류	영향력의 원천	영향력의 결과
개인적 권력 (Personal Power)	전문적 권력 (Expert Power)	전문적 기술이나 지식 또는 정보	자발적 몰입 (Commitment)
	준거적 권력 (Referent Power)	개인적 특성 (카리스마, 인간미, 본받고 싶은 특성)	
지위적 권력 (Positional Power)	보상적 권력 (Reward Power)	돈, 승진 등의 보상	복종 (Compliance)
	합법적 권력 (Legitimate Power)	조직 내 지위	
	강압적 권력 (Coercive Power)	처벌이나 위협	저항 (Resistance)
	정보 권력 (Information Power)	중요한 지식, 정보 접근	인지적 변화 (Cognitive Change)

영향력이 크다.

실제 자신이 할 수 있는
동기부여 요인에 집중한 리더의 영향력은 크다

권한의 크기와 영향력의 크기는 비례하지 않는다는 두 번째 증거는 하버드 경영대학원장을 역임한 니틴 노리아Nitin Nohria 교수의 연구다. 리더십의 핵심은 영향력이고 업무 수행 장면에서는 동기부여의 형태로 발현된다. 결국, 리더십의 가장 중요한 과제는 동기부여라 할 수 있다.

니틴 노리아 교수와 연구진은 직무 동기 요인을 크게 네 가지로 보았다. 직무 동기의 1요인은 성취감Acquire이다. 리더는 성과-보상 시스템을 통해 고성과자와 보통의 혹은 저성과자와 구분해야 한다. 2요인은 친밀감Bond이다. 리더는 함께 일하는 동료들 간의 상호 신뢰와 친밀감을 높임과 동시에, 협업과 팀워크를 중시하며 서로의 노하우를 공유할 수 있도록 해야 한다. 3요인은 이해Comprehend다. 직무 설계와 업무 분장은 성과 창출의 기본이다. 리더는 구성원들이 수행하는 업무가 어떤 의미가 있고 어떤 가치를 창출하는지 이해시킬 수 있어야 한다. 4요인은 방어Defend다. 방어는 성과 평가와 자원 할당 과정에서 투명성과 공정함이 핵심이다. 조직 내 공정성을 높여 신뢰할 수 있어야 구성원들의 직무 동기가 유발된다.

네 가지 요인 중 어느 하나가 다른 요인을 압도하기보다는 네 가지 요인 모두를 개선하는 활동을 했을 때 효과가 가장 높다. 스스로 권한이 없다고 생각하는 리더는 보상 제도나 공정하지 못한 회사의 시스템을 탓하며

네 가지 직무 동기 요인

욕구	기본적 수단	조치
성취	보상 시스템	• 성과가 좋은 직원과 나머지 직원을 뚜렷이 구분 • 성과와 보상을 확실히 연결 • 경쟁사만큼의 급여 지급
결속	기업 문화	• 동료 간 상호 의지 강화 및 동료애 조성 • 협력과 팀워크 중시 • 우수 관행 공유 장려
이해	업무 설계	• 조직에서 차별화되어 있으면서 중요한 업무 설계 • 의미 있는 업무 설계 및 조직에 대한 기여 의식 고취
방어	성과관리 및 자원배분 프로세스	• 모든 프로세스의 투명성 제고 • 프로세스의 공정성 강조 • 공정하고 투명한 보상 및 인정을 통한 신뢰 구축

시간을 허비하겠지만, 영향력이 있다고 생각하는 리더라면 자신이 할 수 있는 선에서 동기부여 요인에 집중할 것이다. 연구 결과, 자신이 할 수 있는 동기부여 요인에 집중한 리더가 이끄는 팀의 성과가 월등히 높았다.

비록 조직 문화는 비인간적이라도 인간적인 리더를 만나면 행복감은 높아진다

권한의 크기와 영향력의 크기는 비례하지 않는다는 세 번째 증거는 무려 30개 국가의 1만 307명을 대상으로 이루어진 연구에서 나왔다. 연구에 참여한 저자만 35명이다. 연구자들은 세계 각국의 일-가정 갈등Work-Family Conflict과 온정적 문화Humane Orientation Culture에 관해 조사했는데 온정적 문화는 사람들의 본성을 선하다는 가정하에 자신의 이익을 초월하여 타인의 이익을 우선시하는 이타적 행동을 보일 것이라고 전제한다. 이러한 온정적 문화에서는 리더가 부하 직원을 관리와 감시의 대상으로 보는 것이 아니라 성장과 발전을 함께 하며 비공식적이고 개인적인 관계를 맺을 가능성이 높다.

국가별로 조직 내에서 이러한 온정적 문화를 보이는 비율은 달랐다. 온정적 문화 정도를 보여주는 것은 조직 수준을 넘어서 사회의 부와 교육 수준, 정치 제도와 종교 등의 영향도 컸다. 조사 대상 국가들 중 조직 내 온정적 문화가 가장 높은 국가는 인도네시아였고, 가장 낮은 국가는 칠레였다.[12] 연구 결과, 조직 문화가 온정적일수록 일-가정 갈등의 수준은 낮았다. 그런데 온정적이지 못한 조직 문화에서도 일-가정 갈등을 낮게 보고한 사람들이 있었다. 직속 상사의 배려적 행동이 높은 팀에서 일하는 사람들이었다. 조직 전반적으로 온정적인 문화는 아니어도 팀 리더의 영향력에 의해 개인의 웰빙 수준은 충분히 달리 나타날 수 있다.

이 연구에서 강조하는 점이 하나 더 있다. 바로 파급 효과라고 불리는 스필오버 효과spillover effect다. 스필오버는 의도치 않게 영향을 미치는 현상을 말한다. 일-가정 연구에서 스필오버 효과는 일터에서 긍정적인 경험이 가정에도 긍정적인 영향을 미치는 것을 의미한다. 그런데 아무리 조직 문화가 온정적이라 하더라도 구성원들 간에 상호 신뢰와 지지가 없으면 직장에서의 긍정적인 기운이 가정으로 전달되지 않았다. 조직 문화도 물론 중요하지만 팀 리더의 배려적 행동, 구성원들 간의 상호 신뢰와 지지가 더 중요하다.

효과적으로
영향력을
발휘하려면

자기계발이 아닌
자기발견을 위한
이야기

**팀장들의 예상보다
팀장의 영향력은 크다는 사실을 인지하자**

밥슨 칼리지Babson College 교수인 롭 크로스Rob Cross는 조직 내 소셜 네트워크 연구의 세계적 권위자다. 조직도 네트워크로 볼 수 있으며, 네트워크 내에서 에너지를 주고받는다. 에너지의 크기는 모든 사람이 동일하지 않다. 같은 말이라도 에너지를 세게 느끼는 사람이 있고, 적게 느끼는 사람도 있다. 일터에는 나의 에너지를 뺏는 사람도 있고 에너지를 충전시키는 에너자이저도 있다.

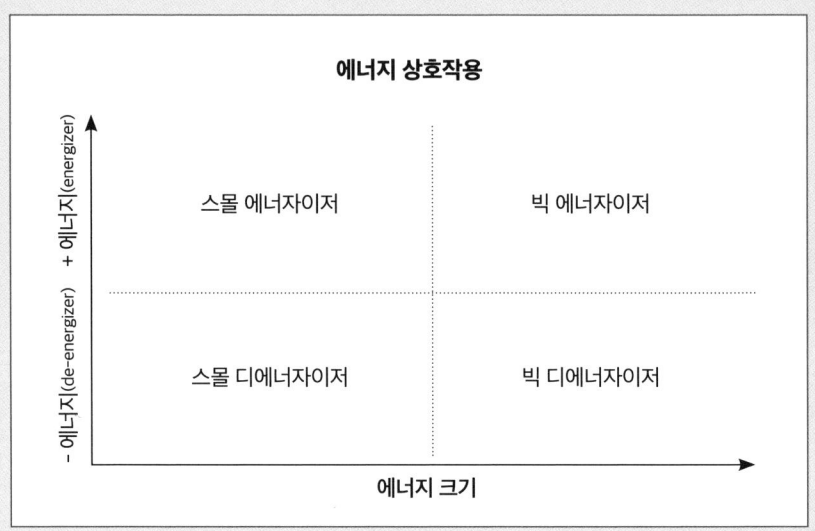

롭 크로스 교수가 석유화학 회사 내 에너지의 상호작용을 분석한 결과, 대개 에너지를 크게 주고받는 빅 에너자이저와 빅 디에너자이저 역할을 하는 사람들이 대개 팀의 리더였다. 팀 동료는 빅 에너자이저 역할을 하기 어려웠지만, 팀 리더의 위치에 있는 사람들의 영향력은 컸다.

또 다른 연구를 보면 불편한 팀장과 함께 일한 날에 측정한 구성원의 평균 혈압은 113/75에서 126/85로 수축기에 13, 확장기에 6만큼 더 상승했다. 정상범위를 벗어난 수치는 아니었지만 이런 혈압 상승이 지속되면 임상적으로 영향을 미칠 수 있다. 민감한 구성원의 경우 고혈압 발병 속도가 빨라졌고 관상동맥 질환 발병률은 30% 가까이 더 높았다.[13]

**효과적인
다른 방식을 찾자**

　좋은 리더가 되기로 결정했다면 바꿀 수 없는 것이나 바꿔도 별 영향력이 없는 영역에 집중하기보다는 바꿀 수 있거나 바꿔서 영향력이 큰 영역에 시간과 자원을 투자하는 것이 정답이다. 같은 방식으로 다른 결과를 기대할 수 없다. 방식이 잘못되었다면 다른 방식을 찾아야 한다. 이를 위해선 '하나의 좋은 답이 모든 문제에 맞는다'라는 사고에서 벗어나 다양한 선택 대안을 찾아야 한다. 좋은 학습만이 답이다. 리더십에 관한 다양한 연구를 종합해 보면, 탁월한 리더는 타고난 특성보다 학습이 더 중요하다.[14] 좋은 학습을 통해 효과적 대안을 발견하고 실천하는 것이 좋은 리더가 되는 왕도다.

4. 인센티브로 창의력을 끌어올릴 수 있을까?

올바른 보상 구조와 동기의 상관관계

좋은 아이디어에 큰 보상을 주면 더 혁신적인 결과가 나올까? 일부 실험 연구에 따르면 인센티브는 창의성을 저해한다는 결론이 나온다. 하지만 실제 현실은 더 복잡하다. 중요한 것은 인센티브 자체가 아니라 동기부여를 어떻게 설계하느냐에 있다.

인센티브는 내적 동기를 떨어뜨린다

TED에 3,000만 뷰 이상의 조회 수를 기록 중인 강연자이자 동기유발에 관한 베스트셀러 『드라이브』의 저자 다니엘 핑크는 인센티브에 대해 다음과 같이 언급했다.

"저는 지난 몇 년간 사람에게 동기를 부여하는 것을 연구해 왔습니다. 그중에서도 외적 동기와 내적 동기 유발요인의 효과에 대해 연구했습니다.

인센티브는 전혀 효과가 없습니다."

20세기 초반 통찰을 연구했던 게슈탈트 심리학자 칼 던커 Karl Duncker의 양초 문제로써 다니엘 핑크는 인센티브가 무용하다는 자신의 주장을 입증한다. 아래 그림과 같은 조건에서 양초를 벽에 고정하고 촛농이 책상에 안 떨어지게 하는 방법은 무엇일까?

많은 사람의 첫 시도는 압정으로 초를 벽에 붙이는 것이고 실패한다. 성냥으로 초의 옆을 녹여 벽에 붙이는 시도도 실패한다. 이런저런 시도를 하다 대략 10분 정도 지나면 한 명씩 방법을 찾아낸다. 이 문제를 풀려면 기능적 고착 functional fixedness에서 벗어나야 한다. 기능적 고착이란 한 대상을 가장 일반적인 한 가지 사용법만으로 지각하는 것을 말하는데, 압정을 담아둔 상자를 그 용도로만 지각하는 것이 바로 기능적 고착이다. 정답은 압정을 담아둔 상자를 활용하는 것이다. 상자는 압정을 담아두는 용도만이 아니라 촛불 받침대로 사용될 수 있다.

1966년 프린스턴 대학교 심리학자 샘 글럭스버그 Sam Glucksberg는 양초 문제를 활용해 인센티브의 역효과를 증명했다. 먼저 실험을 두 그룹으로 나누었다. 첫 번째 그룹은 문제를 푸는 시간만 측정한 그룹이었다. 두 번째 그룹은 인센티브 그룹인데, 가장 먼저 푼 사람에게 20달러를 지급하고, 상위 25%에게는 5달러를 추가로 지급한다는 조건을 붙였다.

실험 결과, 인센티브 그룹이 그냥 시간만 잰 그룹에 비해 평균 3.5분 시간이 더 걸렸다. 인센티브가 창의성을 높이는 것이 아니라 오히려 창의성을 저해하는 결과를 가져온 것이다. 인센티브 그룹이 시간이 더 걸린 이유는 눈앞의 인센티브에 매몰되어 다른 생각을 할 인지적 자원 cognitive resources 이 부족했기 때문이다.¹⁵

이 실험에서 인센티브가 효과를 보인 그룹은 따로 있었는데, 처음부터 상자를 다른 용도로 사용할 수 있다는 암시를 받은 경우였다. 다시 말해, 단순 업무에는 인센티브나 시간적 압박이 효과가 있지만, 창의성이 필요한 업무에는 효과가 없는 정도가 아니라 오히려 역효과를 보인다는 결론이다.

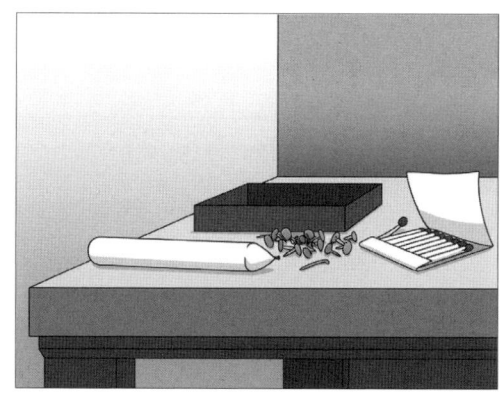

보상이 내적 동기를 떨어뜨린다는 것은 또 다른 연구에서도 입증된다. 스탠퍼드 대학교 심리학과 교수 마크 레퍼 Mark Lepper 와 연구진은 유치원 아이들의 그림 그리기에 보상이 미치는 영향을 연구했다. 연구진은 아이들을 세 그룹으로 나누어 각기 다른 조건에서 그림을 그리게 했다. A 집단은 보상을 예고하고 실제로 그림을 그리고 나면 상을 주었고, B 집단은 보상 예고는 없었지만, 깜짝 상을 지급했으며, C 집단은 아무런 조치를 취하지 않았다. 2주 후에 연구진은 각 그룹의 아이들이 자유 시간에 무엇을 하는지 관찰했다.

보상을 약속하고 지급한 A 집단에 비해, 깜짝 보상이나 보상을 지급하지 않은 B, C 집단 조건의 아이들이 2배가량 더 많이 그림 그리기 활동에 참여했다. 유치원 아이들은 원래 그림 그리기를 좋아(내적 동기)하지만 보상(외적 동기)으로 인해 내적 동기가 사라진 것이다. 이전에는 재미있어서 한 일인데, 보상이 생기니 행동의 원인을 보상 때문이라고 생각하는 과잉정당화 효과 overjustification effect가 나타난 것이다.[16] 이는 자기가 좋아하는 일에 보상이 주어지면 사람들은 보상 때문에 그 일을 하고 있다고 추론해 재미나 의미를 상실하는 현상을 말한다.

이에 대해 연세 대학교 심리학과 교수인 김영훈은 "처음부터 내적 동기가 없는 과제, 즉 시간적 압박이 존재하거나 단순 과제일 때는 보상이 효과가 있지만, 이미 흥미나 재미를 느끼고 있거나 창의성을 요하는 과제인 경우 과잉정당화 효과가 나타난다"라고 설명했다.

현실의 조직은 인센티브로 창의성을 높이려고 한다

현실의 조직을 생각해 보자. 우리 조직에서 인센티브가 사라지면 어려운 과제를 척척 수행하고 창의성도 높아질까? 전혀 그렇지 않다. 조직심리학의 연구를 보면 인센티브는 두 가지 경로를 거쳐 창의성을 높일 수 있다.

첫 번째 경로는 인센티브가 내적 동기로 여겨질 때다. 창의성을 발휘하는 데 내적동기가 외적동기에 비해 중요하다는 것은 거부할 수 없는 진실이다. 하지만 많은 조직심리학자는 인센티브가 전형적인 외적 동기요인이라는 데 의문을 표한다. 인센티브는 훌륭한 내적 동기요인으로 작동될 수 있다. 인센티브가 자신의 직업적 정체성이나 효능감을 입증하는 수단으로 나타날 때 그렇다.[17]

예컨대 금융업계, 특히 투자은행원들의 보너스 시스템을 보면 흥미롭다. 이들의 높은 보너스는 '내가 이 산업에서 인정받는 전문가다'라는 아이덴티티를 공고히 해준다. 실제로 금융업계 최고 실무진에게 지급되는 보너스는 단순 급여가 아닌, 성과와 유능함을 증명하는 사회적 신호로 기능한다. 이들에게 보너스 삭감은 직업 정체성과 직무 몰입에 직접적인 타격을 입힌다.[18]

화웨이 Huawei의 내부 오픈소스 Innersource 프로그램을 보자. 화웨이는 개발자들이 자유롭게 협업하고 코드를 공유하며 기여할 시스템을 구축하고, 거기에 대한 공식적인 인정과 보상 체계를 도입했다. 프로젝트에 기여한 개발자는 포인트나 평가를 통해 실적을 인정받았고, 이러한 성과-보상에 대한 기대는 개발자들의 몰입과 창의성을 크게 끌어올렸다.

구성원들이 인센티브로 인해 업무 몰입이 높아지는 현상은 창의성 발휘에 핵심적인 역할을 한다. 업무 몰입은 단지 창의성과 밀접하게 연결된 연구원이나 제품 디자이너와 같은 직군뿐 아니라 제조 현장에서도 생산효율을 높이고 비용을 절감하는 아이디어 창출로 이어질 수 있다.

몰입 수준이 높은 구성원들은 업무 진행 상황을 자발적으로 모니터링하며, 필요시 개선을 위한 정보 탐색, 조언 요청, 자기 동기부여 행동을 적극적으로 보인다. 즉, 몰입은 일상적 과업 속에서도 작지만 의미 있는 창의적 시도를 가능하게 하는 토양이 된다.

그렇다면 인센티브가 몰입과 창의성을 효과적으로 높이려면, 무엇이 더 필요할까? 핵심은 자율적 선택권이 결합된 보상 구조다. IDEA 경진대회 형태의 과제에서 참가자에게 현금 보상과 비금전 보상 중 선택권을 제공했을 때, 자신이 선호하는 방식으로 보상을 받을 수 있다는 경험이 더 높은 창의적 성과를 이끌어 냈다.[19] 이 연구는 단순히 보상의 크기나 유형보다도, 보상에 대한 기대와 자율적 선택이 결합할 때 창의성이 비약적으로 증폭될 수 있음을 보여준다. 즉, '내 노력 → 확실한 보상'이라는 구조는 업무 몰입을 강화하고, 그 보상에 대해 스스로 선택할 수 있을 때, 창의적 성과로 자연스럽게 이어진다.

인센티브가 효과성을 발휘하기 위한 세 가지 조건

자기계발이 아닌
자기발견을 위한
이야기

자기효능감 강화

인센티브가 긍정적으로 작용하려면 몇 가지 조건이 필요하다. 첫 번째는 자기효능감이다. 자기효능감은 자신의 노력과 능력에 대한 믿음이다. 자기효능감이 높은 직원은 보상 조건에서 어려운 과제를 대할 때, 자신의 능력을 발휘하며 다양한 방안을 적극적으로 찾아낸다. 그러나 자기효능감이 낮은 직원은 성과 압박을 받으면 자신의 평소 능력조차 제대로 발휘하지 못한다.

올림픽과 같은 세계적인 무대에서 선수들이 성과 차이를 보이는 이유는 평소 실력의 차이가 아니라 자기효능감의 차이다. 구성원들의 자기효능감이 낮다면, 인센티브와 성과 압박은 부담감만 높일 뿐이다. 결과적으로 인센티브는 자기효능감이 낮은 직원들에게는 남들만큼 보상받지 못하는 열등감으로 나타나기 쉽다. 따라서 조직과 리더는 인센티브나 성과 압박 이전에 구성원들의 자기효능감을 반드시 고려해야 한다.

공정한 보상 제도

인센티브가 긍정적으로 작용하는 조건 두 번째는 보상 제도의 공정성이다. 공정하지 못한 성과 보상 제도의 운영은 내적 동기를 떨어뜨리는 독약이다. 보상 제도가 업무 몰입을 높이려면, 성과-보상 기대가 충족되어야 한다. 자신이 노력해서 만든 성과만큼 보상받지 못한다면, 심지어 자신보다 못한 성과를 낸 동료가 더 좋은 보상을 받는다면 내적 동기는 순식간에 사라진다. 투명하고 일관된 평가 보상 제도가 갖춰지지 않은 상태에서 인센티브는 고성과 직원들의 이탈율만 높일 뿐이다.

연구에 따르면 공정하지 못한 보상 제도는 개인의 심리적·신체적 건강에도 치명적인 영향을 미치는 것으로 밝혀졌다.[20] 공정성이 무너진 조직에서는 활기가 사라지고 우울감, 불안을 호소하는 직원들이 늘기 마련이다. 직원들이 병가를 쓰는 비율이 높아졌다면, 건강 상태만 살필 것이 아니라 조직 내 제도의 공정성과 투명성을 들여다봐야 한다.

즐겁게 몰입하며
일하는 조직 풍토

인센티브가 긍정적으로 작용하는 조건 세 번째는 즐겁게 일할 수 있는 조직풍토 organizational climate 조성이다. 코넬 대학교 심리학과 교수 앨리스 아이센 Alice Isen 은 앞서 양초 실험을 세 가지 조건으로 나누어 실험했다.

A 그룹은 문제를 보여주기 전 5분간 슬랩스틱 코미디 영상을 시청했고, B 그룹은 진지한 수학 강의 영상을 시청했으며, C 그룹은 아무런 조치를 취하지 않았다. 아무런 조치를 취하지 않은 C 그룹에 속한 사람들은 대략 30%가 이 문제를 해결했다. 그런데 코미디 영상을 보고 긍정 정서를 경험한 사람들(A 그룹)은 75%가 문제를 해결했고, 수학 영상을 시청한 사람들(B 그룹)은 25%밖에 풀지 못했다.[21] 즐겁게 일하고 협력하는 조직 풍토에서 인센티브는 창의성을 높일 수 있지만, 지나치게 경쟁적인 환경에서는 인센티브가 창의성을 떨어뜨린다.

인센티브 자체가 경쟁을 의미하는 것이 아니냐고 생각할 수 있지만, 팀 인센티브는 협력적 속성이 있다. 따라서 조직은 개인 인센티브만이 아니라 팀 단위 인센티브, 직전 대비 향상 인센티브 등 다양하고 효과적인 인센티브 제도를 마련해 운영해야 한다.

보상이나 인센티브가 무조건 창의성의 적이 아니다. 현실의 조직에서 보상 제도는 창의성과 혁신으로 이어지는 동력이 되기도 한다. 보상이 창의성으로 이어지려면 자기효능감 강화, 공정한 보상 제도, 즐겁게 몰입하며 일하는 조직 풍토라는 조건이 필요하다.

5. 브레인스토밍이 집단 창의성을 높이는가?

생산성을 높이는 의견 교류의 구조

모두가 함께 아이디어를 쏟아내면 더 창의적일 것이라고 믿는다. 수십 년간의 연구 결과 브레인스토밍 그룹보다 각자 따로 아이디어를 내고 취합한 집단이 3배 더 효과적이었다. 우리가 혁신의 상징으로 여기는 브레인스토밍은 창의성을 죽이는 주범일지도 모른다.

브레인스토밍은 생산성을 떨어뜨리기 쉽다

브레인스토밍 brainstorming 은 집단 창의성을 높이는 대표적인 기법으로 알려져 있다. 그런데 연구 논문 검색 사이트인 구글 스칼라 scholar.google.com 입력창에 '브레인스토밍'과 '생산성 productivity'을 동시에 넣고 검색하면 의외의 결과가 나온다. 「Productivity loss in brainstorming groups(브레인스토밍 그룹의 생산성 손실)」라는 논문부터 「The brainstorming myth(브레인스토밍 신화)」, 「The illusion of group productivity(집단 생산성의 착각)」 등 브레인스토밍의 부정적 효과에 관한 논문 일색이다.

그럼에도 많은 조직은 브레인스토밍의 환상에 빠져 있다. 브레인스토밍의 원칙만 잘 지키면 집단 창의성이 드라마틱하게 높아질 것으로 기대하지만 실상은 전혀 그렇지 않다. 브레인스토밍의 효과성 검증을 위해서는 비교 집단이 필요하다. 연구자들은 각 개인의 단순 합으로 이루어진 집단을 명목집단 nominal groups 으로 이름 짓고 브레인스토밍 그룹과 비교했다.

여러 연구에서 반복 검증된 결과, 아이디어를 지속적으로 교류하는 브레인스토밍 집단에 비해 각자 아이디어를 내고 단순하게 취합하는 명목 집단이 아이디어의 양과 질, 모든 면에서 우수했다. 아이디어의 양의 경우, 명목 집단이 브레인스토밍 그룹에 비해 평균 3배가량 높았고, 좋은 아이디어 중 79.2%는 개인 조건에서 나온 것들이었다.

왜 그럴까? 연구자들은 먼저 생산성 차단 production blocking 효과를 언급한다. 생산성 차단 효과는 집단에서 아이디어를 생성할 때, 개인이 독립적으로 사고할 때보다 덜 창의적이고 비효율적이 되는 현상을 의미한다. 브레인스토밍 과정에서는 소위 말해 무임승차 하는 사회적 태만 social loafing 효과는 물론이고, 모두 적극적으로 참여한다손 치더라도 발언권을 얻고 기다리는 동안 아이디어를 잊어버리거나 발언을 포기하는 경우도 흔하다. 또한 다른 사람의 말에 집중하는 것 역시 인지적 자원이 필요하기 때문에 아이디어 생성에 필요한 인지적 자원을 나누어 쓸 수밖에 없다.

그렇다면 아이디어를 메모지에 적어 공유하는 브레인라이팅 brainwriting 은 나을까? 그렇지 않다. 이 역시, 타인의 아이디어를 이해하는 데 시간과 자원을 쓰는 것은 동일하기 때문이다.

평가 불안evaluation apprehension 요소도 집단 브레인스토밍 효과를 제한한다. 사회 불안 수준이 높은 사람일수록 자신의 아이디어에 대해 타인이 부정적으로 볼지도 모른다는 걱정으로 홀로 아이디어를 낼 때보다 아이디어의 양과 질이 떨어진다.

사회 부합 효과social matching effect도 있다. 사회 부합 효과란 브레인스토밍 과정에서 기여도가 큰 사람들은 집단 평균에 맞추기 위해 기여도를 낮추고, 기여도가 낮은 사람들은 더 노력하는 현상을 말한다. 그런데 기여도를 낮추는 것은 너무나 쉬운 일이지만, 더 기여하는 것은 매우 어려운 일이다. 따라서 사회 부합 효과는 집단 아이디어의 질과 양을 낮추는 방향으로 유도하기 쉽다.

집단 생산성 착각illusion of group productivity도 브레인스토밍 과정에 개입한다. 집단 생산성 착각은 공동 과제에 참여하는 구성원들은 자신이 집단의 다른 사람에 비해 더 생산적이라고 믿는 현상을 말한다. 예를 들어 4명이 함께 브레인스토밍을 하고 난 후, 각자 얼마나 기여했는지 질문하면 평균 36%라고 답하지만 실제 평균은 25%에 불과하다.

브레인스토밍을 선호하는 이유

그럼에도 왜 사람들은 브레인스토밍을 선호할까? 네덜란드 흐로닝언 대학교 인적자원관리 및 조직행동학과 교수 버나드 리스타드Bernard A. Nijstad와 연구진은 사람들이 브레인스토밍을 선호하는 이유에 대해 브레인스토밍 그룹이 성과에 대한 만족도가 더 높기 때문이라고 말한다. 연구진이 진행한 실험에서 참가자들은 쉬운 과제와 어려운 과제를 받게 되는데, 쉬운 과제의 경우 "어떻게 하면 건강을 유지하거나 증진할 수 있을까?"와 같은 문제를, 어려운 과제의 경우 "어떻게 하면 네덜란드 사회에 이민자들이 더 잘 통합될 수 있을까?"와 같은 문제를 고민한다.

쉬운 과제보다 어려운 과제일 때 브레인스토밍 그룹은 덜 실패하고 더 만족하는 경향을 보였다. 어려운 과제를 풀 때, 혼자 아이디어를 낸다면 아이디어의 양은 많지만 실패할 확률 역시 높다. 그러나 함께 아이디어를 낸다면 다른 사람의 아이디어에 영향을 받아 아주 독창적인 아이디어를 내기는 어려워지지만 실패할 확률 역시 줄어든다. 실패를 많이 경험할수록 아이디어를 내는 과정에 대한 만족도는 떨어지기 마련이다. 또한 어려운 과제의 경우 상대도 아이디어를 내는 것을 어려워한다는 사실을 쉽게 알 수 있다. 이는 자신의 실패를 자신의 능력 부족이 아닌, 과제의 난이도 때문이라고 외부 귀인하게 만든다. 이 과정에서 만족도는 높아진다.[22]

조직에서 브레인스토밍을 쓰는 이유에 대해 생산성은 낮지만, 집단 응집력 group cohesiveness 을 높여주기 때문이라고 밝힌 연구도 있다. 함께 문제를 고민하고 있으면 비록 아이디어의 양과 질은 떨어질지 모르나, '우리는 하나'라는 인상을 받기 쉽다는 뜻이다.

집단
지성을
높이려면?

자기계발이 아닌
자기발견을 위한
이야기

**숙련도 높은 참가자와 생산성 차단 효과를
막을 수 있는 프로세스**

그렇다면 집단 지성을 높이기 위해 어떻게 접근하는 것이 좋을까? 카네기 멜론 대학교 테퍼 비즈니스 스쿨 교수인 아니타 울리Anita Williams Woolley와 연구진은 1,300개 이상의 그룹을 연구해 다음과 같은 결론에 도달했다. 집단 지성을 위해서는 무엇보다 그룹 전체의 숙련도가 가장 중요하다. 또한 각자의 아이디어를 효과적으로 수집, 공유, 조정하는 규칙이나 프로세스를 만드는 것 역시 중요하다. 한마디로 해당 분야의 전문가들이 서로가 합의

한 프로세스에 따라 아이디어를 공유하는 과정에서 집단 지성이 발현된다는 말이다.[23]

집단 지성은 사람들을 모아서 브레인스토밍을 한다고 생겨나지 않는다. 그럴 바에야 각자에게 주제를 주고 언제까지 아이디어를 내라고 하는 편이 더 나을 수 있다. 집단 지성에는 전문가들이 모여 협업 프로세스를 자발적으로 구성하는 사전 단계가 필요하다. 협업 프로세스에는 앞서 언급한 사회적 태만, 평가 불안, 사회 부합 효과, 집단 생산성 착각 등을 경계하고 이를 보완하는 절차를 구성해야 한다. 해당 분야의 전문가들이 적합한 프로세스를 통해 논의할 때 아이디어의 양과 질은 높아진다.

팀 내 서로의 감정과 욕구에 민감하게 반응하는 암묵적인 규범

이미 팀이 구성된 상태라면 어떻게 해야 할까? 아니타 울리 교수와 카네기 멜론 연구진과 MIT 심리학자로 이루어진 연구를 보자. 이들은 각 구성원의 지능과 별개로 팀 자체에 형성되는 집단 지성이 어떤 방식으로 존재하는지 밝혀내려 했다.

연구진은 참가자들을 모아 152개 팀을 구성해 팀 수준의 협력이 필요한 여러 과제를 제시했다. 예를 들어 벽돌 하나를 다른 용도로 활용하는 아이디어 내기, 각자 필요한 물품이 다른 상황에서 자동차 한 대로 가장 효율적인 쇼핑 경로 짜기, 대학 농구 선수가 교수를 매수한 사건에 대해 적절한 판결 내리기 등의 과제였다. 참가한 모든 팀원이 참여해야 하지만 협력의 수준은 각기 다른 여러 과제를 해결해야 했다.

이 연구에서 가장 흥미로운 점은 하나의 과제를 훌륭히 해결한 팀이 다른 과제 역시 원만하게 해결했다는 것이다. 탁월한 리더 덕분도 아니었고, 팀원들 각자의 탁월한 자질 덕분도 아니었다. 팀을 더 똑똑하게 만드는 것은 팀 구성원이 아니라 규범이었다. 적절한 규범이 있으면 집단 지성은 높아지지만, 규범이 잘못되면 아무리 똑똑한 개인이 모여도 결과는 기대에 미치지 못했다.[24]

그렇다면 훌륭한 팀에 존재하는 규범은 무엇이었을까? 당신의 생각은 어떠한가? 아래 팀 A와 팀 B 중에 집단 지성에 더 유리한 규범을 지닌 팀은 어디일까?

팀 A.

구성원 모두 지능이 높고 해당 분야에서 인정받는 전문가들이다. 구성원들은 차례로 발언권을 얻어 공손하고 예의 바르게 자신의 의견을 표현한다. 어느 시점에서 의문이 제기되면 해당 분야 전문가가 등장해 정리하고 팀원들은 차분히 경청한다. 도중에 말을 끊는 사람은 없다. 누군가 주제에서 벗어난 발언을 하면 누군가 본래의 안건을 상기시키며 대화를 제자리로 돌려놓는다. 회의는 효율적으로 운영되고 예정된 시간에 정확히 끝난다.

팀 B.

일부 똑똑한 사람도 있지만 그렇지 못한 사람도 있다. 구성원들은 토론 중에 제멋대로 끼어들었다가 빠지기도 한다. 장황하게 발언하는 사람도 있는가 하면, 요점만 간단히 말하는 사람도 있다. 팀원이 갑자기 주제를 바꾸거나 논점에서 벗어나면 모두 원래 안건을 잊은 듯 새로운 주제에 관심을 보인다. 회의는 끝이 났지만, 대화가 끝난 것은 아니다. 사람들은 이어서 사사로운 대화를 지속한다.

집단 지성의 규범 면에서 보면 팀 A가 팀 B보다 탁월할 수 있다고 생각할 수 있다. 그런데 집단 지성 규범의 핵심은 매우 정형화된 규칙과 절차가 아니다. 집단 지성이 있는 팀의 규범엔 서로의 감정과 욕구에 민감하게 반응한다는 공통점이 있다. 이 규범은 모두에게 자유롭게 말할 수 있는 권리를 주고 상대의 말에 귀를 기울이게 하는 감성을 강조한 것이 핵심이다. 아니타 울리 교수의 연구에서도 팀 B가 팀 A보다 집단 지성이 탁월한 것으로 나타났다. 팀 A는 개별적으로 유능했지만, 팀으로 구성되었을 때 여전히 개인처럼 행동하는 경향이 강했다.

반면 집단 지성에는 자유로운 발언뿐만 아니라 상대의 말에 담긴 이면의 의도를 읽으려는 시도, 상대의 기분을 헤아리는 감수성이 각 개인의 지능보다 더 중요하다. 사실 이러한 규범은 명시적이라기보다는 암묵적으로 팀 내에 존재하고 있다.

집단 지성은 단순히 브레인스토밍과 같은 기법을 쓴다고 높아지지는 않는다. 오히려 각 개인의 아이디어를 단순 취합한 것만 못할 수 있다. 전문가들이 모여 아이디어 생성과 발전, 의사결정의 프로세스를 정하는 것을 일종의 하드웨어라고 한다면 그 안에 존재하는 암묵적 규범은 소프트웨어다. 집단 지성을 높이는 규범의 핵심은 자유로운 발언과 내용만이 아닌 이면의 의도, 감정을 읽는 감수성이 팀 전체에 흐를 수 있어야 한다. 결국, 집단 지성은 단순한 기법이 아니라 팀이 공유하는 규범과 감수성의 결과라고 할 수 있다.

6. 심리적인 안전감이 성과를 보장하는가?

안전감과 책임감의 상관관계

회의실 분위기가 너무 편안해서 걱정인 팀이 있다. 누구나 자유롭게 발언하고, 실수해도 눈치 보지 않으며, 서로를 배려하는 문화가 정착되었다. 그런데 성과는 예전만 못하다. 혁신적인 아이디어는 줄어들고, 도전적인 목표 설정을 꺼린다. 심리적 안전감이라는 이름으로 안전지대에 안주하고 있는 건 아닐까?

과도한 심리적 안전감은 성과를 떨어뜨린다

요즘 심리적 안전감psychological safety과 관련 책이나 컨설팅 회사의 홍보물을 보면, 심리적 안전감만 있으면 성과는 물론이고 건강한 조직 문화, 소통, 협업, 리더십 모두를 챙길 수 있을 것 같다. 심리적 안전감이란 인간관계의 위험으로부터 근무 환경이 안전하다고 믿는 마음, 다시 말해 구성원들이 자신의 솔직한 의견을 제시하거나 부족한 점을 드러내도 불이익을 받지 않을 것이라는 신뢰를 뜻한다.

이 개념은 이전부터 간혹 쓰이고 있었는데, 본격적으로 알려진 것은 MIT 교수이자 조직 문화의 아버지라고 불리는 에드거 샤인 Edgar Schein 이 1965년 구성원의 행동 변화를 위해서 심리적 안전감이 필수적이라고 언급하면서부터다.[25]

하지만 심리적 안전감은 모든 조직, 모든 직무에서 성과를 높이는 필수적인 요인이 아니다. 지나친 심리적 안전감은 성과에 방해가 되기도 한다. 심리적 안전감은 조직의 여러 문제를 해결하는 만병통치약이 아니다. 심리적 안전감이 성과로 이어지려면 반드시 함께 고려해야 할 요인이 있다. 그중 하나가 성과에 대한 책임감이다.

성과에 대한 책임감을 높이려면 조직 내 자신의 가치를 높게 평가받아야 한다. 조직 기반 자긍심이 높은 구성원들에게 심리적 안전감은 부스터가 되지만, 그렇지 않은 구성원들에게 심리적 안전감은 긴장감 없는 편안한 직장 생활만을 보장할 뿐이다.

그런데도 최근 동향을 보면 그야말로 심리적 안전감의 전성기라 할 수 있다. 심리적 안전감 연구로 널리 알려진 하버드 경영대학원 교수 에이미 에드먼슨 Amy Edmonson 역시 생애 최고의 시기를 보내고 있다. 2023년에는 경영 사상계의 오스카상이라고 불리는 싱커스 50 thinkers 50 에서 1위에 올랐고, 2024년에는 '10 best new management books'에 저서 『옳은 실패』가 선정되었다.

에이미 에드먼슨이 심리적 안전감에 관심을 가진 것은 1991년 박사과정 1년 차에 좋은 팀워크와 의료 서비스 간의 상관관계를 입증하는 연구를 수행했을 때였다. 여러 병원의 데이터를 분석한 결과, 놀랍게도 성과가 좋고 팀워크가 좋을수록 실수가 잦았다. 당혹스러운 결과를 밝혀내기 위해 다시 조사해 보니 팀워크가 좋은 팀이 더 많은 실수를 하는 것이 아니라, 강력한 팀일수록 자신의 실수를 더 편안하게 상사에게 보고하는 경향을 보인다는 사실을 발견했다.

그렇다고 심리적 안전감이 조직 전체의 문화적 특성이라고 보기는 어렵다. 심리적 안전감은 조직 전체의 특성이라기보다는 개별 팀 분위기에 따라 정도의 차이가 크기 때문이다. 각 팀의 리더나 팀 구성원의 태도나 행동에 따라 얼마든지 달라질 수 있다. 특히 눈빛, 목소리, 표정 등의 비언어적 신호 등이 성과 평가와 같은 인사제도보다도 구성원의 심리적 안전감에 즉각적인 영향을 미친다.

심리적 안전감이 세상에 널리 알려진 계기가 있다. 높은 성과를 내는 조직의 특성을 밝혀낸 구글의 아리스토텔레스 프로젝트 Project Aristotle에서다. 아리스토텔레스 프로젝트는 2012년부터 2016년까지 시행된 구글 내 조직문화 개선 프로젝트였는데, 세계 최고의 인재가 모인 구글 내에서도 왜 어떤 팀은 다른 팀에 비해 월등히 성과가 좋은지 그 의문을 해결하는 것이 목적이었다.

연구 결과, 구글 내 180개 팀의 성과를 좌우하는 가장 중요한 요인은 바로 심리적 안전감이었다. 앞서 언급한 비언어적 신호를 읽는 능력(사회적 감수성)을 측정하기 위해 '눈으로 마음 읽는 테스트 Reading the mind in the eyes test'도 시행했는데, 평균 점수가 높은 팀이 성과도 높았다. 궁금하다면 딱 두 문항만 풀어 보자. 정답은 이 글의 말미에 공개한다.

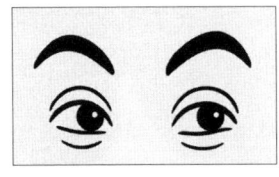
1. 장난기 있는   2. 편안한   3. 짜증 난   4. 지겨운

1. 겁에 질린   2. 화난   3. 교만한   4. 짜증 난

심리적 안전감이 구글 내 높은 성과를 내는 조직의 공통 특성이자 가장 중요한 특성이라는 사실은 큰 반향을 불러일으켰다. 이후, 심리적 안전감이 크게 유행되어 심리적 안전감만 챙기면 성과, 리더십, 소통, 조직 문화 등 다른 요인은 자연스럽게 충족될 것이라는 기대로 확산되었다. 이처럼 어떤 개념이 유행할 때, 정작 사람들은 에이미 에드먼슨이 어떤 맥락에서 심리적 안전감을 강조했는지, 왜 구글에서 심리적 안전감이 성과를 예측하는 가장 중요한 요소로 대두되었는지에는 별 관심이 없다.

최근 이루어진 연구들을 보면, 심리적 안전감이 과도하면 오히려 성과를 떨어뜨린다. 이스라엘 텔아비브 대학교 경영학과 교수 리앗 엘도르Liat Eldor와 펜실베이니아 대학교 와튼스쿨 교수 피터 카펠리Peter Cappelli의 연구진은 소매업, IT 비즈니스, 의료 분야 간호사까지 다양한 직종을 조사했고 그 결과, 심리적 안전감과 성과와의 관계가 역U자 관계임을 밝혔다.[26]

심리적 안전감이 어느 정도까지는 성과를 높이지만 지나친 심리적 안전감은 성과 저하로 나타난다. 이 연구가 세상의 관심을 끌자, 2024년 1월 〈하버드비즈니스리뷰〉에서는 이 연구를 「심리적 안전감, 지나쳐도 문제라고?Can Workplaces Have Too Much Psychological Safety?」라는 제목으로 소개하기도 했다.

심리적 안전감이 성과로 이어지려면 다른 조건이 필요하다

높은 심리적 안전감이 성과를 떨어뜨릴 수 있다는 사실이 의아하게 느껴진다면, 심리적 안전감과 더불어 고려해야 할 중요한 특성을 놓쳐서다. 에이미 에드먼슨의 연구 중 가장 많이 인용된 논문의 제목이 바로「팀 내 심리적 안전감과 학습 행동」이다. 심리적 안전감이 성과를 돕는 이유는 심리적 안전감이 학습 행동으로 이어지고, 학습 행동이 성과를 높이기 때문이다. 에이미 에드먼슨은 심리적 안전감이 직접적으로 성과를 향상시킨다고 주장하지 않았다. 핵심은 심리적 안전감 자체가 아니라 심리적 안전

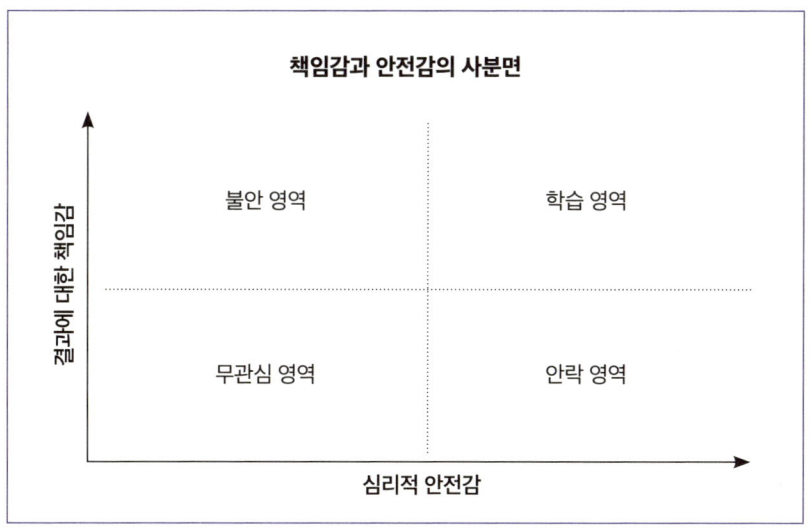

감이 학습 행동을 조장할 수 있는지, 그렇지 않은지다.

심리적 안전감이 있는 조직은 새로운 시도나 도전을 장려한다. 실행 과정에서 도움을 요청하거나 실수했다고 해서 불이익을 받지 않는다. 필요할 때 언제 어디서나 정보를 제공해 직원의 협업을 높인다. 그런데 심리적 안전감이 학습 행동으로 이어지기 위해서는 하나의 조건이 더 필요하다. 바로 도전적인 목표 달성에 대한 책임감이다.[27]

구글에서 심리적 안전감이 성과의 핵심이 된 이유는 구성원들의 성과 목표에 대한 책임감이 매우 높은 조직 문화가 있었기 때문이다. 성과 목표에 대한 책임감이 높지 않은데, 심리적 안전감만을 강조하면 구성원들은 안전지대에 머물러 안주할 뿐이다.

심리적 안전감이 구글과 같은 조직에서 중요한 또 다른 이유는 직무의 상호의존성 때문이다. 독립적인 직무를 수행하는 조직에서 심리적 안전감이 주는 효과는 크지 않지만, 상호의존성이 높을수록 심리적 안전감의 중요성은 크다. 특히 높은 성과, 고학력자 위주의 조직에서 상대적으로 학력이나 경력이 낮은 사람들은 발언 기회가 있어도 자신의 의견을 피력하지 못한다. 기장과 부기장과 같이 상호의존성이 높은 직무에서 부기장이 이상 신호를 발견하고도 의견을 말하지 못한다면 큰 사고로 이어질 수 있다.

※ 앞 문제의 정답은 1번, 아래 문제의 정답은 2번이다.

심리적 안전감보다 조직 기반 자긍심이 더 중요하다

자기계발이 아닌
자기발견을 위한
이야기

**심리적 안전감보다
조직 기반 자긍심**

　심리적 안전감을 강조하는 것도 좋지만, 무엇보다 성과 목표에 대한 책임감이 우선되어야 한다. 조직 기반 자긍심 OBSE, Organization-Based Self-Efficacy이 높은 사람들은 스스로 책임감 있게 능동적으로 조직 생활을 한다. 조직 기반 자긍심은 조직 구성원이 구성원으로서 자신의 능력과 중요성 그리고 가치가 있다고 스스로 믿는 정도를 말하는데, 구성원이 조직에서 역할을 책임감 있게 수행하는 과정을 통해 자신의 욕구를 만족시키면서 나타난다.

사람들은 사회적 장면에서 다양한 역할을 수행하며, 역할에 따라 자신의 가치와 역량에 대해 각기 다른 자기인식을 가질 수 있다. 가령 테니스 클럽 멤버로는 높은 가치와 유능감을 느낄 수 있지만, 직장에서는 덜 가치 있다고 느낄 수 있다. 역할별로 가치감이 다르다는 것은 한 개인의 자존감이 직장 내 자존감과 일치하지 않을 수도 있다는 뜻이다. 조직 기반 자긍심은 조직 구성원으로서의 자기 가치와 역량에 대한 개인의 믿음을 의미한다는 점에서 일반적인 자존감 개념과 다르다.

조직 기반 자긍심을 높이려면

조직 기반 자긍심은 몇 가지 요인에 의해 끌어올려질 수 있다. 첫째, 구성원이 더 많은 자기표현이 가능하고 높은 수준의 관여가 이루어질 수 있는 환경이 가장 중요하다. 구성원의 자율성과 자발성을 의심해 감시나 외부 통제 시스템을 강화하는 것은 조직 기반 자긍심에 바람직하지 않다. 구성원의 심리적 안전감이 조직 기반 자긍심의 기반이 될 수 있지만, 심리적 안전감이 확보된 환경이라고 해서 의견이 활발히 교류되는 것을 보장하지는 않는다. 구성원들의 의견이 활발히 교류되려면 자신의 발언이 바람직한 기회와 보상으로 연결되거나 조직 내 영향이 있다는 사실이 확인되어야 한다.

둘째, 다른 사람의 평가가 조직 기반 자긍심에 영향을 미친다. 조직 기반 자긍심은 자존감과는 달리, 개인 내부의 확신보다 조직 내에서 받는 평가와 인정에 더 크게 좌우된다. 개인의 조직 기반 자긍심 수준은 역할모델, 멘토, 리더의 평가에 따라 달라지기도 한다. 특히 자신이 신뢰하는 사람으로부터의 인정과 조언은 조직 기반 자긍심의 특효약이다.

우리는 조직 내 모든 사람의 말에 동일한 영향을 받는 것이 아니다. 영향력이 높은 조언자는 세 가지 특성을 갖추고 있다. 해당 분야의 전문성이 있어야 하고, 자신을 잘 아는 사람, 즉 친밀한 관계가 형성되어야 하며, 마지막으로 자신이 잘되기를 바라는 진정성이 있어야 한다. 전문성이 있고 친밀함은 있으나 잘되기를 바라는 마음이 없다면 조언하지 않을 것이다. 전문성과 잘되기를 바라는 마음은 있지만 친밀감이 없다면 그럴듯한 조언이지만 효과적으로 적용되기 어려울 수 있다. 잘되기를 바라는 마음과 친밀감이 있지만 전문성이 없다면 다소 엉뚱한 조언일 것이다.

셋째, 조직 내 성공 경험이 조직 기반 자긍심에 중요한 영향을 미친다. 구성원들은 수행했던 프로젝트의 성공 등을 통하여 과거에 성공을 경험한 구성원은 자신에 대해 긍정적인 이미지가 형성되어 있어서 높은 조직 기반 자긍심을 갖게 된다. 작은 성공 경험 small win을 경험할 수 있는 직무 설계와 피드백은 조직 기반 자긍심을 높이는 좋은 전략이다. 성공 경험은 반드시 같은 영역일 필요가 없다. 성공 경험을 통한 긍정 정서는 전이 효과 transfer of affect가 있기 때문이다. 예를 들어 고객과의 협상을 성공시킨 경험은 이후 기획문서 작성에 영향을 미칠 수 있다.

이처럼 조직 기반 자긍심은 구성원이 직무에 임하는 태도와 행태를 예측할 수 있는 중요한 변수다. 즉, 조직 기반 자긍심이 높은 구성원은 자신이 성공적이며 가치 있는 존재라고 생각하고, 이에 부합되는 태도를 갖추어 행동하고자 한다. 연구에 따르면, 일터에서 자신에 대한 평가인 조직 기반 자긍심은 구성원들이 얼마나 자신의 직무에 만족할지, 조직에 충성심을 보일지, 성과가 높을지, 자발적으로 동료를 돕는 행동을 보일지와 관련이 높다.[28]

5장

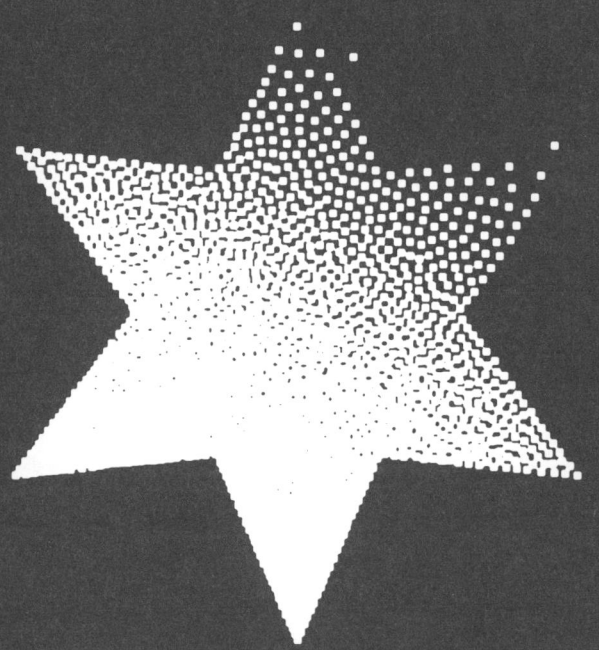

감정의 늪

1. 나쁜 감정이
   유난히
   선명한
   이유

긍정은 힘이 세지 않다

한 방울의 잉크가 맑은 물 한 컵을 온통 검게 물들이는 것을 본 적이 있는가. 아무리 맑은 물을 부어도 그 어둠은 쉽게 사라지지 않는다. 우리 마음도 이와 같다. 부정적인 한 방울이 긍정적인 바다 전체를 흐려버릴 수 있다는 것이 우리 뇌의 냉혹한 기능 중 하나다.

부정이 긍정보다
최소 3배는 강하다

긍정의 힘을 믿으라는 말은 익숙하다. 많은 조직이 직원의 감정을 다룰 때, 긍정 감정에만 주목한다. "웃어야 행복하다", "행복한 직원이 성과를 부른다", "긍정적으로 생각하자"라는 슬로건은 이제 기업 문화 속에 자연스럽게 녹아 있다. 그러나 심리학과 행동경제학의 연구는 이렇게 주장한다. 부정은 긍정보다 최소 3배는 강하다고 말이다.

부정이 긍정보다 힘이 센 이유는 명확하다. 인간의 뇌는 생존에 유리하도록 부정적인 자극에 더 민감하게 반응하도록 설계되어 있기 때문이다. 생존을 위해 위험과 위협을 감지하고 회피하는 것이 기회를 포착하는 것보다 훨씬 더 중요했다. 긍정적인 기회를 놓친 것은 아쉬움으로 끝나지만, 부정적인 위험을 간과하면 목숨이 위태롭기 때문이다.

좋은 것을 나쁜 것으로 오염시키는 것은 너무나 쉽다. 죽은 바퀴벌레나 대변 덩어리를 완벽하게 살균해 사과주스에 담갔다 빼는 것을 보고 나면 남녀노소를 불문하고 그 주스에 입도 대지 않는다. 심지어는 그 주스를 버리고 다시 그 잔을 눈앞에서 깨끗이 씻어 새 주스를 담아주어도 마찬가지다.

맛있는 초콜릿을 가득 쌓아둔 그릇에 단 한 마리의 바퀴벌레가 지나가면 바퀴벌레가 전혀 닿지 않은 부위의 초콜릿에도 선뜻 손을 내밀기 힘들다. 부정은 힘이 세다. 반대로 바퀴벌레가 가득한 그릇에 초콜릿이 떨어진다면 바퀴벌레들이 달콤해 보일까? 그럴 리 없다. 인간은 긍정적인 경험보다 부정적인 경험에 더 민감하게 반응하고, 더 오래 기억한다.

그렇다면 왜 우리의 마음은 긍정과 부정을 1대1의 대응 관계symmetry relationship로 처리하지 않고 최소 1대3에서 1대5의 비대칭 관계asymmetry relationship로 반응할까? 부정이 긍정보다 힘이 센 이유는 부정에 민감하게 반응하는 것이 생존확률을 높이기 때문이다. 맛 좋은 열매를 따는 것보다 중요한 일은 독이 든 열매를 골라내는 것이고, 토끼를 사냥하는 것보다 중요한 것은 사자를 피하는 것이다. 선한 한 사람이 집단의 안전을 보장해 줄 수 없지만, 단 한 명의 악한 요리사는 모든 사람을 죽일 수 있다. 생존 관점에서 보면 부정적인 자극에 민감하게 반응하는 것은 선택이 아니라 필연인 셈이다.

부정성 편향negativity bias은 우리 조상들이 위험을 감지하고 즉각적으로 대처하도록 도운 심리적 생존 메커니즘이고, 이는 현대를 살아가는 우리의 사고와 행동에 여전히 뿌리 깊이 박혀 있다. 이 본능은 오늘날 우리의 일상에 보이지 않는 손으로 작용한다.

옷을 사기 위해 쇼핑몰을 헤매거나, 주말에 볼 영화를 선택하거나, 식당을 예약하거나, 친구와 약속을 잡을 때도 부정성은 우리의 판단을 지배한다. 당신이 선택한 옷에 긍정적인 후기 수백 개가 달려 있어도 부정적 리뷰가 눈에 띄면 망설이게 된다. 90%가 인생 영화로 극찬해도 결말이 짱이라는 리뷰 한 줄이 눈에 들어오면 제외 대상이 된다. 맛있다는 칭찬 일색의 식당도 주방 위생이 불결해 보였다는 악플 한 줄이면 끝이다. 뷰가 예쁘고 커피가 맛있다는 카페도 너무 시끄럽다는 평 하나면 곧바로 다른 곳을 찾아본다.

이러한 원리는 조직에서도 이어진다. 여러 좋은 리더가 좋은 조직을 만드는 것보다 나쁜 한 명의 리더가 조직을 망치는 것이 더 쉽다. 아무리 좋은 동료가 많아도 폭력적이거나 무능한 리더 한 명 때문에 직원들의 정신적·육체적 건강은 망가지고 생산성은 떨어진다. 따라서 직장 생활에서 가장 중요한 것은 최고의 리더를 만나는 것이 아니라 최악의 리더를 피하는 것이다. 좋은 리더가 없어도 충분히 직장 생활을 이어갈 수 있지만 나쁜 리더 휘하의 직원들은 매일 감시망을 피해 구직 사이트를 헤매고 있다.

사람들은 누구나 좋은 리더 밑에서 일하기를 꿈꾼다. 훌륭한 리더는 동기를 부여하고 긍정적인 분위기를 조성하며, 조직의 성과를 높이는 데 기여한다. 그러나 현실적으로 보면 좋은 리더를 만난다는 것은 디폴트 값

이 아니라 이상적인 보너스에 가깝다. 리더가 나빠서가 아니라 우리 마음이 부정성에 더 잘 반응하기 때문에 긍정과 부정에 중립적인 리더도 부정으로 처리하기 때문이다.

리더십의 본질도 같은 맥락에서 정의할 수 있다. 많은 리더가 리더십을 '더 좋은 리더가 되는 것'으로 이해하지만 사실 리더십의 기본은 '더 나쁜 환경을 만들지 않는 것'이다. 부정적인 영향을 최소화하는 것이 긍정적인 변화를 만드는 것보다 우선순위가 높아야 한다.

외부 평가엔 부정성 편향이, 자신을 평가할 때는 긍정성 편향이 작동한다

우리 마음이 긍정보다 부정에 민감하게 반응하는 부정성 편향은 내부가 아닌 외부를 평가할 때 주로 등장한다. 그런데 우리가 우리 내면을 스스로 평가할 때는 다르다. 이때는 긍정성 편향positivity bias이 꿈틀대며 튀어나온다. 생존을 위해 외부의 위협적 요소에는 다소 과도하게 부정적으로 반응하는 것이 유리하지만, 자신이 좋은 사람이어야 사회에서 좋은 평판으로 살아남기 유리하기 때문에 내면의 평가에는 긍정적으로 편향되어 나타난다. 자신의 긍정적 면을 강조하고 부정적 면을 최소화하면서 심리적 안정을 유지하려는 자기방어적 메커니즘은 자신의 부정적 특성이 강할수록 더 강하게 나타난다.

범죄로 복역 중인 죄수들은 스스로를 교도소 밖에 있는 보통 사람들보다도 더 도덕적이고 정직하다고 평가한다.[1] 정직성, 도덕성, 이타성 등 여러 긍정적 측면에서 범죄자들은 일반인들보다 자기 자신을 더 좋은 사람으로 여긴다. 법을 어겨 실형을 선고받은 죄수들이 그나마 겸손하게 평가한 영역이 준법성이었다. 이들은 자신들의 준법성이 모든 사회 구성원의 평균이라고 답했다.

법을 어겨 실형에 처한 사람들조차도 자기 자신은 다른 사람들보다 선하고 좋은 사람이라고 믿는다. 자신의 행위는 자신이 나쁜 사람이어서가 아니라 경제적 어려움과 사회 불평등과 같은 상황과 외부 요인의 결과로 해석한다. 이들은 "사회가 나를 내버려두지 않고, 사회가 나를 이렇게 만들었다"라고 주장한다.

긍정의 함정: 진짜 중요한 것은 '나쁜 것' 다루기

자기계발이 아닌
자기발견을 위한
이야기

좋은 리더보다
나쁜 리더가 되지 않는 것이 더 중요하다

외부에는 부정적이면서 내부에는 긍정적인 특성은 리더십이 발휘되는 장면에서 가장 왜곡되게 드러난다. 사람은 누구나 자신을 긍정적이고 낙관적으로 평가하기 때문에, 많은 리더가 자신이 얼마나 좋은 사람인지 보여주려 애쓴다. 그런데 리더십의 효과성을 높이는 데 더 중요한 것은 좋은 모습을 강조하는 것일까, 아니면 나쁜 모습을 드러내지 않는 것일까?

우리가 조직에서 접하는 리더십 역량 모델이나 리더십 교육 등에서는 리더의 장점과 강점을 어떻게 발휘하느냐에 초점이 맞춰져 있다. 하지만 정작 중요한 것은 따로 있다. 나쁜 모습을 보이지 않는 것의 효과성이 훨씬 더 크기 때문이다. 네브래스카-링컨 대학교 비즈니스 칼리지 교수 트로이 스미스Troy Smith와 연구진은 리더의 긍정성에 비해 부정성이 리더십의 효과성에 미치는 영향이 더 크다는 사실을 검증했다. 리더의 부정적인 태도는 구성원의 직무 만족과 몰입, 그리고 이직 의도에 직접적인 영향을 미친다. 특히 스스로를 좋은 사람이라고 믿는 구성원일수록 그 부정적 영향은 더 크게 다가온다.[2]

트로이 스미스 교수와 연구진이 미국 내 1,200여 명의 직장인을 대상으로 리더의 부정성이 직무 만족에 미치는 영향을 연구한 결과, 자신이 괜찮은 사람이라고 느끼는 부하 직원일수록 리더의 부정성에 취약했다. 리더의 부정적 태도는 구성원의 직무 만족을 낮춘다. 특히 스스로를 좋은 사람이라고 믿는 부하 직원에게 그 부정적 영향은 더욱 크게 나타났다.

리더의 부정성은 부하 직원들이 리더에게 하는 평가에도 악영향을 미쳤다. 특히 스스로 좋은 사람이라고 여기는 구성원의 경우, 리더의 부정성에 민감하게 반응해 리더를 부정적으로 평가했다. 자기효능감이 높고, 자신이 좋은 역량과 자질을 갖췄다고 믿는 사람일수록 자신을 부정적으로 대하는 리더 때문에 더 힘들어하고 더 나쁘게 평가한다.

사회라면 다르다. 자기효능감이 높다면 주변 사람들의 부정적 평가에 크게 연연하지 않는다. 자신의 능력과 자질에 대해 확신이 있다면 타인의 평가 자체는 크게 중요하지 않다. 하지만 조직에서 자신을 대하는 리더의 부정적 태도나 언행은 영향이 크다. 리더의 평가 자체가 자신의 업무 평가

이자 조직 내 평판으로 작용하기 때문이다. 이때 자신의 능력과 자질에 대한 긍정적 믿음이 크다면 리더가 자신을 대하는 행동을 이해하기 더 어렵고, 이 상황이 반복되면 우울과 자괴감으로 이어질 수밖에 없다. 좋은 직원은 나쁜 리더 밑에서 더 힘들어한다. 결국 그들은 나쁜 리더를 떠나고, 공석은 곧 무능력하고 충성심이 높은 팀원들로 채워진다.

리더 스스로도 긍정성을 높이려는 행동의 효과보다 똑같은 한 번의 리더십 행동이어도 부정적 행동이 미치는 영향이 훨씬 크다는 사실을 인지해야 한다. 리더의 부정성은 긍정성에 비해 영향이 더 크다. 따라서 리더십의 영향력을 높이려면 뭔가 잘하려고 노력하기보다는 부정적인 측면을 줄이려고 노력하는 편이 낫다.

아이들에게 아빠의 멋진 모습을 보여주는 것이 아빠를 존경하게 만드는 방법 같지만, 실상은 그렇지 않다. 아이들은 자신들에게 필요한 게임기를 사주고, 컴퓨터를 바꿔주어 긍정을 더해도, 아빠를 이전보다 더 존경하지는 않는다. 금연과 금주, 소리 지르는 등의 부정성을 멈추겠다는 약속을 지키는 아빠를 아이들은 더 존경하고 따른다. 긍정을 더하는 것보다 부정을 보이지 않겠다는 약속을 지키는 것이 훨씬 어려운 일임을 아이들도 안다.

근무 조건의 개선으로 얻을 수 있는 효과보다 개악으로 잃는 효과가 더 크다

또 하나의 연구를 보자. 이 연구에 활용된 샘플 수는 무려 1,000만 건이 넘는다. 「On the Asymmetry of Losses and Gains: Implications of

Changing Work Conditions for Well-Being」이라는 논문으로, 제목을 번역하자면 '손실과 이득의 비대칭성: 근무 조건 변화가 구성원의 안녕감에 미치는 효과'다. 근무 조건이 좋아지거나 나빠지는 것이 구성원의 안녕감에 똑같은 영향을 미치는 것이 아니라 비대칭성, 즉 부정성의 영향이 훨씬 크다는 의미다.

그래프를 보면, X축의 근무 조건이 0에서 마이너스 5로 바뀔 때의 그래프는 가파르지만, 0에서 5로 개선될 때는 완만하다. 0(점선)을 기준으로 왼편의 기울기는 모두 오른편에 비해 가파르다. 구성원의 우울감depressive mood, 정서적 소진exhaustion, 불면증sleep problems, 직무 만족job satisfaction 등 긍정적 안녕감 지표든, 부정적 지표든 관계 없이 모두 그렇다.

특히 우울증이나 불면증 그리고 정서적으로 지치고 힘들어 에너지를 다 써버린 '정서적 소진'의 경우 긍정적 변화로 개선되는 이점은 없다. 부정적 안녕감을 개선하려면 좋은 것을 더할 것이 아니라 나쁜 것을 빼야 한다. 전반적으로 근무 조건 개선으로 볼 수 있는 효과는 크지 않지만, 근무 조건의 개악으로 잃는 것은 너무 크다.

조직의 리더와 HR은 무언가 잘하려고 노력하는 것도 물론 중요하지만 이전에 비해 나빠진 것은 없는지 더 크게 경계해야 한다. 리더의 자기인식 역시 자신의 강점보다 자신의 어떤 측면이 부정적 효과를 나타내기 쉬운지에 대한 인식이 우선되어야 한다.

리더십을 제대로 이해하려면 반드시 성격의 어두운 측면에 대한 진단과 이해가 필요하다. 리더십의 어두운 측면의 작동 방식을 이해하고 경계하지 않으면 밝은 측면 역시 제대로 활용할 수 없다. 작은 촛불 하나가 어

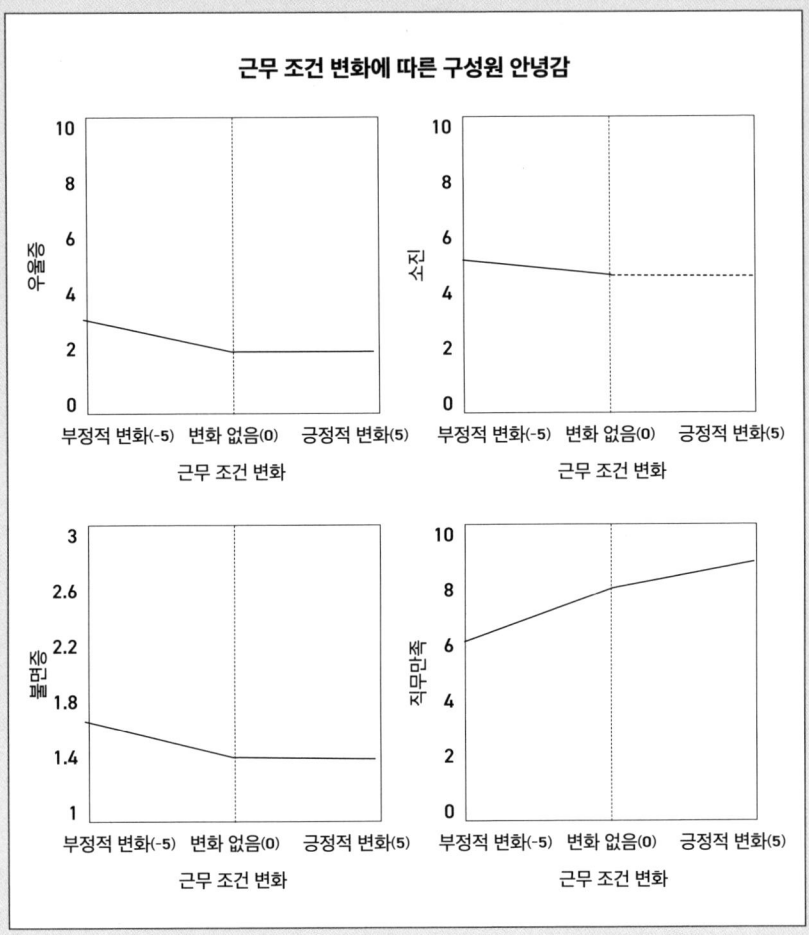

두운 방을 밝힐 수 있고, 빛이 어둠을 이기고 무명에서 깨달음으로 나아가는 과정을 강조하며 결국은 밝음이 승리한다는 믿음은 필요하다. 그러나 이 믿음이 실현되려면 빛과 밝음만을 강조하는 것보다는 어둠의 작동 방식과 제어법을 아는 것이 중요하다.

때로는
나쁜 감정도 필요하다

사람들이 항상 긍정 감정만 찾는 것은 아니다. 실제 사람들은 때때로 의도적으로 불편한 감정을 찾는다. 짜증 나는 뉴스를 클릭하고, 퇴근길에 슬픈 음악을 듣고, 눈물 나는 영화를 골라 본다. 불합리해 보이지만, 이것은 감정의 도구적 기능 때문이다.

이스라엘 히브리 대학교의 교수이자 심리학자 마야 타미르Maya Tamir는 감정 선택의 기능적 측면을 밝히기 위해 흥미로운 실험을 진행했다.[3] 참가자들은 실험에 앞서 두 가지 유형의 과제 중 하나에 무작위로 배정되었는데, 하나는 전투 게임이었고, 다른 하나는 협동 게임이었다. 그리고 게임에 앞서 어떤 음악을 듣고 싶은지 선택하게 했더니, 전투 게임에 참가한 사람들은 기분을 좋게 하는 멜로디가 아닌 분노를 유발하는 헤비메탈 음악을 더 선호했다. 반면 협동 게임 참가자들은 긍정적 감정을 유도하는 음악을 선호했다.

사람들은 목표 달성에 필요한 감정 상태를 적극적으로 선택하고 조절한다. 이를 도구적 감정조절instrumental emotion regulation이라고 하는데, 사람들은 무조건 기분이 좋아지는 것보다 성과를 낼 수 있는 감정을 선택하는 것이다.

모든 상황에서 긍정 감정이 최적은 아니다. 감정이 필요한 행동을 유발하는 기능적 역할을 하기 때문이다. 분노는 부당한 처우나 불공정한 상황에 맞설 수 있는 자극제가 되며, 슬픔은 상실과 실패를 성장의 계기로 전환하게 하는 내면적 정화catharsis를 유도하며, 불안은 예기치 못한 리스크를 사전에 감지하고 대비하는 주의력을 높이는 신호로 작용한다.

조직 내에서 지나치게 긍정 감정만 강조하면 오히려 정서적 불균형을 초래한다. 스페인 바르셀로나 대학교 교수 조르디 쿠어드박Jordi Quoidbach은 3만 7,000명 이상의 데이터를 분석한 대규모 연구에서, 감정의 다양성emodiversity이 높은 사람일수록 정신건강과 삶의 만족도가 높다는 것을 발견했다.[4]

긍정과 부정, 모든 감정을 다룰 줄 아는 사람이 훨씬 더 건강하고 유연하게 일한다. 감정의 다양성이 높은 사람은 슬픔을 느낄 때, 그 감정을 잘 들여다보고 정리할 줄 안다. 불안을 느끼면 이를 신호로 삼아 준비를 더 철저히 한다. 분노를 억누르기보다 차분하게 표현하며 관계의 선을 지키도록 한다. 이런 사람은 감정에 휘둘리지 않고 감정을 쓰는 법을 안다. 스트레스에도 강하고, 예상치 못한 상황에도 유연하게 대처할 수 있다.

조직도 마찬가지다. 구성원이 불편한 감정을 느껴도 괜찮다고 느끼는 조직, 그 감정을 안전하게 꺼내고, 함께 다룰 수 있는 분위기가 있는 조직이 결국 더 건강하고 회복력 있는 팀이 된다. 중요한 것은 불편한 감정을 없애는 게 아니라 잘 다루는 힘이다. 감정을 숨기게 하는 조직은 단기적으로는 조용할지 몰라도, 정서적 유연성과 회복력을 잃게 된다. 다양한 감정을 존중하고 표현할 수 있는 조직일수록, 스트레스에도 강하고 관계도 깊다.

2. 불안에 대처하는 올바른 방법

불안에 잡아먹히지 말고 이용하라

우리는 불안을 없애야 할 병으로 여긴다. 불안 완화제가 날개 돋친 듯 팔리고, 기업들은 직원의 스트레스를 줄이는 것이 곧 생산성 향상이라 믿는다. 하지만 진실은 그 반대다. 불안을 제거하려 할수록 오히려 성과는 떨어지고, 불안을 받아들이고 활용하는 사람이 더 뛰어난 결과를 만들어 내기도 한다.

불안은 빨리 해결해야 할 문제가 아니라 활용해야 할 감정이다

"지금 현재 불안하지 않다면, 당신은 문제가 있는 것이다." 이는 2017년 〈뉴욕타임스〉가 미국을 USA가 아니라 USX United States of Xanax 로 규정하며 덧붙인 말이다. 자낙스 Xanax 는 알프라졸람 alprazolam 의 상품명으로 불안증, 공황장애, 우울증에 일시적인 효과를 나타내는 의약품인데, 대표적인 오남용 의약품이다. 불안은 미국 내에서 가장 흔한 정신 건강 문제다. 오죽하면 불안하지 않은 게 이상하다고 말하겠는가.

조직심리학자들은 직장 내 불안을, 스트레스에 대한 반응으로 성과에 대한 초조함, 불안감, 긴장감을 느끼는 상태로 정의한다. 스트레스와 불안은 짝꿍처럼 붙어 다닌다. 미국 내 직장인의 경우, 40%가 불안감을 느낀다고 보고했고, 불안 때문에 업무와 개인의 삶에 지장을 받는다고 응답한 비율은 72%에 달했다.[5]

우리나라도 크게 다르지 않은데, 2023년 국내 직장인 1,000여 명을 대상으로 한 설문 결과, 전체의 절반가량(49%)은 불안 상태라고 보고했고, 심각한 불안에 시달리는 직장인도 12.4%에 달했다.[6] 일터에서 불안을 느끼면, 업무 집중력이 떨어져 생산성의 손실로 이어진다. WHO는 직장 내 불안감이 세계 경제에 미치는 영향을 1조 달러가량의 손실로 추정하고 있다. 과거에 비해 더욱 경쟁적인 환경에서 직장 내 불안은 더 넓게 퍼지고 있고, 관련 비용 역시 증가하고 있다.

더 큰 문제는 불안을 대하는 태도다. 사람들은 정신 건강 문제를 근본적으로 해결하기보다 빠르게 증상만 완화시키는 약물에 의존한다. 불안은 자연스러운 감정 중 하나일까, 아니면 빠르게 해결해야 할 문제일까? 불안이 항상 성과에 해로운 것만은 아니다. 불안한 사람들은 불안한 상황에서 벗어나기 위해 더 많이 노력하는 경향이 있고, 환경 변화나 피드백에 민감하므로 자신이 잘하고 있는지 더 많은 주의를 기울인다.

심리학의 여키스-도슨 법칙 Yerkes-Dodson law 은 불안과 성과와의 관계가 종 모양의 패턴을 따른다는 사실을 입증한 이론이다. 일터에서 불안을 크게 느끼는 것도 문제지만, 전혀 불안감을 느끼지 않는다고 해서 좋은 것만은 아니다.

사실, 그동안의 직장 내 불안 관련 연구들은 주로 성과 저하와 비생산적 행동 증가, 비윤리적 행동 증가, 이직 의도 증가 등 주로 부정적 영향에 초점을 맞춰왔다. 하지만 진화적으로 인간에게 불안은 '투쟁 또는 도피Fight or Flight'라는 복합 감정을 불러일으킨다. 불안은 불안 상태에서 도망치려는 행동을 초래하기도 하지만 불편한 상태를 개선하기 위해 맞서 싸우는 신호가 되기도 한다.

다음 날 시험을 봐야 하는 학생이 전날 저녁에 아무런 불안을 느끼지 않는다면 끝까지 최선을 다하지 않을 것이다. 스포츠 선수도 마찬가지다. 뛰어난 선수들은 두근거리는 불안감을 싸움에서 이기고자 하는 열망과 흥분의 신호로 바꾸는 달인들이다. 무엇보다 불안은 방해 요소를 피해 한 가지 일에 집중하게 만든다. 이처럼 인간에게 불안은 무조건 회피해야 할 대상만은 아니다.

또 불안은 이타성을 높인다. 불안한 사람들은 위험을 주위 사람들에게 신속하게 경고하면서 다른 사람들을 보호하려는 욕구가 강해진다. 사람들은 자신들의 불안감을 안정시키기 위해 타인을 돕고 사회적 유대를 형성하려는 경향을 보인다.[7]

최근 조직 연구에서도 이러한 변화의 기류가 뚜렷하다. 불안을 부정적이고 없애야 할 대상으로 보지 않고, 조직 내부에 무엇이 제대로 작동하지 않는지에 관한 내부 경보 시스템으로 활용할 수 있다는 것이다. 직장 내 불안을 잘 활용하면 문제 예방 행동은 물론이고 타인을 돕는 행동을 조장할 수 있다는 증거도 있다.[8]

사람들은 대개 불안감을 느끼면 타인을 돌볼 수 있는 여유가 사라진

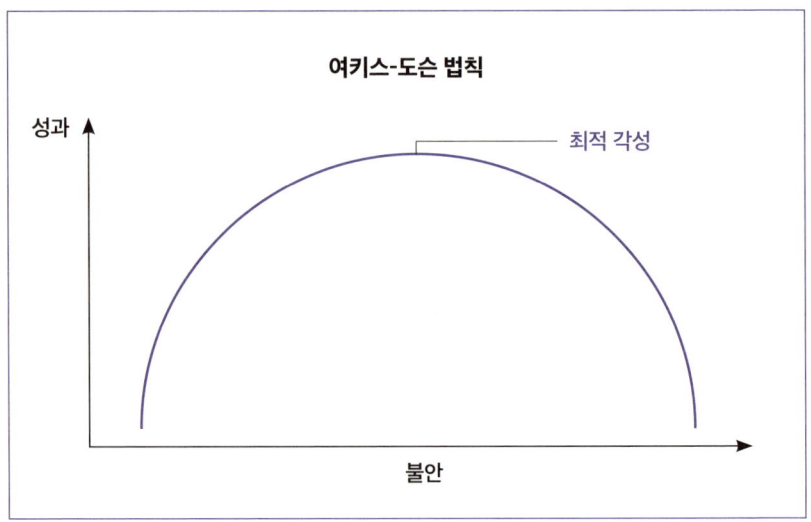

다. 하지만 어떤 사람들은 불안 속에서 더 열심히 다른 사람을 돕는다. 그렇게 형성된 유대감이 불안을 줄여주기 때문이다. 화재 현장의 소방관들이 대표적이다. 소방관들은 불안한 환경에서 이타적 동기가 강해진다. 서로 돕고 의지해야 생존확률이 높아지기 때문이다.

어떤 사람들이 불안을 긍정적으로 활용할까?

그렇다면 어떤 사람들이 불안감을 이로운 방향으로 활용할까? 이를 확인할 방법이 있다. 다음 질문에 답해보자. "당신은 불안에 대해 어떤 생각을 가지고 있습니까?"

1. 불안은 해로우므로 반드시 피하고 줄여야 한다.
2. 불안은 유용한 측면이 있으므로 수용하고 활용해야 한다.

이 질문은 1998년 미국 성인 3만 명을 대상으로 스트레스 측정을 하면서 동시에 던졌던 질문이었다. 그리고 8년 뒤 연구원들은 3만 명의 참가자들 가운데 사망자를 확인했는데 측정 당시 스트레스 수치가 높은 사람들의 사망 위험이 43% 증가했다. 그런데 스트레스 수치가 높으면서 사망 확률이 전혀 증가하지 않은 그룹이 있었다. 2번 응답자, 즉 불안과 스트레스가 이로운 측면이 있다고 믿는 사람들이었다. 연구자들은 2012년 연구를 마무리하며, 스트레스가 사람을 죽음으로 몰아가는 경우는 스트레스 그 자체와 불안과 스트레스는 독이라는 믿음이 결합할 때만 나타나는 현상이라고 결론 내렸다.

사실 불안과 스트레스가 있는 삶은 그렇지 않은 삶에 비해 의미 있는 삶일 가능성이 높다. 스트레스는 우리가 어렵지만 중요한 목표를 추구하는 과정에 생기는 부산물이고, 불안을 느껴야 그 의미를 찾으려는 욕구도 강해진다. 불안을 빠르게 피하려고 할수록 아이러니하게도 삶의 만족감과 행복감은 떨어진다.

예일 대학교 심리학과 교수이자 예일대 공중보건대학원 역학 교수인 베카 레비[Becca Levy]와 연구진은 660명의 노인을 23년간 추적 연구했다. 그 결과, 노화에 대해 현명함이나 통찰력과 같이 긍정적인 관점을 가진 사람들이 부정적인 태도를 가진 사람들에 비해 평균 7.5년 오래 산다는 사실을 밝혀냈다. 규칙적인 운동, 금연, 건강한 혈압 유지로 수명을 연장할 수 있는 수치가 평균 4년이다.⁹ 노화에 대한 긍정적 태도는 건강 습관보다 훨씬 중요하다.

예일 대학교 심리학과 교수 알리아 크럼(Alia Crum)은 글로벌 금융 기업인 UBS의 직원 388명을 대상으로 스트레스 마인드셋 훈련 프로그램을 실시했다. 대상자를 세 그룹으로 나누어 첫 번째 그룹은 스트레스가 신체적·정신적 건강을 어떻게 해치는지에 관한 프로그램에 참여시켰고, 두 번째 그룹은 스트레스가 집중력 향상과 신체 회복력, 소속감 등에도 유용하다는 관점의 마인드셋 프로그램에 참여시켰으며, 마지막 세 번째 그룹은 아무 훈련도 시키지 않았다.

불안과 스트레스가 유용하다는 훈련을 받은 두 번째 그룹이 스트레스에 대한 생각이 긍정적으로 변화했을까? 결과는 아주 미미한 수준의 변화였다. 불안과 스트레스는 삶에 아주 유용하다고 바뀐 것이 아니라 '그저 좋은 점도 있구나' 정도의 변화였다. 그런데 이 정도의 변화만으로도 직장에서 생산성, 협동성, 참여성, 집중력은 다른 그룹에 비해 눈에 띄게 좋아졌다. 우울증, 요통과 불면증과 같은 육체적·정신적 건강 문제도 호전을 보였다. 알리아 크럼은 의료계, 대학생, 기업 임원들, 해군 특수부대 등 다양한 직업군을 대상으로 같은 연구를 시행했고 그 결과, UBS 직원들과 같은 결과를 얻었다.¹⁰

사실 불안과 스트레스가 해롭다는 생각에서 전혀 해롭지 않고 유용하고 좋은 것이라는 관점으로 전환할 수도 없고 그럴 필요도 없다. 다만 꾸준히 불안과 스트레스에 대해 다르게 생각하고 경험하는 훈련은 필요하다.

복싱 선수들은 시합 전에 느끼는 불안을 '흥분되고 들뜬 상태'라고 묘사한다. 심지어 이들은 불안으로 인한 폭발적인 아드레날린이 운동 능력과 시합 결과에도 도움이 된다고 믿는다. 그런데 이 선수들이 관중 앞에서 인터뷰할 때면 똑같은 아드레날린이 이번엔 긴장감, 압박감으로 바뀐다. 사실 이들은 긴장이나 불안을 극복하고 좋은 결과를 만드는 것이 아니라 긴장이나 불안을 잘 활용한 덕분에 좋은 성과를 낼 수 있었던 것이다.

리스본 대학교 학생들 100명은 시험 기간 내내 얼마나 많은 불안을 느꼈고, 그 불안감을 어떻게 받아들였는지 보고했다. 불안감이 해롭지 않고 유용하다고 생각한 학생들은 스트레스도 적었고, 시험 성적은 더 좋았다. 더 재미있는 사실은 연구가 끝난 후, 다음 기말 시험 성적도 역시 높았다는 것이다. 이들은 스트레스를 느끼면서 나오는 그 에너지를 자신이 시험에 좋은 성과를 거두기 위해 최선을 다하고 있다는 신호라고 여기고 긍정적으로 활용하려고 애썼다.

많은 경우, 불안감은 실수의 징조가 아니라 성과를 낼 수 있는 에너지다. 숙련된 스카이다이버들은 낙하 전과 낙하하는 동안에 초보 스카이다이버에 비해 심박수가 훨씬 높다. 프로들이 긴장과 불안을 각성과 흥분으로 받아들이고 있었다는 뜻이다. 이러한 '사고방식 전환'을 위해서는 꾸준히 불안과 스트레스를 다시 생각하는 훈련이 필요하다.

불안
활용법

**자기계발이 아닌
자기발견을 위한
이야기**

다시 생각하기
3단계 연습

알리아 크럼이 만든 '다시 생각하기' 훈련 프로그램은 총 3단계다. 첫 번째 단계는 불안과 스트레스를 경험할 때 이를 인정하는 것이다. 불안과 스트레스가 자신의 몸과 감정에 어떤 변화를 일으키는지 스스로 의식하면 된다. 두 번째 단계는 현재의 불편한 반응은 자신이 관심 있는 문제에 반응을 보이는 것이기 때문에 '그 문제는 무엇이고 왜 중요한지' 생각해 보는 것이다. 마지막 세 번째 단계는 불안 에너지를 긍정적으로 재해석하는 것이다.

　예를 들어 보자. 내일은 CEO 앞에서 중요한 프레젠테이션을 해야 한다. 나 자신은 물론이고 팀 전체의 명운이 달린 중요한 발표다. 상상만 해도 가슴이 답답하고 눈앞이 캄캄하다. 이를 순서대로 재해석해 보면 이렇다. 1단계, 불안감이 가슴을 뛰게 하고 머리를 하얗게 만드는구나. 2단계, 나와 우리 팀이 그동안의 고생을 인정받기 위한 매우 중요한 절차여서 그래. 3단계, 두근거리는 심장은 나의 열정을 의미하고 하얗게 변해버린 머릿속은 지나치게 집착하지 말라는 신호야.

일상적인 불안을 해결하는 방법

　직장 내 불안은 일상적인 경험이다. 그러므로 불안에 적절히 대응하도록 하는 방안을 찾아야 한다. 직장인들이 불안을 느끼는 원천은 다양하지만 크게 세 가지 요인으로 나누어 볼 수 있다.

　첫째, 업무 난이도, 업무량, 시간적 압박과 같은 직무 요구다. 둘째, 리더의 공격성, 동료와의 갈등 등 대인관계 요인이다. 마지막으로는 스킬 및 역량 부족 등의 개인적 요인을 들 수 있다. 이 중에 직무 요구는 대표적인 직무 스트레스와 번아웃 요인으로 꼽힌다. 현대의 직장인에게 직무 요구는 직무기술서에 있는 내용만을 의미하지 않는다.

　직장인들은 시도 때도 없이 떨어지는 이메일과 메신저를 통한 업무적 압박을 받으며 일하고 있다. 이메일과 메신저는 일상적 불안 요인이다. 이메일이나 메신저를 통한 업무 관련 압박에 즉시 응답하려는 집착과 충동을 텔레프레셔telepressure라고 하는데, 텔레프레셔가 높을수록 불안을 크게 느낀다. 텔레프레셔가 높은 사람들은 일상의 직장 생활에서 긴장 수준이 높을 수밖에 없다. 이 수치가 클수록 일상의 스트레스와 불안 수준, 일중독자가 될 가능성이 높다.

그렇다면 불안을 크게 느끼는 직장인들은 어떻게 해야 할까? 일을 접어두고 잠깐 쉬는 시간을 가지면 업무 불안이 사라지고 집중력이 높아질까? 안타깝게도 그렇진 않다. 불안을 줄이기 위해서는 효능감이 필요하다. 지금 당장 시작할 수 있고 결과가 바로 눈앞에 보이는 일, 즉 직관적으로 성취감을 느낄 수 있는 일에 집중하는 것이 좋다.

당장 시작할 수 있고 결과가 바로 보이는 일로는 이메일을 활용한 업무가 딱 맞다. 이메일을 작성하여 전송을 클릭하면 완료 결과가 뜬다. 작지만 확실한 성취의 순간이다. 또한 업무 이메일을 통해 업무 수행에 필요한 여러 중요 정보를 교류하기 때문에 업무 관련 내용을 논리적으로 파악할 수 있고 전체 상황을 이해하는 데도 도움이 된다. 실제 현장 연구에서도 불안감을 느낄 때, 이메일을 활용한 일 처리가 불안을 낮추고 주도성과 도움 행동을 더 많이 보인다는 결과를 얻었다.[11]

직장에서 불안은 언제 어떻게 우리를 덮칠지 모른다. 적절한 대처 방식을 잘 알고 있다가 불안이 엄습할 때 활용하는 것은 성과는 물론이고 개인의 웰빙에도 매우 중요한 스킬이다. 스스로 통제감을 가지고 있다고 느낄 때, 우리 마음속에서 불안은 서서히 배경으로 사라지는데, 대인 접촉을 피하고 이메일을 활용한 업무 처리는 이 효과를 누리기에 매우 적절한 기술이다. 불안할 때 대인관계가 필요한 업무는 불안감을 높이지만, 접촉을 피하고 업무 그 자체에 집중할 수 있다면 불안을 낮출 수 있다. 딱 이것만 기억하자. 불안할 때는 이메일과 같이 간단하고 직관적인 업무에 집중하는 것이 답이다.

3. 모국어보다 외국어가 유리한 영역이 있다

당신이 사용하는 언어가 곧 감정이 된다

우리는 모국어로 생각할 때 가장 정확하고 깊이 있는 판단을 내린다고 생각한다. 익숙한 언어일수록 섬세한 뉘앙스를 파악하고, 복잡한 사고를 전개할 수 있다고 말이다. 하지만 진실은 그 반대다. 오히려 외국어가 우리를 더 이성적이고 합리적인 사람으로 변화시키기도 한다.

외국어를 사용하면 보다 더 이성적인 판단이 가능하다

다음 문제를 보자. 위험한 신종 질병이 유행하고 있다. 치료제가 없으면 60만 명이 사망할 것이다. 사람들을 살리기 위해 두 가지 치료제 중 하나를 선택해 개발해야 한다.

1. A약을 선택하면 20만 명이 무조건 살아남는다.
2. B약을 선택하면 60만 명이 살아남을 확률이 1/3이고, 아무도 살아남지 못할

확률이 2/3다.

이때 대다수 사람은 A약을 선택한다. 사람들은 이득 상황에서는 도박보다 정해진 결과를 선호한다. 이번에는 방식을 달리해 제시한다.

1. A약을 선택하면 40만 명이 무조건 죽는다.
2. B약을 선택하면 아무도 죽지 않을 확률이 1/3이고, 60만 명 모두 죽을 확률이 2/3다.

다른 방식으로 문제를 제시하면 대다수가 B약, 즉 도박을 선택한다. 두 조건 모두 결과는 같다. 다만 문제를 긍정적인 이득 중심으로 제시하느냐, 부정적인 손실 중심으로 제시하느냐의 차이만 있을 뿐이다. 같은 결과라도 이득과 손실, 어떤 프레임으로 제시하는가에 따라 사람들의 판단은 달라진다. 그 유명한 프레임 편향framing bias 또는 프레임 효과framing effect라고 불리는 현상이다.

사람들은 손실을 싫어한다. 손실이 너무 싫기 때문에 피할 수만 있다면 어떤 도박이라도 감수하려고 한다. 이득 상황일 때는 다르다. 사람들은 작은 이익이라도 보수적으로 챙기려고 든다. 사람들은 선택지가 긍정적인 이득 프레임으로 제시되면 안전한 방식을 선택하고 부정적인 손실 프레임으로 제시되면 두려움과 불안을 피하는 방식을 선택한다.

당신의 보유 주식 중에 100만 원 이득인 A 주식과 100만 원 손실인 B 주식이 있다고 가정해 보자. 그리고 당신은 돈이 필요해 두 주식 중 하나를 매도해야 한다. 어떤 주식을 매도하겠는가? 대부분의 사람은 A 주식을 택한다. 별다른 이유는 없다. B 주식을 매도하는 순간, 손실이 확정되는 것이 싫어서다.

협상과 의사결정에 관해 세계 최고의 심리학자 중 한 명인 시카고 대학교 심리학과 교수 보아즈 케이사르$^{Boaz\ Keysar}$와 연구진은 위 문제를 모국어로 제시할 때와 외국어로 제시할 때 어떻게 달라지는지 알아보았다. 연구진은 먼저 영어가 모국어이고 일본어를 외국어로 구사하는 집단, 한국어가 모국어이고 영어를 외국어로 구사하는 집단, 영어가 모국어이고 프랑스어를 외국어로 구사하는 집단 등 다양한 조건을 만들었다. 이후 모든 참가자는 동일한 문제를 일부는 모국어로, 일부는 외국어로 받았으며, 또 일부는 이득 중심으로, 다른 일부는 손실 중심으로 받았다.

실험 결과, 문제를 모국어로 제시했을 때는 프레임 효과가 나타났지만, 외국어로 제시했을 때는 프레임 효과가 사라졌다. 놀랍게도 문제가 외국어로 제시되자 사람들은 감정에 휘둘리지 않고 이성적 판단을 한 것이다.

또 다른 문제를 보자.

Case A.
당신은 재킷 한 벌을 사기 위해 한 매장에 들어갔다. 우연히 얻은 정보로는 현 위치에서 15분을 이동하면 30만 원짜리 재킷을 29만 원에 살 수 있다. 다른 매장으로 가겠는가?

Case B.

당신은 계산기 하나를 사기 위해 매장에 들어갔다. 우연히 얻은 정보로는 현 위치에서 15분을 이동하면 1만 5,000원짜리 계산기를 5,000원에 살 수 있다. 다른 매장으로 가겠는가?

두 케이스 모두 당신이 볼 수 있는 경제적 이득은 1만 원으로 같다. 하지만 Case A는 5%도 안 되는 할인이지만, Case B는 2/3를 할인받을 수 있다고 여긴다. 프레임 효과가 작용한 것이다. 이 실험에서도 모국어에 비해 외국어로 제시받은 사람들은 프레임 효과에서 벗어날 수 있었다.[12]

이번에는 윤리적 딜레마 상황을 보자. 브레이크가 고장난 기차가 선로 위를 질주 중이다. 5명이 죽을 위기에 처해 있다. 막을 방법은 선로를 바꾸는 것밖에 없다. 선로를 바꾸면 다른 선로에 있는 1명이 죽지만, 5명은 살릴 수 있다.

공리주의에 의한 판단은 1명을 희생해 5명을 구하는 것이다. 하지만 이 결정은 죄 없는 누군가를 죽이는 데 내가 관여했다는 죄책감을 낳는다. 연구진은 이와 유사한 세 연구에서 외국어가 윤리적 딜레마에 미치는 영향을 조사했다. 세 연구 모두 딜레마 상황을 외국어로 접한 참가자들은 공리주의적 판단을 더 많이 내렸다. 외국어 사용으로 심리적 거리가 멀어져 보다 더 합리적인 판단을 했기 때문이다.

외국어를 사용하면 더 이성적인 사람이 된다

자기계발이 아닌
자기발견을 위한
이야기

외국어는 우리 뇌를
System 1에서 System 2로 바꾼다

모국어가 아닌 외국어로 사고하면 감정은 둔화되고 의사결정의 합리성이 증가한다. 외국어로 사고하면 모국어만큼 감정과 직관적으로 연결되지 않기 때문이다. 그래서 사람들은 욕설을 외국어로 들었을 때와 모국어로 들었을 때의 반응이 다르다.

또한 외국어를 사용할 때 더 많은 인지적 노력이 필요하다. 우리 뇌의 빠르고 직관적이며 자동화된 반응인 System 1을 느리고 논리적이고 심사숙고형 반응인 System 2로 전환시키는 효과가 있다.

사용 언어를 외국어로 바꾸기만 해도 더 합리적이고 덜 편향적일 수 있다는 사실이 흥미롭지 않은가? 외국어 회의가 필요할 때가 있다. 바로 더 논리적이고 더 합리적인 판단이 요구될 때다. 다양한 언어 기반의 사람들이 자신의 모국어가 아닌 언어로 회의를 진행하면 더 합리적인 판단이 가능하다.

또 증권 시장에서 다양성 집단의 예측력은 동질 집단의 예측력에 비해 무려 58%가 더 높다. 모국어를 쓰는 동일 인종이 증권 시장에 대한 예측력은 영어를 쓰는 다양한 인종의 예측력에 비해 크게 떨어진다. 사람들은 모국어가 아닌 언어로 사고하면 더 이성적이고 합리적으로 변하기 때문이다.[13] TV에 나오는 해외여행 프로그램만 봐도 그렇다. 한국인끼리 여행하면 터무니없는 가격으로 거래하는 경우가 왕왕 발생하지만 다국적으로 구성된 사람들끼리 여행하면 그런 장면이 거의 보이지 않는다.

더 좋은 논리를 구사하고 싶다면
공부도 외국어로 하라

영어 논문으로 학습하는 것의 이점도 분명하다. 좋은 논문을 찾는 가장 중요한 기준은 좋은 학술지에 실렸는지를 보는 것이다. 나쁜 학술지에 좋은 논문이 실릴 리가 없고, 좋은 학술지에 나쁜 논문이 실릴 확률은 지극히 낮기 때문이다. 한글 논문도 좋은 연구가 많지만 일단 국내에서 매우 좋은 연구가 발표된다면 그 연구자는 국내 학술지에 머물러 있을 하등의 이유가 없다. 세계적인 학술지에 게재하려고 할 것이다.

따라서 영어로 된 세계적 학술지는 그 자체만으로 필터링 효과가 있다. 거기에 영어를 읽고 사고하는 것은 보다 더 논리적인 사고를 가능하게 한다. 논문 작성의 기본은 논리성인데, 외국어로 사고하면 저자의 논리를 보다 더 깊게 파악할 수 있다.

이 연구들은 실생활의 활용점도 매우 분명하다. 주변에 흥분해 횡설수설하는 사람이 있다면 한마디만 던져라. "그거 영어로 얘기해 봐 Say it in english!."

4. 고민을 공유하면 나아지는가?

반추하지 말고 성찰하라

회사 복도에서 동료가 한숨을 내쉬며 걸어간다. 우리는 모두 알고 있다. 힘든 감정을 혼자 삭이는 것보다 누군가와 나누는 것이 낫다고. 하지만 정말 그럴까? 때로는 그 따뜻한 배려 한마디가 상대방을 더 깊은 수렁으로 밀어 넣고 있는 것은 아닐까?

**감정을 표현하면
마음과 몸이 더 건강해진다**

A는 팀에서 중요한 프로젝트를 맡아 진행했지만, 예상치 못한 문제들로 인해 프로젝트는 실패로 끝났다. A는 큰 책임감을 느끼며 좌절하고 있다. 같은 팀 동료인 당신은 A에게 다가간다. 그리고 A의 감정을 들어주고 A의 감정적 회복을 돕고 싶어서 이렇게 말을 건다.

"힘들지? 퇴근하고 한잔하며 얘기할까?"

부당하고 억울한 일을 당하면 누군가에게 털어놓고 싶은 것은 인지상정이다. 사람들은 힘든 일을 겪으면 내 편이 될 만한 사람을 찾고 정서적 지지를 구한다. 그 과정에서 누군가와 감정적 경험을 공유하면 그 경험에 대한 이해가 더 좋아질 것이라고 믿는다. 감정적으로 복잡하게 얽힌 상황을 말로 표현하면 감정 정리에 도움이 된다고 생각한다.

불쾌한 사건을 마음에 담아두는 사람들은 그러지 않는 사람들에 비해 건강상의 문제를 겪을 확률이 높다. 억눌린 부분을 말이나 글로 털어놓으면 교감신경계가 활성화되면서 스트레스 반응처럼 흥분 정도가 일시적으로 올라간다. 하지만 감정을 털어놓고 나면 부교감신경계가 활성화되면서 흥분이 줄어들고 원래 수준으로 돌아갈 뿐 아니라 털어놓기 전보다 감정이 더 낮은 상태로 떨어진다. 부교감신경계가 활성화되면 면역세포 활동이 증가하고 염증 반응이 감소한다. 이 과정을 통해 면역체계 기능이 더 좋아진다.

그래서 많은 심리학자가 감정을 이해하고 해소하기 위해 누군가에게 털어놓으라고 조언한다. 그런데 안타깝게도 누군가와 감정을 나누는 사회적 공유-social sharing가 항상 좋은 전략인 것만은 아니다.

반추하면 감정 표현의 이점은 사라지고 단점만 부각된다

왜 그럴까? 두 가지 사례를 보자.

사례 1.

영희는 힘든 하루를 보낸 후 친구에게 자신의 감정을 나눈다. 그녀는 자신의 좌절감과 슬픔에 대해 이야기하지만 부정적인 생각에 집착하지 않고 대화를 나눈다. 그 결과, 영희는 자신의 감정을 더 명확하게 이해하게 되어 좌절감과 슬픔을 구별하고 감정을 정리하게 된다.

사례 2.

철수는 친구에게 자신의 감정을 공유하지만 대화 중에 지나치게 반추한다. 그는 같은 부정적인 생각과 감정을 계속 반복해 이야기하고, 그 결과 철수는 감정에 더욱 혼란을 느끼고, 분노, 불안, 슬픔과 같은 감정을 구별하기 어려워진다.

감정의 사회적 공유가 득이 되지 않은 이유는 바로 반추^{rumination} 때문이다. 반추는 부정적인 생각이나 감정에 집착해 반복적으로 곱씹는 것이다. 같은 생각을 반복해 문제에서 벗어나지 못하고 감정적으로 소모적이며 우울이나 불안을 악화시킨다. "내가 왜 그랬을까?", "더 잘할 수 있었을 텐데"를 반복한다. 결과적으로 반추는 스트레스와 불안을 증가시키고 문제 해결보다는 감정적 혼란을 증폭시킨다.

반추와 비교되는 개념이 바로 성찰$^{reflection, introspection}$이다. 성찰은 자신의 경험이나 감정을 분석하고 이로부터 교훈을 얻으려는 건설적인 과정이다. 자신이 왜 그렇게 느꼈는지, 어떤 배움을 얻을 수 있는지 생각하고 더 나은 미래 행동을 계획하는 데 중점을 둔다. 반추는 부정적 감정에 휩싸여 감정적 고통을 유발하지만 성찰은 자신을 돌아보고 성장할 기회를 제공한다.

반추 vs 성찰

구분	반추	성찰
초점	과거의 경험이나 사건	자신의 내면(생각, 감정, 동기 등)
방향	과거 부정적 경험에 갇힘, 문제 반복	경험에서 교훈을 얻고 성장
대상	구체적인 사건이나 상황	내적 상태와 자기인식
감정	후회, 불안, 분노, 슬픔	자기이해, 성장, 긍정적 변화
시간적 관점	과거 중심(과거 경험을 돌아봄)	현재 중심(현재의 내적 상태를 탐구)
결과	우울감 심화, 스트레스 증가	문제해결, 성장

벨기에 겐트 대학교 심리학과 교수 로라 셀즈 Laura Sels는 감정을 사회적 공유하는 것의 긍정적 측면과 부정적 측면을 연구했다. 실험에 참가한 사람들은 하루에 여러 번 정해진 시간에 자신의 감정과 사회적 공유 경험 그리고 반추 수준에 대해 보고했다.

연구 결과, 반추 수준이 높은 사람들은 사회적 공유 경험이 많을수록 자신의 감정에 대한 이해 수준이 떨어졌다. 자신의 감정에 대한 이해 수준은 감정 구분 emotional differentiation 능력으로 확인할 수 있다. 감정 구분 능력은 사람들이 부정적인 감정을 얼마나 잘 구별할 수 있는지를 평가한다.

감정 구분 능력이 낮은 사람은 여러 감정을 혼동하거나 일반적인 표현으로 묶어버린다. 각 감정을 명확히 이해해야 감정에 맞는 대처법을 찾을 수 있는데, 분노, 우울, 짜증, 슬픔을 구분하지 못하고 동시에 느끼는 혼란스러운 상태이기 때문에 심리적 부담이 가중된다. 예를 들어 분노와 슬픔은 혼동되기 쉽다. 중요한 프로젝트에 실패했을 때 한편으로 실망스럽고 슬프지만, 또 한편으로는 현재 자신의 상황에 화가 날 수 있다. 그런데 반추 상태일 때, 이런 감정 구분이 더 힘들다는 것이 이 연구의 핵심이다.[14]

　사회적 공유는 양면성이 있다. 사람들은 자신의 감정을 이해하려고 사회적 공유를 하지만 반추가 높은 경우엔 오히려 혼란만 가중될 뿐이다. 퇴근하고 술 한잔하는 상황에서 당신의 동료인 A가 만일 반추만 하고 있거나, 당신이 A의 반추를 부추긴다면, 그 술자리를 파하는 것이 옳다. A의 감정은 더 복잡해지고 스트레스는 가중될 것이 분명하니 말이다. 그러니 동료를 돕고 싶다면 반추의 늪에서 끌어내야 한다. 그런데 만일, 그 동료가 당신 마음에 안 드는 사람이라면? 그때는 살짝 부추겨 보라. 혼란과 스트레스가 알아서 2배가 될 테니까.

반추를 줄이고 성찰을 높이려면?

자기계발이 아닌
자기발견을 위한
이야기

반추를 알아차리고
Why에서 How로 전환하기

반추를 줄이고 성찰 능력을 기르려면 어떻게 해야 할까? 가장 중요한 것은 반추를 알아차리는 것이다. 반추는 무의식적으로 반복되기 때문에 이를 알아차리려면 자신의 생각을 객관적으로 바라보는 과정이 필요하다. 생각을 머릿속에서 꺼내 글로 쓰면 반추를 알아차리고 객관적인 시각을 갖는 데 도움이 된다. 글쓰기는 감정과 사실을 분리하도록 돕는 기능도 있다.

동시에 현재 겪는 문제를 'Why?'에서 'How?'로 질문을 전환해야 한다. 반추는 '왜'를 반복하며 감정에 집중하지만 성찰은 '어떻게'를 고민하며 해결책을 찾는다. "왜 나는 항상 이 모양일까?"가 반추라면 "다음번에 무엇을 어떻게 다르게 할 수 있을까?"는 성찰이다.

반추 습관을 줄이기 위한 루틴 만들기

반추는 습관처럼 반복될 수 있기 때문에 그것을 대신할 행동을 정해두는 것이 필요하다. 자기 감정에서 헤어나지 못한다면 산책이나 음악 듣기, 운동, 명상 등을 통해 과거가 아닌 현재에 집중하도록 스스로 감정을 조절해야 한다.

감정 어휘 구사를 연습하라

감정 구분 능력을 키우기 위해 감정 어휘는 필수적이다. 감정 어휘는 자신의 감정을 정확하게 이해하고 표현하는 데 중요한 역할을 한다. 이를 통해 감정을 조절하고 타인과 원활하게 소통할 수 있다.

누군가에게 화가 났을 때 자신의 감정을 다양하게 표현할 수 있는 사람은 상대에게 언어적 혹은 신체적으로 공격할 확률이 40% 낮다. 스트레스받을 때 자신의 기분을 미세한 표현으로 묘사할 수 있는 사람은 술에 의존할 확률이 40% 낮다. 또한 따돌림, 실연, 무시와 같은 사회적 상처를 입

은 사람이 자신의 감정을 묘사하고 구분한다면 정서적 고통이 줄어든다.[15]

만일 아이가 화나면 무조건 울고 떼쓰는 경향이 있다면 부모는 "화가 난 거야, 속상한 거야, 아니면 억울한 거야?"라고 감정을 구체적으로 물어야 한다. 그러면 아이는 단순히 화가 났다고 말하는 대신 "속상해. 형이 나랑 안 놀아줘"라고 자신을 감정을 표현할 수 있다.

긍정 감정보다는 부정 감정의 어휘력을 높이는 것이 자기 조절에 더 효과적이다. 아래 감정 어휘 목록을 보면서 현재 감정을 잘 표현하는 어휘를 찾아 표현해 보자. 이런 방식으로 훈련하면 자신의 감정 구분 능력이 높아진다.

<쾌에 가까운>

가슴이 탁 트이다, 가뿐하다, 감격스럽다, 감동하다, 감사하다, 감탄하다, 개운하다, 걱정 없다, 경외하다, 경쾌하다, 경탄하다, 고맙다, 고요하다, 공감하다, 괜찮다, 귀엽다, 귀하다, 그립다, 기대하다, 기분 좋다, 기쁘다, 기특하다, 깨끗하다, 꿈만 같다, 끌리다, 날아갈 듯하다, 널널하다, 느긋하다, 다행스럽다, 달콤하다, 대견하다, 도움 되다, 도취하다, 돋보이다, 든든하다, 들뜨다, 따스하다, 마음 놓다, 마음이 가다, 마음이 통하다, 만만하다, 만족하다, 말랑말랑하다, 매력적이다, 명예롭다, 몽글몽글하다, 뭉클하다, 미덥다, 반갑다, 반하다, 벅차다, 보기 좋다, 보람 있다, 보람차다, 복되다, 붕 뜨다, 뿌듯하다, 사랑스럽다, 사랑하다, 산뜻하다, 상쾌하다, 상큼하다, 생기 있다, 설레다, 성취감, 소중하다, 속 시원하다, 순조롭다, 쉽다, 승리감, 시원하다, 신기하다, 신나다, 신선하다, 신통하다, 아끼다, 아련하다, 아름

답다, 안도하다, 안락하다, 안심하다, 안전하다, 애틋하다, 여유롭다, 열정적이다, 영광스럽다, 예쁘다, 오붓하다, 용감하다, 용기 내다, 우러르다, 우습다, 우쭐하다, 유쾌하다, 은혜롭다, 자랑스럽다, 자신 있다, 자신만만하다, 자부심, 자유롭다, 잔잔하다, 재미있다, 정겹다, 정답다, 족하다, 존경스럽다, 좋다, 즐겁다, 짜릿하다, 찡하다, 차분하다, 추억하다, 충분하다, 충족감, 친근하다, 친밀하다, 쾌락, 쾌적하다, 탐나다, 탐스럽다, 통쾌하다, 편안하다, 편하다, 평안하다, 평화롭다, 포만감, 푹 빠지다, 풍족하다, 한가하다, 해방감, 해탈하다, 행복하다, 호감 가다, 홀가분하다, 확신하다, 활기 있다, 활력 넘치다, 황홀하다, 후련하다, 훈훈하다, 훌륭하다, 흐뭇하다, 흥겹다, 흥미롭다, 흥미진진하다, 희망이 보이다, 희망차다, 희열감, 힘 나다, 힘이 되다, 힘차다

<불쾌에 가까운>

가라앉다, 가소롭다, 가슴이 미어지다, 가증스럽다, 갑갑하다, 같잖다, 거북하다, 거슬리다, 걱정스럽다, 경멸스럽다, 경악하다, 고달프다, 고통스럽다, 공포스럽다, 괴롭다, 귀찮다, 그늘지다, 기겁하다, 기묘하다, 기분 나쁘다, 긴장되다, 꺼림칙하다, 껄끄럽다, 꿉꿉하다, 끔찍하다, 나쁘다, 눈꼴시다, 눈치 보이다, 답답하다, 당황스럽다, 더럽다, 덧없다, 두렵다, 따분하다, 딱하다, 뜨끔하다, 마땅찮다, 마음에 걸리다, 막막하다, 모욕적이다, 못마땅하다, 못 미덥다, 무겁다, 무기력하다, 무너지다, 무력감, 무섭다, 무시당하다, 무시무시하다, 미안하다, 밉다, 벅차다, 번거롭다, 복잡하다, 바쁘다, 복장 터지다, 부끄럽다, 부담스럽다, 부럽다, 부자연스럽다, 부질없다,

분개하다, 분하다, 분통 터지다, 불길하다, 불쌍하다, 불안하다, 불쾌하다, 불편하다, 불행하다, 붕괴되다, 비위 상하다, 비참하다, 빈정 상하다, 빡세다, 빡치다, 뻔뻔하다, 삐치다, 사무치다, 상처받다, 샘나다, 서글프다, 서럽다, 서운하다, 섭섭하다, 소름 돋다, 속상하다, 속 타다, 속 터지다, 수상하다, 수치스럽다, 슬프다, 시큰둥하다, 실망하다, 신경질 나다, 심드렁하다, 심술 나다, 심심하다, 씁쓸하다, 아깝다, 아득하다, 아프다, 악몽 같다, 안쓰럽다, 안절부절못하다, 안타깝다, 암울하다, 압박감, 애처롭다, 애통하다, 야속하다, 어둡다, 어렵다, 어색하다, 억울하다, 억장이 무너지다, 언짢다, 여유 없다, 역겹다, 역하다, 열등감, 외롭다, 우울하다, 울적하다, 움츠러들다, 원망스럽다, 유감이다, 으스스하다, 의심스럽다, 의심하다, 자존심 상하다, 절망하다, 정신없다, 조마조마하다, 죄책감, 지겹다, 지루하다, 지치다, 질투 나다, 집착하다, 짓눌리다, 짜증스럽다, 쩔쩔매다, 쫓기다, 찔리다, 찜찜하다, 찝찝하다, 착잡하다, 참담하다, 참혹하다, 창피하다, 처절하다, 철렁하다, 체념하다, 초조하다, 추하다, 치사하다, 치욕적이다, 칙칙하다, 캄캄하다, 탐탁잖다, 토라지다, 통탄스럽다, 패배감, 풀 죽다, 피곤하다, 피로하다, 하찮다, 한스럽다, 한심하다, 한탄스럽다, 허기지다, 허무하다, 허전하다, 허탈하다, 혼란스럽다, 화나다, 회한, 후회하다, 힘겹다, 힘에 부치다

좌절이나 실망 같은 부정 감정을 나타내는 단어는 행복이나 만족 같은 긍정 감정을 나타내는 단어보다 우리에게 더 강하게 와닿는다. 또한 단어 목록이 주어지지 않았을 때, 사람들이 떠올릴 수 있는 부정 감정 단어의 수는 긍정 감정 단어보다 훨씬 많다. 부정적 감정은 긍정적 감정보다 더 구

체적인 의미를 담고 있어서다. 사랑은 여러 긍정적 표현에 두루 쓸 수 있지만, 경멸을 쓰는 상황은 정해져 있다.

우리가 경험한 부정적 사건은 긍정적 사건보다 더 강렬하므로 경험을 통해 상기하는 단어의 양도 부정적 사건에서 더 많다. 거기에 긍정 감정 단어에 포함된 정보는 구체적이지 않지만, 부정 감정 단어에 포함된 정보는 구체적이고 더 유용하다.[16]

따라서 감정 구분 훈련은 긍정적 사건보다 부정적 사건일 때가 더 적합하다. 부정 사건을 겪는다면, 감정 구분 연습의 기회라고 생각해 보자. 부정적 사건에 더 잘 대처할 수 있고, 부정적 사건을 통해 더 크게 성장할 수 있다.

성찰을 도와줄 수 있는 사람을 만나 대화를 나누는 것도 도움이 된다

사회적 공유가 항상 도움이 되지는 않지만, 성찰을 돕는 사람이라면 환영할 만하다. 그런 이들은 당신의 감정과 경험을 정리하고 객관적으로 바라볼 수 있도록 도울 것이다. 문제를 작게 나누고 실행 가능한 해결책을 찾아 행동에 옮기도록 만들 것이다.

자기 연민이 더 중요하다

반추를 줄이려면 무엇보다 자기연민 self-compassion이 필요하다. 자기연민은 자기 자신에게 가장 좋은 친구가 되어주는 것을 말한다. 스스로에게 친절하고 공감하는 마음을 가지며, 힘든 상황에서 자신을 비난하는 대신 위로하는 마음을 가져야 한다. 다른 누구에게보다도 스스로에게 던지는 긍정적인 말 한마디가 필요하다.

자신이 저지른 일을 계속 후회하는 반추에 비해, 실수를 다시 돌아보며 내면의 동기, 대처 방식, 행동 패턴에 대해 성찰하면 자기인식뿐만 아니라 자기연민도 불러올 수 있다. 자기연민은 자신과 삶의 불완전함을 받아들일 때 가능하다. 실패는 불가피하다. 자기연민이 있는 사람들은 다른 사람에게도 같은 여유를 기꺼이 내어준다.[17]

5. 무례함을 웃어넘기면 안 되는 이유

바이러스처럼 퍼지는 무례함을 경계하라

같은 회사, 같은 업무, 같은 능력을 갖춘 두 팀이 있다. A팀은 서로 존중하며 예의 바르게 소통한다. B팀은 팀장이 종종 구성원들에게 무례한 말을 던진다. 6개월 후 두 팀의 성과는 어떻게 달라질까? B팀 구성원들은 단지 무례함을 목격한 것만으로도 협력을 멈추고, 정보 공유를 중단하며, 각자도생의 길을 택하게 된다.

무례함을 목격하는 것만으로도 성과가 떨어진다

직장에서 무례함을 경험한 사람들은 대체로 어떤 반응을 보일까? 대수롭지 않게 넘어가려 하지만 우리 마음은 그렇게 되도록 쉽게 놔주질 않는다. 무례함을 곱씹게 되고, 결국 업무 집중도를 떨어뜨리고, 관계적 악화로 이어지며, 직장에서 자아에 대한 긍정적 인식마저 훼손하기 쉽다. 동료들 사이의 무례함도 힘든데, 리더로부터 무례함을 겪었다면 어떨까? 연구에 따르면, 리더의 무례함은 구성원의 이타적 동기는 낮추고 이기심을 높여 상호 정보 공유나 도움 행동을 현저히 줄인다.

무례함의 위험성은 예상보다 크다. 한마디로 무례함은 힘이 세다. 우리는 종종 직장에서 무례한 사람들을 만난다. 이들은 타인에 대한 존중, 배려, 예의가 부족하고 오만하며 심지어 자신이 어떤 결례를 했는지조차도 모른다. 이들은 직장 도처에 있기 때문에 우리는 직장 생활을 하며 언제 어떻게 무례함을 경험하게 될지 모른다.

2022년 한국EAP협회의 직장인을 대상으로 실시한 '직장 내 무례함 실태' 설문조사에 따르면, 우리나라 직장인의 100%가 최근 6개월 내에 직장에서 무례함을 경험한 적이 있다고 답했다. 이 중 무려 58.7%는 반복적으로 무례함을 경험하고 있었으며 무례한 행동을 하는 사람은 대부분 상사(61.6%) 또는 선배(27.9%)였다. 직장에서 경험한 무례함으로는 자신의 말을 자르거나 무시를 당한 경험이 가장 많았고, 다른 사람 앞에서 면박을 주거나 자신의 외모나 성격을 비하하는 발언을 들은 경험도 상당했다.

사실 무례함을 별일 아니라고 생각할 수 있다. 직접적으로 신체적 위해나 경제적 피해를 입힌 것이 아니기 때문이다. 그러나 조직심리학의 여러 연구를 살펴보면 직장 내 무례함은 결코 사소하지 않다.

무례함을 경험한 사람들 중 70% 이상은 그 자리에서는 참지만, 시간이 지나도 무례함을 당한 경험이 기억나서 마음이 불편하다고 응답했다. 무례함을 경험한 당시엔 상당 기간 업무 집중도를 떨어뜨리고, 장기적으로 직장 내 자아관을 부정적으로 바꾸기 때문에 업무 몰입과 성과에 치명적일 수 있다. 또한 무례함을 경험한 구성원은 업무 품질을 고의로 떨어뜨리거나, 조직에 대한 헌신이 급격히 낮아지며, 고객을 상대로 화풀이를 하기도 한다.[18] 심지어 자신이 누군가에게 무례함을 당하는 상상만으로도 성과에 부정적 영향을 미친다.

무례함은
팀 전체에 영향을 미친다

더 놀라운 사실은 무례함은 자신이 직접 당해야만 부정적인 영향이 나타나는 것이 아니라는 것이다. 직장 내에서 다른 사람이 누군가에게 무례한 행동을 당하는 것을 목격하는 것만으로도 성과 저하를 가져온다.

무례함을 간접 경험하는 것의 위험성은 곧 팀 내의 무례함을 단순히 당사자 간의 문제로만 여겨서는 안 된다는 것을 의미한다. 팀원들 간의 무례함도 문제가 작지 않지만, 리더의 무례함이 가장 위험하다. 일부 리더는 자신이 은연중에 내뱉는 경시나 무시 섞인 반말을 친근감의 표시라고 오해한다. 반말을 통해 전달될 수 있는 혹시 모를 부정적 영향에 대한 경계심은 찾아볼 수 없다. 과연 리더의 무례한 말투는 결속력을 높여 성과를 개선해 줄까? 아니면 부정적인 영향이 더 클까?

리더의 무례함이 가장 먼저 영향을 미치는 것은 구성원의 사회적 가치 지향성 Social Value Orientation 이다. 사회적 가치 지향성은 사람들이 자원이나 이익을 다른 사람과 나눌 때 보이는 태도를 설명하는 개념이다. 즉, 개인이 타인과 상호작용할 때 자신의 이익과 타인의 이익을 어떻게 균형 있게 고려하는지를 나타낸다. 최후통첩 게임 ultimatum game 과 독재자 게임 dictator game 이 대표적으로 사회적 가치 지향성을 보여주는 실험이다. 당신이 만약 다른 참가자 한 명과 이 게임에 참여한다면 어떤 결정을 할지 한번 생각해 보자.

첫 번째 게임은 최후통첩 게임이다. 당신은 10만 원을 받는데, 다른 한 사람과 나누어 가져야 한다. 얼마를 나누어 주겠는가? 만약 상대가 당신의 제안을 수락하면 그대로 나누어 가지면 끝이다. 그런데 상대가 제안을 거절한다면 당신은 한 푼도 가져갈 수 없다. 상대가 수락할 만한 금액을 제안해 보라.

경제학적 관점에서 보면 상대는 어떤 제안이든 수락하는 것이 유리하다. 자신의 자산이 0에서 당신이 제안한 금액만큼 증가하기 때문이다. 그런데 현실의 사람들은 경제학적 모델로 반응하지 않는다. 불공정한 제안을 거절해 당신을 응징하려 할 것이다. 현실의 인간은 경제적 이익만을 고려하지 않고 공정성이나 사회적 규범도 고려하기 때문이다.

두 번째 게임은 독재자 게임이다. 마찬가지로 실험자는 당신에게 10만 원을 준다. 당신은 이 10만 원을 다른 한 사람과 나누어 가져야 한다. 그런데 이번엔 상대에게 거부권이 없다. 얼마를 제안하든 당신의 제안대로 게임은 끝난다. 얼마를 주겠는가?

상대에게 거절할 수 있는 권한이 없으므로 이 게임에서는 순수한 이타성이나 공정성에 대한 신념을 엿볼 수 있다.

이제 첫 번째 게임과 두 번째 게임의 금액을 비교해 보라. 첫 번째와 두 번째 모두 자신보다 타인의 이익이 더 크다면 사회 가치 지향성은 이타주의altruistic orientation다. 첫 번째가 두 번째보다 3만 원 미만으로 크다면 개인주의individualistic orientation다. 첫 번째가 두 번째보다 3만 원 이상 크다면 경쟁주의competitive orientation다. 그리고 첫 번째와 두 번째가 비슷하다면 협력주의cooperative orientation 다.

무례한 리더를 경험하면 평소 협력주의적 구성원들조차 경쟁적으로 변해간다. 무례함은 사회적 위협이기 때문에 사람들은 위협을 경험하면 방어기제가 유발되고 모든 자원을 자신의 생존에 집중하게 된다. 외부 요구에 주의를 기울이지 않고, 내부 욕구에만 매몰되기 쉽다. 외부 요구에 주의를 기울인다고 하더라도 상대의 협력 요구를 위협 신호로 인식할 가능성이 높다.[19]

인디애나 대학교 켈리 비즈니스 스쿨 교수 제이크 게일 Jake Gale과 연구진은 이 점에 착안해 리더의 무례함이 구성원의 이타성을 줄이고 이기심을 높여 자신의 정보를 공유하거나 동료의 힘든 일을 돕는 등의 이타적 행동을 줄일 것으로 예측했다.

연구진은 학교, 병원, 일반 기업 등의 참가자들을 대상으로 관련 실험과 현장 연구를 진행한 결과, 무례함을 경험한 사람들의 팀 협력 행동은 눈에 띄게 줄었다는 사실을 발견했다. 흥미로웠던 점 중 하나는 바로 아주 단기적이고 가벼운 무례한 언행이라 할지라도 팀 상호작용과 성과에 심각한 영향을 미쳤다는 것이다.[20]

비대면 의사소통에서의 무례함은 대면 의사소통 못지않은 부정적 영향을 끼친다. 이메일에서 무례함을 경험한 구성원들은 본인의 성과 저하는 물론이고, 타인의 성과도 부정적으로 판단했다. 사람들은 메시지를 글로 읽을 때보다 귀로 들을 때 그 의도를 정확히 판단한다. 이메일을 통해 경험한 무례함은 상대의 정확한 의도를 모르는 상태에서 부정적으로 증폭될 가능성이 높다.

자신이 직접 당한 게 아니라 무례함을 목격하는 것으로도 성과에 부정적 영향을 미치는데, 특히 정서적 공감 능력이 높은 사람일수록 더 큰 영향을 받는다. 정서적 공감 능력이 높은 사람들은 무례함을 목격하는 과정에서 정서적 고통이 크다. 정서적 고통이 크면 생각할 수 있는 자원이 부족해진다. 논리적 문제해결이나 창의성을 요구하는 과제에서 무례함을 목격한 공감 능력자들은 충분히 제 실력을 발휘하지 못했다. 리더가 무례함을 대수롭지 않게 여기면 조직은 '자기만 살면 된다, 나만 아니면 된다'는 식의 이기적인 동기로 곧 가득 채워질 것이다.

팀 내의
무례함을
없애려면

자기계발이 아닌
자기발견을 위한
이야기

스스로 무례함을
경계하자

직장 내 무례함은 정식으로 문제를 제기하기에는 좀 애매하고 그냥 넘기기에는 마음이 불편해서 다루기가 매우 까다롭다. 그래서 리더와 구성원들이 특별한 경각심을 갖지 않으면 무례함이 만연해지기 쉽다.

자신이 하는 말이나 행동으로 인해 상처받은 사람들이 있는지 항상 살펴야 한다. 회의나 면담을 녹음해 다른 사람에게 들려주면서 조언을 구하는 것이 좋다. 자신의 무례하거나 거만한 말투를 그대로 따라 하는 팀원이 혹시 있는지도 유심히 살펴야 한다.

상호 존중의 조직 문화를 만들자

직장 내 무례함이 미치는 영향을 공유하고, 상호 존중의 문화를 세우기 위한 방안과 규범을 함께 마련해야 한다. 어떤 행동이 무례하게 비칠 수 있는지에 대한 명확한 인식과 교육이 필요하다. 또한 많은 구성원이 무례함에 적절히 대처하는 기술을 갖추지 못하기 때문에, 업무 공유나 회의 시간에 간단한 규칙을 정해 함께 실천하는 것이 바람직하다.

조직과 리더는 구성원 간의 무례함에 적절한 개입이 필요하다. 구성원들 간의 무례함으로 발생할 수 있는 문제는 당사자들이 직접 해결하기보다는 리더의 적절한 개입으로 해결하는 편이 좋다. 이때 리더는 무례한 언행을 한 구성원의 구체적인 발언 내용을 정확히 파악하고, 해당 발언의 유해성 정도를 판단해 피드백할 수 있어야 한다.

스스로 무례함에 대처할 수 있는 스킬을 기르자

상대의 무례한 언행을 무심코 넘기지 말고, 스스로 적절한 대응 스킬을 길러야 한다. 상사, 동료 간 기본 예절과 매너에 유념하고, 무례한 표현에 대해 효과적으로 대응할 수 있는 몇 가지 화법을 익히는 것이 좋다. 예를 들어 "방금 하신 말씀이 무슨 뜻인지 다시 설명해 주시겠어요?", "그 말씀을 듣고 나니 제 마음이 많이 불편합니다"와 같은 말은 상대가 자신의 발언을 다시 생각하게 만드는 대화법이다.

직장 내 무례함은 작은 불씨가 큰 불로 번지는 과정과 비슷하다. 처음에는 관계적 따뜻함의 표현이라 여기며 반말과 같은 작은 불씨로 시작될 수는 있으나 어느새 걷잡을 수 없는 큰 불로 번질 수 있다. 물론 격식과 예의로만 팀을 꾸릴 수는 없고 반말이나 막말, 험담도 때로는 관계적 친밀도를 높일 수 있다. 그러나 무례함의 허용 수준을 낮추는 일은 필요하다. 직장 내 무례함의 위험성은 우리의 예상보다 심각하기 때문이다.

무례함을 겪은 구성원의 심리적 회복을 지원하자

특히 무례한 언행을 이미 경험한 구성원에게는, 단순한 사과나 규범 설정만으로는 충분하지 않다. 그들이 다시 일에 몰입하고 팀과 연결되기 위해서는, 심리적 회복이 설계된 사후 개입이 필요하다.

첫째, 감정의 정당성을 인정하는 것이 회복의 출발점이다. 무례함을 경험한 구성원에게 가장 먼저 필요한 것은 위로가 아니다. 오히려 "그 상황에서 그렇게 느꼈다면, 그건 당연한 반응이에요"와 같이 감정 그 자체를 우선 인정해야 한다.

감정이론의 선구자 제임스 그로스 James Gross 의 감정조절 이론 emotional regulation theory 에 따르면, 감정을 억제하거나 무시당할 경우 오히려 심리적 스트레스와 부정적 감정이 오래가며, 회복이 지연된다.

실제로 많은 사람이 무례한 말을 들은 뒤, 자신이 예민한 건가 하고 스스로 의심하곤 한다. 하지만 이런 자기 의심은 감정을 억누르게 만들고, 회복을 더디게 한다. 자기 의심이 아니라 자신의 감정을 타당하게 느끼도록 도와주는 감정 인정emotional validation이 회복 과정에서 핵심적인 촉진제 역할을 한다. 즉, "그 말 들었을 때 기분이 나빴다면 당연한 거예요"라는 단순한 한마디가, 피해자의 자기감정에 대한 신뢰를 회복시키고, 다시 안정감을 느끼게 하는 중요한 심리적 회복의 첫걸음이 될 수 있다.

둘째, 말로 정리할 수 있어야 진짜로 회복된다. 무례한 행동은 뇌에서 사회적 위협으로 인식된다. 이러한 위협으로부터 회복하기 위해 단순히 시간을 두고 잊는 것만으로는 충분하지 않다. 중요한 것은 사건을 구조화하고 감정을 명확히 인식하도록 돕는 스트레스 디브리핑debriefing 과정이다. 대표적인 심리학 기반 스트레스 관리 모형인 CISM Critical Incident Stress Management에 따르면, 위협적인 사건 이후 구성원들이 그 경험을 말로 정리하고 감정을 재해석하는 과정이 스트레스 완화에 매우 효과적이다.[21]

스트레스 디브리핑은 다음과 같은 구조화된 질문을 통해 적용할 수 있다. "그날 있었던 일을 순서대로 말해 줄 수 있어요?", "그 말을 들은 직후, 어떤 감정이 가장 먼저 떠올랐나요?" 이처럼 사건과 감정을 구체적으로 언어화하도록 돕는 대화는 구성원이 무례한 경험을 내면화하거나 왜곡된 해석으로 고착화하지 않도록 돕는 핵심 전략이다. 디브리핑은 인지적 재구성cognitive reappraisal을 유도해 감정 회복뿐 아니라 관계 회복의 기반을 마련한다.

셋째, 감정이 풀렸다고 관계가 회복된 것은 아니다. 무례한 상황이 지나고 나면 흔히 "그 얘긴 이제 끝난 거 아니야?", "서로 그냥 풀자"라고 말하기 쉽다. 하지만 감정이 조금 가라앉았다고 해서, 상대방을 다시 믿을 준비가 된 건 아니다. 진짜 회복은 감정 해소를 넘어, 행동을 통해 다시 신뢰를 쌓는 과정이다.

사우스플로리다 대학교 무마 경영대학원 교수 에드워드 톰린슨 Edward Tomlinson은 관계 회복을 위해 반드시 필요한 세 가지 조건을 제시한다.

- 상대가 느낀 불편함과 상처를 진심으로 인정하는 태도
- 앞으로 같은 일이 반복되지 않도록 하겠다는 책임 있는 자세
- 신뢰를 다시 쌓기 위한 구체적인 행동 변화

이 중에서도 핵심은 말보다 행동이다. "미안해"라고 말하는 것보다 앞으로 어떤 행동이 변했는지 보여주는 것이 훨씬 더 강력한 신뢰 회복의 신호다. 예를 들어 회의에서 말을 끊던 사람이 조용히 기다리고 들어주는 모습, 작은 일에도 고맙다고 말하는 습관, 사소한 배려 같은 작은 행동이 반복해 쌓일 때 피해자는 마음의 문을 다시 열 수 있다.

회복은 서로가 다시 일할 수 있을 만큼 신뢰를 회복하는 것이지, 그냥 감정을 정리하고 끝내는 일이 아니다. "화해하자"가 아니라 "앞으로 내가 어떻게 행동할게"라는 말과 그에 따른 실천이 관계를 되살린다. 행동은 진심을 증명하는 유일한 언어다.

그리고 때로는 피해자도 어떤 행동을 원한다고 확실히 말할 수 있어

야 한다. "회의 때 말을 끊지 않고 제 얘기를 끝까지 들어주셨으면 좋겠어요", "앞으로는 작은 일이라도 감사 표현을 해주시길 바랍니다"와 같은 요구는 관계를 회복하고 싶다는 신호이자, 신뢰의 기준을 함께 만들기 위한 표현이다.

진정한 회복은 감정을 억누르는 데서 나오지 않는다. 어떻게 다시 잘 지낼 수 있을지에 대한 행동의 기준을 함께 세우는 과정에서 시작된다. 그 과정에서 피해자는 침묵하거나 수동적으로 머물 필요가 없다. 회복의 방향을 정하는 주체로서, 적극적으로 행동을 요구할 수 있어야 한다.

6. 타인에게 올바르게 화를 내는 법

화에 휘둘리지 말고 그것을 활용하라

화가 날 때 우리에게는 두 가지 선택지만 있다고 배웠다. 참거나 터뜨리거나. 성숙한 어른은 참고, 미성숙한 사람은 터뜨린다고 말이다. 그러나 화를 무조건 참으면 화병이 되고, 무작정 터뜨리면 인간관계가 파탄 난다. '언제, 누구에게, 어떻게' 화를 내는지에 주목할 필요가 있다.

화를 대하는 두 가지 방법

"누구나 화를 낼 수 있다. 그러나 적절한 상대에게, 적절한 이유로, 적절한 시간에, 적절한 방법과 적절한 정도로 화를 내기는 참 어렵다." 이는 그리스 철학자 아리스토텔레스의 말이다.

화를 대하는 데는 크게 두 가지 방법이 있다. 하나는 화가 나더라도 수용하고 비저항적인 태도를 보이는 것이다. 마음속에 '참을 인忍' 자를 새기며 참고 억누른다. 어차피 시간이 지나 다시 돌아보면 그렇게 화낼 일이 아닐 수 있다. 화가 난다고 즉시 반응하면 상황을 그르치고 자기 파괴적인 행동이 나오기 쉽다. 화가 치밀 때 먼저 1부터 10까지 숫자를 세며 심호흡한다. 화가 치솟더라도 발끈하지 않을 수 있다. 이렇게 잠깐의 화를 참는 것은 다른 사람에게도 자기 절제가 탁월하다는 인상을 심어줄 수 있다.

하지만 화를 참는 것으로 바뀌는 것은 없다. 상대는 당신이 부당한 대우를 받는 것에 아무런 반대 의사가 없는 것으로 받아들일 수 있다. 다른 사람들은 당신에 대한 태도를 바꾸지 않을 것이다. 당신이 느낀 화는 당신이 속한 조직에서 부당한 대우를 받고 있으니 해결이 필요하다는 신호다.

진화심리학의 관점에서 분노는 자신과 가까운 이들의 행복을 위협하는 대상을 막기 위해 생겨난 감정이다. 심지어 누군가를 돕는 이타적 행동조차 분노에서 비롯될 때가 있다. 따라서 분노를 억누르기에만 급급하면, 정작 왜 분노가 일어났는지를 이해하는 데 도움이 되지 않는다. 분노의 원인을 먼저 파악한 뒤, 그 사건을 내가 바꿀 수 있는지 없는지를 구분하고 이에 따라 분노를 대하는 태도를 결정하는 것이 바람직하다.

화를 대하는 또 다른 방법은 격한 감정을 표현하는 것이다. 분노 자체는 공격성이 아니다. 분노가 신체적 폭력이나 모욕적인 욕설, 기물 파손 등의 공격성과 관련된 행동으로 이어지는 경우는 10%에 불과하다.[22] 화를 참다 병에 걸릴 지경이 될지도 모른다. 화병은 억울한 마음을 삭이지 못해 통증, 답답함, 불면증 등의 신체적 문제로 나타나는 증세를 통틀어 이르는 말이다. 지금은 삭제되었지만, 한때 미국 정식의학협회에서 출판한 정신질환 진단 및 통계편람 DSM에 한국 문화와 관련한 특유한 질환으로 'hwa-byung'이 등재된 적도 있다.

무작정 참고 사는 아내가 남편에게 화내는 아내보다 심장병에 걸릴 확률이 4배 높다는 보스턴 대학의 연구 결과도 있다. 또한 대표적인 분노 연구자인 미시간 대학교 교수 어니스트 하버그Ernest Harburg가 같은 사람들을 대상으로 17년간 추적한 연구에 따르면, 분노를 드러내지 않은 사람들이 각종 염증이나 심장마비에 걸릴 가능성이 더 높았고, 일찍 사망했다.[23]

화를 내는 건강한 배출구를 찾지 못하면 비생산적인 출구를 찾기 마련이다. 음주, 흡연, 폭식 등의 자기 파괴적 행동으로 이어진다. 그래서 건강하게 화를 내는 방법을 배우는 것이 중요하다. 상대에 대한 애정과 관심을 표현하고 화를 내거나 상대의 잘못된 행동에만 집중해서 화를 내고, '나 전달법(I-Message, 문제가 되는 상대의 행동이나 태도에 영향을 받은 내 감정을 표현하는 기법)'을 활용하는 방식이다.

많은 자기계발서는 이러한 합리적인 분노 표현법이나 운동이나 명상과 같은 분노 대응 방법이 효과적이라고 주장한다. 분노를 느낀 그대로 표현하는 것은 득보다 실이 많으므로 부드럽고 합리적으로 분노를 표현하는 방식을 택하는 것은 유리하다. 분노를 효과적으로 조절하고 표현하는 방법이 필요한 것은 사실이다.

그런데 과연 적절하고 합리적인 분노 표현법만 가지고 우리가 원하는 것을 얻을 수 있을까? 어떻게 하면 분노를 긍정적으로 활용할 수 있을까? 고객센터나 상담 창구 직원에게 화를 내 당신의 일을 더 빨리 처리하게 하는 것은 분노의 긍정적인 활용법이라 할 수 없다. 교양 없는 진상 고객이 되는 리스크를 무릅써야 하기 때문이다. 차별과 불공정성에 저항하는 분노는 사회적 변화를 이끌 수 있지만, 개인적인 분노를 사회적 에너지로 이어지게 하는 것은 분노의 힘만은 아니다.

만일 당신이 도전에 소극적이라면 분노는 충분히 도움이 될 수 있다. 당신 앞에는 32장의 카드가 있다. 대부분은 당신의 자산 축적에 도움이 되는 카드지만, 3장은 파산 카드다. 당신의 자산을 극대화하기 위해 몇 장의 카드를 뒤집어 보겠는가? 32장 모두, 혹은 31장, 30장을 뒤집는 선택은 매우 어리석다. 그렇다고 한 장만 선택하기엔 너무 보수적인 접근이고 29장을 뒤집는 것은 너무 위험한 선택이다.

당신이라면 몇 장의 카드를 뒤집어 보겠는가? 이때 만약 당신이 이 게임에 임하기 전에 분노를 느꼈다면 보다 더 도전적인 숫자를 선택할 가능성이 높아진다. 실제 실험에서도 약간의 분노를 느낀 사람들은 좀 더 큰 리스크를 감수했다.[24] 분노는 자신의 가능성 한계를 증명하고자 하는 의지를 높인다. 당신이 신뢰하지 않은 누군가로부터 부정적 피드백을 받았다면, 분노를 느끼며 당신의 능력을 입증하려고 들 것이다. 분노를 느낀 사람은 보다 더 모험적이고 혁신적인 도전을 할 가능성이 높다.

분노가
이익이 되는 상황이 있다

일터에서도 분노가 이득이 되는 상황이 있다. 일터에서 당신이 화를 내면 어떻게 될까? 상대의 반응은 화 또는 두려움으로 나뉘는데, 상대는 누구의 화에 같이 화를 내고 누구의 화에 두려움을 느낄까? 상대의 반응은 당신이 가진 힘에 따라 달라진다. 당신이 더 많은 권력과 전문성, 대안을 가졌다면 상대는 두려움을 느끼지만, 당신에게 그러한 힘이 없다면 함께 화를 내게 된다.

스탠퍼드 대학교 교수 라리사 티덴스Larissa Tiedens는 실험을 통해 분노가 이익이 되는 상황을 연구했다. 우선 학생들에게 기술 장비를 파는 회사에서 고객사와 장비 보증 기간에 대해 협상하는 상황을 상상하게 했다. 참가자들을 대안이 적은 조건과 대안이 많은 두 조건으로 나누었는데 대안이 적은 조건에서는 반드시 거래를 성사시켜야 한다고 했고, 대안이 많은 조건에서는 논의 중인 고객사가 여럿 있다고 설정했다. 연구진은 두 조건의 참가자들을 다시 둘로 나누어 한 그룹에는 상대가 화를 내는 대화를 들려주고 다른 그룹에는 같은 내용인데 화를 내지 않는 대화를 들려주었다.

결과적으로 대안이 부족한 사람들은 분노를 표현하는 사람에게 더 많이 양보했다. 하지만 대안이 많은 사람들은 상대의 분노 표현에 휘둘리지 않았다.[25] 상대가 당신을 어떻게 생각하는지에 따라 분노는 이득이 되기도 하고 독이 되기도 한다. 만약 상대가 당신을 영향력, 전문성, 대안이 부족한 사람이라고 여긴다면 당신의 분노는 독이 된다. 반면에 상대가 당신을 영향력, 전문성, 대안이 있는 사람이라고 여긴다면 당신의 화는 이득을 가져올 가능성이 높다.

분노를 통해 무언가 얻기를 원한다면, 화를 낼 때 내가 상대보다 힘, 전문성, 대안 측면에서 우월한지 따져봐야 한다. 그런데 이보다 더 중요한 게 있다. 만일 당신이 이전에 비해 다양한 대안을 확보했다면 같은 사안이라도 화를 내지 않을 수 있다. 그래서 어떤 일에 분노하고 있다면, 스스로 돌아볼 필요가 있다. 당신이 화를 내는 이유는 영향력이 부족하거나, 전문성이 의심받거나, 뚜렷한 대안을 제시하지 못하기 때문일 수 있다.

분노는 내용에, 실망은 사람에게

우리는 어떤 대상에 화를 내기도 하고, 제안이나 내용에 화를 내기도 한다. 심리학의 연구에 따르면 어떻게 화를 표현하느냐보다 화를 내는 대상이 사람이냐, 내용이냐가 더 중요하다. 네덜란드 라이덴 대학교 사회 및 조직 심리학과 교수 헤르트-얀 레이리펠트Gert-Jan Lelieveld와 연구진은 분노의 표적이 상대의 양보를 끌어내는 데 영향을 미치는지 알아보았다.[26]

연구진은 참가자들에게 휴대폰 판매원 역할을 맡기고 구매자와 휴대폰의 가격 및 보증기간에 관해 협상하게 했다. 판매원 역할인 참가자들은 구매자가 다른 방에 있는 줄 알았지만, 사실은 컴퓨터 프로그램이었다. 연구진은 협상의 특정 시점에 구매자의 생각과 감정을 판매자에게 알려주었다. 판매자의 제안에 대해 구매자는 분노와 실망의 두 가지 부정적 감정을 표현했는데, 이때 연구자들은 판매자의 반응을 살폈다.

먼저 분노와 실망이 어떻게 작동하는지 살펴보자. 분노는 내가 힘이 강할수록 상대에게 두려움을 불러일으켜 양보를 이끌어 낼 수 있고, 실망은 상대가 도덕적 책임감을 느끼도록 하여 역시 양보를 유도할 수 있다. 한 실험에서 참가자 절반은 제안 자체에 대한 구매자의 감정("이 제안에 화가 난다", "이 제안이 실망스럽다")을 유도했고, 나머지 절반은 판매자 개인에 대한 구매자의 감정("이 사람에게 화가 난다", "이 사람에게 실망했다")을 유도

했다.

　판매원 역할을 맡은 참가자들은 제안 내용에 화를 낼 때는 양보할 가능성이 컸지만, 사람에게 화를 내면 오히려 냉담하게 반응했다. 반대로 실망은 제안 자체보다는 사람에게 표현했을 때 더 효과적이었다. 실망은 판매자들로 하여금 구매자의 기대에 부응하지 못했다는 도덕적 책임감을 느끼게 했기 때문이다. 요약하면, "분노는 내용에, 실망은 사람에게" 표현하는 것이 효과적이다. 즉, 부정적 감정 표현은 단순히 해로운 것이 아니라 각기 다른 심리적 경로를 통해 상대에게 영향을 미친다.

화에 휘둘리지 않으려면?

자기계발이 아닌
자기발견을 위한
이야기

**상대의 화에 휘둘리지 않으려면
목표를 정하고 'If~then'의 계획을 세워라**

상대보다 힘이 약한 처지에 있다면 목표를 정하고 계획을 세워야 한다. 사전 준비 없이 화를 내는 상대를 마주하면 감정 조절에 실패한다. 하지만 상대를 만나기 전에 상대가 화를 낼 때를 가정하고 목표와 계획을 세우면 목표를 향해 차분히 나아갈 수 있다.

당신은 프로젝트 리더지만, A의 후배이기도 하다. 당신의 프로젝트에 꼭 필요하므로 A를 프로젝트에 참여시켜야 한다. 하지만 A는 현재 여러 프로젝트에 동시에 참여하고 있어서 자신의 처지를 이해 못 하는 당신에게 화를 낼 수 있다. 이때 목표와 계획을 미리 설정해 보는 것이다. '나의 목표는 프로젝트에 A를 참여시키는 것이고, A가 화를 내면 A를 위해 애썼던 과거의 사건들을 언급하며 실망감을 넌지시 표현하겠다. A가 현재 관여하고 있는 프로젝트 중 하나는 대체 인력을 구했고, 이 점을 어필하는 것이 좋겠다'와 같이 목표와 계획을 사전에 준비하면 상대의 화에 휘둘리지 않을 수 있다.

독일 자를란트 대학교 심리학과 교수 안드레아스 예거Andreas Jäger와 연구진은 상대의 분노에 'If A, Then B(만약 상대가 A로 나오면, 나는 B로 대응할 것이다) 계획' 수립의 중요성을 입증했다. 대규모 온라인 협상 실험을 실시한 결과, If-then 계획을 수립한 참가자들은 이러한 준비 없이 참가한 사람들에 비해 상대의 분노에 감정을 절제하며 원하는 것을 얻어낼 수 있었다.[27] 목표와 If~then 계획이 있으면 상대의 분노에 휘둘리지 않을 수 있다.

분노는 전략적으로
일회성으로 활용하라

분노 표현은 상대가 힘과 대안이 부족한 경우, 상대의 두려움을 이용해 원하는 것을 얻을 수 있다. 하지만 상대가 좋은 대안을 가지고 있다면 관계는 순식간에 망가질 수 있다. 특히 장기적 관계에서 부정적인 영향을 줄 가능성이 크다. 따라서 반복된 협상이나 협력 관계에서 감정 조절 능력이 더 중요하다. 반면에 실망 표현은 관계를 유지하면서 양보를 얻는 데 유용하다. 특히 상대가 도덕적 책임과 신뢰 기반의 관계를 중요시한다면 실망 표현이 더 효과적이다. 따라서 분노는 1회성 내용에 한해서 표현하고, 상대에게 분노를 표현하려는 충동이 들 때는 실망으로 대체하는 것이 좋다.

분노를 전략적으로 활용하려면 상대를 모욕하려는 의도가 없어야 한다. 또 자신의 분노가 상황을 호전시키는지, 악화시키는지에 관해 확인하는 과정도 필요하다. 높은 속도의 자동차를 통제하는 것이 어렵듯이, 지나친 분노 상태에서는 통제력을 잃기 쉽다. 말하는 속도를 늦추는 것만으로도 충분한 분노 통제 효과가 있다.[28]

조용히 천천히 화내는 사람이 강한 법이다. 속도만 늦춰도 상대는 통제력에 압도당하기 쉽다. 감정을 빠르게 표출하는 사람보다 천천히 감정을 통제하듯 화를 내면 더 무섭게 느껴질 수 있다. 감정이 통제된 분노는 더 논리적이고 차갑게 느껴지기 때문에 공포감을 유발할 수 있다. 소리 지르고 감정을 폭발시키는 장면은 흔히 경험하지만 금세 잊히고, 조용히 화를 내는 사람은 흔치 않아 기억에 오래 남는다. 사람들은 기억에 오래 남는 말을 곱씹어 생각하게 되고 이로 인해 더 강렬한 인상으로 오래 기억된다.

분노를 효과적으로 다스리고 표현하는 방법은 성숙한 인간관계와 긍정적 자아상을 위해 필수적이다. 하지만 당신이 원하는 것이 있을 때 분노라는 감정을 적절히 활용하는 것 역시 필요하다. 분노가 이득이 되는 상황을 정확히 인지하고 적절히 표현한다면 분노는 당신이 원하는 것을 얻는 마중물이 될 수 있다.

7. 인생에서 행복을 최우선으로 두어야 할까?

행복하기 위해 노력한다는 것의 굴레

행복해지려고 애쓸수록 더 불행해진다는 말이 있다. UC 버클리 연구진에 따르면 행복에 높은 가치를 두고 사는 사람일수록 더 외롭고 우울하다고 한다. 심지어 양극성장애까지 유발할 수 있다. 우리가 당연하게 여기는 '행복 추구'라는 인생 목표 자체가 함정이었던 셈이다. 그렇다면 정말 행복해지는 방법은 무엇일까?

행복에 우선순위를 두면 더 행복해질까?

누구나 행복을 원한다. 행복하기 위해 사람들은 애쓴다. 누군가는 현재의 행복을 위해, 또 다른 누군가는 미래의 행복을 위해 인생을 산다. 행복은 삶의 질을 평가하는 매우 중요한 잣대다. 유엔 산하 자문기구인 지속가능발전해법네트워크는 매년 「세계 행복보고서」를 공개한다. 이 기구는 2012년부터 국가별 국내총생산, 기대수명, 사회적 자유, 부정부패, 관용, 미래에 대한 불안감 등 7개 항목의 3년 치 자료를 토대로 행복지수를 산출해 순위를 매겨왔다. 2024년 기준으로 대한민국은 조사 대상 143개국 중 52위다. 참고로 1위는 핀란드이고 우리와 비슷한 나라는 일본(51위), 필리핀(53위), 베트남(54위), 아시아 국가 중 1위는 싱가폴(30위), 그리고 꼴찌는 아프가니스탄이다. 북한은 조사 대상 국가가 아니다.

그런데 행복에 우선순위를 두고 인생을 사는 것이 과연 더 행복해지는 방법일까? UC 버클리 심리학과 교수 이리스 모스Iris Mauss와 연구진은 행복에 높은 가치를 두고 추구하는 것이 오히려 불행해지는 방법일 수 있다고 주장한다.

특히 삶의 스트레스가 낮고 큰 불만이 없는데, 굳이 행복을 추구하는 것은 오히려 해가 될 수 있다. 스트레스 수준이 낮은 사람들이 행복에 가치를 두는 것은 덜 행복하고 더 괴로워지는 지름길이다. 그렇다고 스트레스 수준이 높은 사람들이 행복에 가치를 두는 것에 장점이 있는 것도 아니다. 스트레스 수준이 높으면 행복에 높은 가치를 두고 살든, 낮은 가치를 두고 살든 그냥 불행하기 때문이다. 실제로 사람들은 행복해지려는 욕구가 강할수록 더 외롭고 더 우울했다.[29] 결국, 행복에 가치를 두는 것은 현재 삶의 스트레스가 높든 낮든 전혀 도움이 안 된다.

이후, 이리스 모스 교수와 연구진은 다른 연구에서 지나치게 행복을 추구하는 것이 양극성장애(조울증)를 유발할 수 있다고 경고한다. 실험에 참가한 사람들 중, 행복에 지나치게 높은 가치를 두는 사람들이 양극성 장애 증세를 보이거나 우울증을 보고할 가능성이 높았다.[30]

행복을 느끼고 긍정적 생각을 고집하는 태도는 다른 사람들의 문제를 가볍게 여기고 인간관계를 방해할 수 있다. 자신의 행복에 우선순위를 두는 사람은 타인의 이야기를 충분히 경청하지 못한다. 누군가 자신의 말을 잘 들어주는 것이 훨씬 행복하기 때문이다. 큰 행복을 추구하고 실제로 달성했다 한들 그러지 않았을 때 발견할 수 있는 작고 많은 즐거움을 놓치게 된다. 가령 노벨상 수상자는 작은 상에 대한 감흥이 사라진다. 행복의 기준점이 바뀐 탓에 작은 긍정적인 일에 흥미를 느끼지 못하는 것이다. 역설적이게도 우리 인생에서 행복이 강조될수록 더 외롭고 더 불행해지기 쉽다.

왜 이런 일이 벌어진 것일까? 행복에 높은 가치를 두는 일은 더 높은 수준의 행복 경험을 갈구하게 한다. 일상의 소소한 행복 경험에서 충분히 만족하지 못한다는 의미다. 행복에 큰 가치를 두는 사람들은 삶에 큰 스트레스가 없음에도 충분히 행복하지 못하다며 스스로 불안을 초래한다.

살면서 나만의 행복, 더 가치 있는 행복이 있을 것이라는 환상에서 빨리 벗어나는 것이 더 행복해지는 방법이다. 따라서 더 큰 행복이 기다릴 것이라는 기대보다는 무엇이 지금의 나를 행복에 이르게 하는지 제대로 아는 것이 중요하다. 내가 누리고 있는 일상을 소중히 여기는 것이 행복에 있어 최선의 대안이다. 일상의 소중함에 감사하는 태도가 행복의 지름길이다. 감사할 줄 아는 사람은 지금의 상황을 후한 선물로 여긴다. 이러한 태도는 자신이 누리는 것을 가치 있는 경험으로 높여준다. 실제로 사람들은 감사하는 태도를 가지면 자기 확신이 강화되고 문제해결 능력이 높아진다.[31]

더
행복해지려면?

자기계발이 아닌
자기발견을 위한
이야기

유전적 불리함을 극복하는 열쇠는
관계다

소확행(소소하지만 확실한 행복)의 삶을 추구하면서 더 행복해지기 위한 몇 가지 과학적 팁이 있다. 심리학자들이 20여 년간 연구한 행복 공식이 있다. 미국 캘리포니아 대학교 리버사이드 캠퍼스 교수 소냐 류보머스키 Sonja Lyubomirsky와 연구진은 개인의 행복 수준을 결정짓는 여러 요인의 비중을 과학적으로 탐색했다. 그 결과, 행복은 개인의 기질, 성격 등의 유전적 요인이 50%, 사회적 환경이나 경제적 상태, 건강 등의 환경 요인은 10%,

의도적으로 선택하는 활동이나 태도가 40%였다.

한국인은 행복을 느끼는 데 더 불리한 측면이 있다. 행복감을 느끼는 아난다마이드^{anandamide}라는 신경전달물질의 분해 속도를 느리게 하는 유전자가 한국을 비롯한 동아시아 인구에서 적게 발견되기 때문이다. 이는 행복감을 오래 유지하는 데 불리하다. 그래서 소냐 류보머스키 교수는 소소한 행복감을 느낄 수 있는 의도적인 활동을 규칙적·반복적으로 하는 것이 특히 한국인에게 중요하다고 말한다.

하버드 대학교의 성인 발달 연구는 1938년에 시작해 무려 80년 이상 지속되었는데, 서로 다른 두 집단에 속한 사람들의 삶을 건강, 직업, 행복, 인간관계 등 여러 측면에서 지속 관찰했다. 첫 번째 집단은 하버드 대학생들이었고, 두 번째 집단은 보스턴의 가장 가난한 지역에서 태어난 소년들이었다. 미국 내 양육 환경의 양극단에 속한 사람들이었다. 실험에 참가한 하버드 대학생 중에는 나중에 미국 대통령이 된 사람(존 F. 케네디)도 있었고, 보스턴 빈민가 출신 중에는 이른 나이에 알코올 중독으로 생을 마감한 사람도 있었다. 서로 다른 환경의 사람들이 행복을 결정지은 가장 중요한 요인은 무엇이었을까?

연구는 행복한 삶에 중요한 것은 돈, 성공, 명성이 아니라 질 높은 인간관계라는 사실을 밝혀냈다. 단순히 인간관계가 많은 게 아니라 안정적이고 친밀한 인간관계이냐가 중요하다. 다시 말해, 주변 사람들과 얼마나 만족스러운 관계를 맺고 있느냐가 핵심이다.

좋은 동료가 되려고 노력했던 사람들은 은퇴 후 더 행복했고, 배우자와 좋은 관계를 맺은 사람들은 그보다 더 행복했을 뿐만 아니라 더 건강하고 치매에 걸릴 확률도 낮았다. 친구가 얼마나 많으냐는 중요하지 않았다. 소수라도 가족, 친구, 지역 사회와 관계적 친밀도가 중요했다.[32] 질 낮은 인간관계 속에서의 타인은 지옥이지만, 질 높은 인간관계 속에서의 타인은 천국이다.

주변 사람이 행복할 때 나도 행복할 확률이 높다.[33] 행복은 전염된다. 행복한 사람이 주변에 있을 때 당신이 더 행복해질 확률은 15.3% 증가한다. 심지어 그 친구의 친구가 행복하다면 당신이 행복해질 확률은 9.8% 증가한다. 주변에 행복한 사람을 두는 것만으로도 더 행복할 수 있다.

관계에서도 감사의 효과는 매우 분명하다. 다른 사람에게 감사한 마음을 갖는 사람들은 타인으로부터 사랑과 보살핌을 받고 있다고 느끼며 사회적 유대가 더욱 강화된다. 감사의 마음을 표현하는 것만으로도 상대는 마음을 표현해 준 사람을 지지하고 돕고자 하는 동기가 높아진다. 진화적으로도 인간이 감사한 마음을 느끼는 것은 협력과 지지의 선순환을 만들어 생존과 번식에 도움이 된다. 감사한 마음 자체가 인간의 인지적·심리적 기능을 높이기도 한다.

캘리포니아 대학교 샌디에고 심리학과에서 진화심리학을 연구하는 마이클 맥컬러 Michael McCullough 교수는 한 실험을 진행했다. 학생들을 세 그룹으로 나누어 첫 번째 그룹에는 지난주에 가장 큰 영향을 준 5가지 사건을 적게 했다. 두 번째 그룹에는 스트레스 받은 일 5가지를 적게 했고, 세 번째 그룹에는 감사했던 일 5가지를 적게 했다. 연구 결과, 감사한 일을 적었던 학생들이 목표를 더 빨리 달성하고 더 행복했으며, 신체 질환은 더 적게 나타났다.

노스웨스턴 대학교 심리학과 교수 댄 맥아담스 Dan McAdams는 더 창의적이고 생산적인 사람들의 두드러진 공통점을 찾았는데, 바로 자신이 누리고 있는 현실에 감사하는 자세였다.[34]

오감 중 행복과 관련이 높은 감각은 촉각과 청각이다

당신이 좋아하고 사랑하는 사람과 신체적 접촉을 하면 옥시토신 oxytocin 분비가 촉진되어 행복감이 높아진다. 따스하고 부드럽고 말랑말랑한 촉감은 심리적 안정과 행복감을 높인다.

인간은 사람에 대해 유독 오감 중 촉각 언어를 많이 쓴다. '차갑다', '따뜻하다', '까칠하다', '부드럽다', '뾰족하다', '무디다', '포근하다', '날카롭다', '매끄럽다', '냉랭하다', '딱딱하다', '싸늘하다', '거칠다' 등의 표현은 사물의 촉각뿐만이 아니라 사람의 성격을 표현하는 말이다. 인간에게 접촉이란 세상을 경험하고 세상을 직접 연결할 수 있는 가장 효과적인 방법이기 때문이다.

아동심리학자들은 접촉이 아이의 발달에 얼마나 중요한지 증명해 왔다. 루마니아의 독재자 차우셰스쿠의 아이들과 같이 극단적 사례가 아니더라도 유아는 다른 사람과의 접촉이 결핍되면 감정적·사회적 발달뿐만 아니라 인지적 발달에도 큰 타격을 입는다. 인간은 타인과의 접촉을 통해 신뢰와 협력을 높인다. 불안에 빠진 사람들은 다른 누군가의 손을 잡는 것만으로도 심리적 도움을 받는다. 웨이트리스가 손님의 손이나 어깨를 1초 동

안 건드리면 팁을 더 많이 받는다는 연구는 유명하다.[35]

푹신한 모래사장이나 말랑말랑한 황톳길을 누군가와 맨발로 함께 걷는다면 당신은 그 사람에 대해 매우 푸근하고 동정심이 많으며 공감 능력이 탁월하다고 느낄 가능성이 높다.[36] 푹신한 의자에 앉은 사람들은 딱딱한 의자에 앉은 사람들에 비해 자신의 생각을 바꾸고 상대의 제안을 받아들일 확률이 높다.

어릴 때부터 엄마의 손길이나 인형의 부드러운 느낌, 푹신한 요람은 보살핌과 안전, 신뢰를 상징한다. 애착 인형은 아이들에게 낯설고 두려운 상황에서 불안감을 줄이는 매개체가 된다. 이를 활용해 심리학자들은 동물을 쓰다듬고 만지는 간단한 행동으로 스트레스와 불안, 긴장 완화에 도움이 된다는 사실을 입증했다.[37]

촉각을 활용하면 더 행복해질 수 있다. 사랑하는 사람, 가족과의 접촉을 늘리자. 딱딱한 스마트폰은 부드러운 재질의 케이스로 바꿔보자. 푹신한 담요에 몸을 감싸보자. 스트레스를 받으면 말랑말랑한 공을 쥐어보자. 촉각을 활용해 행복해질 수 있는 방법은 곳곳에 있다.

다음은 청각이다. 음악을 들으면서 마음이 편안해지는 경험은 누구에게나 있다. 음악에는 치유의 힘이 있기 때문이다. 음악은 마음을 안정시키고 불안과 스트레스, 혈압을 낮추는 효과가 있다.[38] 밝고 경쾌한 음악을 들으면 기분이 좋아지고 세상이 더 밝아지는 것 같지 않은가?

실제로 한 연구에서, 사람들은 밝고 경쾌한 음악을 듣고 난 다음에 회색 사각형을 더 밝게 인식했지만, 슬픈 음악을 듣고 나면 회색 사각형을 더 어둡게 인식했다.[39] 그뿐만 아니라 행복한 느낌을 주는 음악을 들은 사람들

은 더 창의적이고 독창적인 아이디어를 냈다.⁴⁰

비틀즈의 〈All you need is love〉, 마이클 잭슨의 〈Heal the world〉, USA for Africa의 〈We are the world〉, 존 레논의 〈Imagine〉, 밥 말리의 〈One love〉, 루이 암스트롱의 〈What a Wonderful World〉, 에릭 크랩튼의 〈Tears in Heaven〉, 퀸의 〈We are the Champions〉, 콜드플레이의 〈Fix you〉, U2의 〈One〉, BTS의 〈봄날〉, 자우림의 〈스물다섯, 스물하나〉, YB의 〈나는 나비〉, 러브홀릭스의 〈Butterfly〉, 아이유의 〈마음〉, 안치환의 〈사람이 꽃보다 아름다워〉, 변진섭의 〈우리의 사랑이 필요한 거죠〉 등 당신의 플레이리스트에 사랑, 평화, 연대를 노래한 감동적인 명곡들이 있고 당신이 이 노래를 듣고 있다면 누군가의 도움 요청에 흔쾌히 응할 가능성이 높다.

실제로 이와 관련한 실험에서 친사회적인 곡을 들은 사람들은 실험자가 우연히 연필이 가득 찬 상자를 옆에서 떨어뜨렸을 때 기꺼이 도와줄 확률이 높았고 그런 곡을 틀어준 레스토랑에서는 손님들이 더 많은 팁을 지불했다. 사람들은 좋아하는 음악을 들으면 긍정적으로 변한다. 심지어 수행 능력도 향상된다. 수술실, 작업장 등에서 음악은 성과를 높이는 기제로 활용된다. 그렇다고 모든 과제에서 수행 능력이 향상되는 것은 아니다. 새로운 읽기나 기억과 같은 집중이 필요한 과제에서 배경음악은 수행 능력을 떨어뜨린다. 반면에 이미 몸에 익힌 기술은 음악이 있을 때 더 잘 발휘된다. 스포츠 경기에서 배경음악처럼 존재하는 응원 소리와 음악이 빠지면 수행 능력은 떨어진다.⁴¹

업무를 시작하기 전에 좋아하는 음악이나 경쾌한 음악을 들으면 기분이 좋아지고 각성 수준이 높아져 수행 능력이 향상될 수 있다. 하지만 같은 음악이라도 업무 중에 들으면 기분은 좋아질 수 있지만 집중력은 떨어질 수 있다. 따라서 휴식이나 퇴근 후에 습관처럼 좋아하는 음악을 듣자. 행복감과 성과 모두를 높일 수 있다.

음악을 습관처럼 들어야 하는 이유는 의도성이 개입되면 긍정적 효과가 떨어지기 때문이다. '음악을 듣고 기분이 좋아져야 해'라고 강하게 의식하면 오히려 감정 조절 효과가 줄어든다. 이를 아이러니 효과 ironic effect라고 한다. 이는 어떤 목표를 의식적으로 달성하려 할수록 오히려 그 목표를 달성하기 어려워지는 현상이다.

음악은 자연스럽게 무의식적으로 작용할 때 효과가 가장 크다.[42] 음악을 들으면서 특정 감정을 느껴야 한다는 의식적인 기대가 있으면 음악 감상 자체의 즐거움은 물론이고 심리적 효과도 줄어든다.

에필로그

심리학에서 찾은 과학적 자기계발의 길

　왜 우리는 수많은 자기계발서를 읽고 조언을 실천했음에도 여전히 제자리걸음일까요? 혹시 문제의 원인을 오직 의지 부족이나 자신의 결함 탓으로만 돌려왔기 때문은 아닐까요? 심리학의 과학적 탐구는 이 질문에 대한 명확한 답을 제시합니다. 우리가 빠져 있던 자기계발의 늪은 단지 의지가 부족해서가 아니라 정보의 왜곡, 선택적 노출, 검증되지 않은 조언에 대한 맹신으로 형성된 허상이기 때문입니다.

　화려한 성공담 뒤에 감춰진 수많은 실패, 반복적으로 인용되지만 실증되지 않은 조언, 과학의 외피를 두른 채 유통된 신화적 문장, 이 모든 것이 자기계발의 허구를 구성해 왔습니다. 문제는 우리가 노력을 안 해서가 아닙니다. 성공한 사람들의 사례를 그대로 따라 하면 될 것이라는 단순한 기대, 노력만으로 모든 것이 가능하다는 순진한 믿음, 실패의 책임을 온전히 개인에게 돌리는 문화야말로 우리를 지치게 만든 진짜 원인입니다.

많은 자기계발서는 "간절히 원하면 이루어진다", "1만 시간만 투자하면 누구나 전문가가 된다" 같은 과장된 주장을 반복합니다. 심지어 '삶은 개구리' 실험이나 '코끼리 말뚝' 이야기처럼 과학적 근거가 희박한 내용도 진실처럼 포장되어 독자들을 현혹합니다. 그 결과, 우리는 실패할 때마다 자신을 비난하며 그릇된 자책의 굴레에 빠져들게 됩니다.

하지만 심리학이 말하는 자기계발의 본질은 단순한 동기부여가 아니라 과학적 원리에 대한 이해이며, 무작정 시도가 아니라 계획적 실행입니다. 자기계발은 의지를 북돋는 문장 몇 줄을 외우는 데 있지 않습니다. 핵심은 자기이해 self-understanding 와 환경설계 situation design 입니다. 자신이 어떤 상황에서 동기가 꺾이는지, 어떤 과제가 스트레스로 다가오는지를 이해하고, 이를 기반으로 실행 전략과 습관 루틴을 설계하는 것이 필요합니다.

좋은 습관은 의지보다 강한 법입니다. 마음을 고쳐먹는다고 변화가 일어나지 않습니다. 변화는 구조와 맥락을 바꿀 때 시작됩니다. SNS를 절제하겠다는 의지보다 더 강력한 전략은 스마트폰을 물리적으로 멀리 두는 것입니다. 결심이 아닌 시스템과 구조, 그것이 실행의 핵심입니다.

결국, 자기계발이란 나를 바꾸는 기술이기 전에 나를 이해하고 다루는 기술이어야 합니다. 자기비난이 아닌 자기이해로, 일회성 자극이 아닌 반복 가능한 전략으로, 단편적 조언이 아닌 통합적 사고로 전환이 필요합니다. 그때 자기계발은 '늪'이 아니라 '길'이 됩니다.

이제 우리는 '왜 실패했는가?'가 아니라 '어떤 전략이 과학적으로 효과적인가?', '나는 어떤 조건에서 잘 작동하는 사람인가?'라는 질문을 던져야 합니다. 과학적 자기계발은 단순한 노력이 아니라 언제, 무엇을, 어떻게 바꿔야 하는지에 대한 전략을 제시합니다.

우리는 앞으로도 새로운 목표를 세우고 더 나은 자신을 추구할 것입니다. 그러나 조금 다른 관점이 생겼으리라 믿습니다. 자기계발서의 조언을 무작정 따르기보다는 그 조언이 나에게 맞는지, 그리고 과학적으로 타당한지를 먼저 따져보게 되었다면, 이 책은 제 역할을 어느 정도 했다고 생각합니다.

이 책이 세상에 나올 수 있도록 응원과 도움을 주신 모든 분께 진심으로 감사드립니다. 무엇보다도 제 삶의 이유이자 변함없는 사랑과 힘이 되어주는 가족, 아내 효영, 세 아들 서현, 서윤, 채현에게 깊은 감사를 전합니다. 학문과 삶의 든든한 나침반이 되어주신 아주 대학교의 신강현 교수님, 김경일 교수님, 늘 따뜻하게 응원하는 GAM 식구들과 '서른즈음에' 패밀리, 그리고 소중한 친구 석훈과 노가리 형님께도 고마움을 전합니다. 마지막으로, 이 책의 가치를 진심으로 믿고 함께해 주신 이제호 편집자님, 이수빈 편집자님께도 깊이 감사드립니다.

부록

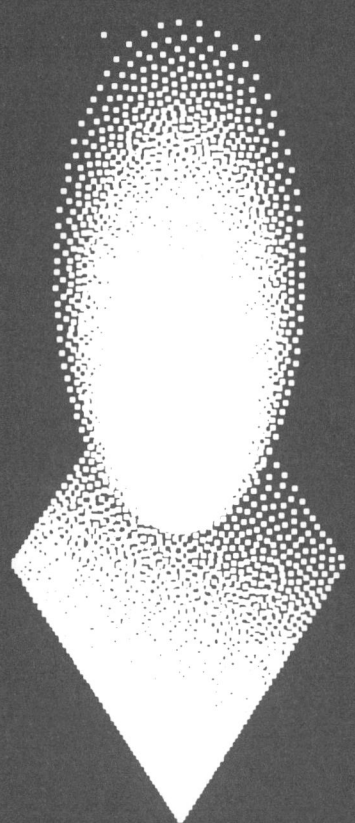

직장인을 위한
자기계발 중독 테스트

다음 문항에 대해 "예" 또는 "아니오"로 답해보자.

1. 퇴근 후에도 "더 발전해야 한다"라는 압박감에 시달리며 자기계발을 멈출 수 없는가? Self-Pressure

   예: "오늘 자기계발을 안 하면 뒤처질 것 같아서 억지로라도 책을 펼친다."

2. 직장에서 완벽한 성과를 내기 위해 자기계발 목표를 비현실적으로 높게 잡는가? Perfectionism

   예: "자격증 하나로는 부족해, 2개 이상 따야 인정받을 거야."

3. 동료나 업계 사람들이 배우는 최신 스킬이나 트렌드를 놓칠까 봐 불안해하며 자기계발에 몰두하는가? Fear Of Missing Out

   예: "다들 AI 공부하는데 나만 안 하면 경쟁에서 밀릴 거야."

4. 업무에서 부족하다고 느낀 부분을 자기계발로 과도하게 채우려 하는가? Overcompensation

   예: "오늘 회의에서 실수했으니 밤새 관련 자료를 공부해야 해."

5. 자기계발 때문에 수면, 휴식, 또는 개인 시간이 줄어들어 피로감이 쌓이고 있는가? Burnout Risk

   예: "주말에도 쉬지 않고 강의를 듣다 보니 지친다."

6. 상사나 동료의 칭찬과 인정을 얻기 위해 자기계발을 과도하게 하는가? Extrinsic Motivation

   예: "이걸 배우면 팀장님이 나를 더 높이 평가할 거야."

7. 자기계발이 삶의 다른 영역(가족, 취미, 건강 등)을 희생시키고 있다고 느끼는가? Loss of Balance

예: "친구 만날 시간에 차라리 온라인 강의를 듣는 게 낫다."

8. 직장에서 "내가 부족하다"라는 느낌을 덮기 위해 자기계발을 과도하게 하는가? Imposter Syndrome

예: "내 실력이 들통나기 전에 더 배워야 해"라는 불안감이 있다.

결과 해석

0-2개 "예"   자기계발이 내적 동기(즐거움, 성장 욕구)에서 비롯될 가능성이 높으며, 심리적 부담이 적다.

3-5개 "예"   외적 동기, 가면 증후군, 사회적 비교 등이 자기계발을 어느 정도 과도하게 이끌고 있을 수 있다. 스트레스 요인 점검이 필요하다.

6개 이상 "예"   FOMO(Fear Of Missing Out, 소외되는 것에 대한 불안감), 완벽주의 등이 결합되어 자기계발이 심리적 중독 수준에 가까울 수 있다. 번아웃 위험이 높다.

* "예"가 6개 이상이라면 자기계발 중독 가능성을 점검해 볼 필요가 있다.

그림 목록

1장 인간관계의 늪

17쪽 정상인의 뇌와 사이코패스의 뇌
출처: psytimes.co.kr/m/view.php?idx=7681
30쪽 세일즈맨의 밝은 표정이 세일즈에 미치는 효과
출처: Bharadwaj, N., Ballings, M., Naik, P. A., Moore, M., & Arat, M. M. (2022). A New Livestream Retail Analytics Framework to Assess the Sales Impact of Emotional Displays. Journal of Marketing, 86(1), 27 - 47.
36쪽 양극단에 위치하는 HEXACO 성격 형용사 목록
55쪽 시스템 1 vs 시스템 2

2장 성장의 늪

97쪽 직급에 따른 리더십 문제점
출처: Van Buren, M. E., & Safferstone, T. (2009). The quick wins paradox. Harvard Business Review, 87(1), 54-61.
115쪽 적합 이론가 유형과 개발 이론가 유형의 적성 변화
121쪽 일과 직무 자원이 번아웃에 미치는 영향

3장 생각의 늪

141쪽 이혼을 준비하는 부부의 사례
155쪽 내부 및 외부 자기인식
출처: Eurich, T. (2018). What self-awareness really is (and how to cultivate it). Harvard Business Review, 4(4), 1-9.
165쪽 광고 제작 실험

4장 일의 늪

199쪽 적극성과 성실성에 따른 성과 분류
출처: Emich, K., Lu, L., Ferguson, A. J., Peterson, R., McCourt, M., Martin, S., ... & Woodruff, C. T. (2023)
205쪽 개인적 권력과 지위적 권력
207쪽 네 가지 직무 동기 요인
출처: Nohria, N., Groysberg, B., &Lee, L. (2008). Employee motivation: A powerful new model. Harvard business review , 86 (7/8), 78.
210쪽 에너지 상호작용
234쪽 눈으로 마음 읽는 테스트
출처: Baron-Cohen, S., Wheelwright, S., Hill, J., Raste, Y., & Plumb, I. (2001). The "Reading the Mind in the Eyes" test revised version: A study with normal adults, and adults with Asperger syndrome or high-functioning autism. Journal of child psychology and psychiatry, 42(2), 241-251.adults, and adults with Asperger Syndrome or High-Functioning Autism.(2001)
235쪽 책임감과 안전감의 사분면

5장 감정의 늪

252쪽 근무 조건 변화에 따른 구성원 안녕감
출처: Meier, L. L., Keller, A. C., Reis, D., &Nohe, C. (2023). On the asymmetry of losses and gains: Implications of changing work conditions for well-being. Journal of Applied Psychology .
258쪽 여키스-도슨 법칙
276쪽 반추 vs 성찰

미주

프롤로그

1 Macnamara, B. N., Hambrick, D. Z., & Oswald, F. L. (2014). Deliberate practice and performance in music, games, sports, education, and professions: A meta-analysis. Psychological science, 25(8), 1608-1618.
2 Lally, P., Van Jaarsveld, C. H., Potts, H. W., &Wardle, J. (2010). How are habits formed: Modelling habit formation in the real world. European journal of social psychology , 40 (6), 998-1009.).

1장 인간관계의 늪

1 Vachon, D. D., Lynam, D. R., & Johnson, J. A. (2014). The (non) relation between empathy and aggression: surprising results from a meta-analysis. Psychological bulletin, 140(3), 751.).
2 Eyal, T., Steffel, M., & Epley, N. (2018). Perspective mistaking: Accurately understanding the mind of another requires getting perspective, not taking perspective. Journal of personality and social psychology, 114(4), 547.
3 Bloom, P. (2017). Against empathy: The case for rational compassion. Random House.
4 Mehrabian, A., & Ferris, S. R. (1967). Inference of attitudes from nonverbal communication in two channels. Journal of consulting psychology, 31(3), 248.)
5 Szekely, A., Bruner, D., Todor, A., &Volintiru, C. (2023). Preferences for honesty can support cooperation. Journal of Behavioral Decision Making , e2328.
6 Mahmut, M. K., Cridland, L., & Stevenson, R. J. (2016). Exploring the relationship between psychopathy and helping behaviors in naturalistic settings: Preliminary findings. The Journal of General Psychology, 143(4), 254-266.
7 Lilienfeld, S. O., Waldman, I. D., Landfield, K., Watts, A. L., Rubenzer, S., & Faschingbauer, T. R. (2012). Fearless dominance and the US presidency: implications of psychopathic personality traits for successful and unsuccessful political leadership. Journal of personality and social psychology, 103(3), 489.

8 Grant, A. M. (2013). Rethinking the extraverted sales ideal: The ambivert advantage. Psychological science, 24(6), 1024-1030.
9 Leotti, L. A., & Delgado, M. R. (2011). The inherent reward of choice. Psychological science, 22(10), 1310-1318.
10 Kube, S., Maréchal, M. A., & Puppe, C. (2012). The currency of reciprocity: Gift exchange in the workplace. American Economic Review, 102(4), 1644-1662.
11 Van Boven, L., & Gilovich, T. (2003). To do or to have? That is the question. Journal of personality and social psychology, 85(6), 1193.
12 Eisenberger, N. I., Lieberman, M. D., & Williams, K. D. (2003). Does rejection hurt? An fMRI study of social exclusion. Science, 302(5643), 290-292.
13 Hartmann, H., Forbes, P. A., Rütgen, M., & Lamm, C. (2022). Placebo analgesia reduces costly prosocial helping to lower another person's pain. Psychological Science, 33(11), 1867-1881.
14 Southwick, S. M., Bonanno, G. A., Masten, A. S., Panter-Brick, C., &Yehuda, R. (2014). Resilience definitions, theory, and challenges: interdisciplinary perspectives. European journal of psychotraumatology , 5 (1), 25338.
15 Marescaux, E., De Winne, S., &Rofcanin, Y. (2021). Co-worker reactions to i-deals through the lens of social comparison: The role of fairness and emotions. Human Relations , 74 (3), 329-353.

2장 성장의 늪

1 Owens, B. P., Johnson, M. D., &Mitchell, T. R. (2013). Expressed humility in organizations: Implications for performance, teams, and leadership. Organization Science, 24(5), 1517-1538.
2 Alliger, G. M., & Janak, E. A. (1989). Kirkpatrick's levels of training criteria: Thirty years later. Personnel psychology, 42(2), 331-342.
3 Berg, J. M., Wrzesniewski, A., Grant, A. M., Kurkoski, J., &Welle, B. (2022). Getting unstuck: The effects of growth mindsets about the self and job on happiness at work. Journal of Applied Psychology.
4 Spengler, P. M., & Pilipis, L. A. (2015). A comprehensive meta-reanalysis of the robustness of the experience-accuracy effect in clinical judgment. Journal of Counseling Psychology, 62(3), 360.
5 Dragoni, L., Tesluk, P. E., Russell, J. E., & Oh, I. S. (2009). Understanding managerial de-

velopment: Integrating developmental assignments, learning orientation, and access to developmental opportunities in predicting managerial competencies. Academy of management journal, 52(4), 731-743.

6   Zhou, Y., Zhang, Y., Hommel, B., &Zhang, H. (2017). The impact of bodily states on divergent thinking: evidence for a control-depletion account. Frontiers in psychology, 8, 1546.

7   Sallis, J. F., Prochaska, J. J., & Taylor, W. C. (2000). A review of correlates of physical activity of children and adolescents. Medicine and science in sports and exercise, 32(5), 963-975.

8   Pollack, J. M., Ho, V. T., O'Boyle, E. H., &Kirkman, B. L. (2020). Passion at work: A meta-analysis of individual work outcomes. Journal of Organizational Behavior , 41 (4), 311-331.

9   Chen, P., Ellsworth, P. C., &Schwarz, N. (2015). Finding a fit or developing it: Implicit theories about achieving passion for work. Personality and Social Psychology Bulletin, 41 (10), 1411-1424.).

10   Wrzesniewski, A., McCauley, C., Rozin, P., & Schwartz, B. (1997). Jobs, careers, and callings: People's relations to their work. Journal of research in personality, 31(1), 21-33.

11   Ericsson, K. A., & Harwell, K. W. (2019). Deliberate practice and proposed limits on the effects of practice on the acquisition of expert performance: Why the original definition matters and recommendations for future research. Frontiers in psychology, 10, 2396.

12   Lebel, R. D., Yang, X., Parker, S. K., &Kamran-Morley, D. (2023). What makes you proactive can burn you out: The downside of proactive skill building motivated by financial precarity and fear. Journal of Applied Psychology, 108 (7), 1207 – 1222.

13   이상영. (2016). 한국 사회의 사회·심리적 불안의 원인과 대응 방안. 보건복지 Issue & Focus, 304, 1 -8.

14   de Almeida, F., Scott, I. J., Soro, J. C., Fernandes, D., Amaral, A. R., Catarino, M. L., ... & Ferreira, M. B. (2024). Financial scarcity and cognitive performance: A meta-analysis. Journal of Economic Psychology, 101, 102702.

3장 생각의 늪

1   Miller, J. E., Strueder, J. D., Park, I., & Windschitl, P. D. (2024). Do people desire optimism from others during a novel global crisis?. Journal of behavioral decision making,

37(1), e2362.

2. Tanner, R. J., & Carlson, K. A. (2009). Unrealistically optimistic consumers: A selective hypothesis testing account for optimism in predictions of future behavior. Journal of Consumer Research, 35(5), 810-822.

3. Weinstein, N. D. (1987). Unrealistic optimism about susceptibility to health problems: Conclusions from a community-wide sample. Journal of behavioral medicine, 10, 481-500.).

4. Schou, I., Ekeberg, Ø., & Ruland, C. M. (2005). The mediating role of appraisal and coping in the relationship between optimism-pessimism and quality of life. Psycho-Oncology: Journal of the Psychological, Social and Behavioral Dimensions of Cancer, 14(9), 718-727.

5. Nisbett, R. E. (2015). Mindware: Tools for smart thinking. Macmillan.

6. Hogan, R. (2017). Personality and the fate of organizations. Psychology Press.

7. Hixon, J. G., & Swann, W. B. (1993). When does introspection bear fruit? Self-reflection, self-insight, and interpersonal choices. Journal of personality and social psychology, 64(1), 35.

8. Linville, P. W. (1987). Self-complexity as a cognitive buffer against stress-related illness and depression. Journal of personality and social psychology, 52(4), 663.

9. Kruger, J., Wirtz, D., & Miller, D. T. (2005). Counterfactual thinking and the first instinct fallacy. Journal of personality and social psychology, 88(5), 725.

10. Guarana, C. L., Rothman, N. B., &Melwani, S. (2023). Leader subjective ambivalence: Enabling team task performance via information-seeking processes. Personnel Psychology , 76 (3), 913-944.

11. Heath, C., & Heath, D. (2013). Decisive: How to make better choices in life and work. Random House.

12. Ross, J. M., Li, T. X., Hawk, A., &Reuer, J. J. (2023). Resource idling and capability erosion. Academy of Management Journal , 66 (5), 1334-1359.

13. Asch, S. E. (1956). Studies of independence and conformity: I. A minority of one against a unanimous majority. Psychological monographs: General and applied, 70(9), 1.

14. Nemeth, C., & Chiles, C. (1988). Modelling courage: The role of dissent in fostering independence. European Journal of Social Psychology, 18(3), 275-280.

15. Elliot, A. J. (2015). Color and psychological functioning: a review of theoretical and empirical work. Frontiers in psychology, 6, 368.

16. Frese, M., & Keith, N. (2015). Action errors, error management, and learning in organizations. Annual review of psychology, 66(1), 661-687.

4장 일의 늪

1. Englmaier, F., Grimm, S., Grothe, D., Schindler, D., & Schudy, S. (2025). The value of leadership: Evidence from a large-scale field experiment. The Leadership Quarterly, 101869.).
2. Kouzes, J. M., & Posner, B. Z. (2006). The leadership challenge (Vol. 3). John Wiley & Sons.
3. Spence, L. A. (2009). PREFERENCES FOR LEADER TRAITS AND LEADERSHIP COMMUNICATION STYLES AMONG MEMBERS OF DIFFERENT GENERATIONAL COHORTS _ A Thesis Presented to the Faculty in Communication and Leadership Studies (Doctoral dissertation, Gonzaga University).
4. Salahuddin, M. M. (2010). Generational differences impact on leadership style and organizational success. Journal of Diversity Management, 5(2), 1.
5. Hunter, J. E. (1986). Cognitive ability, cognitive aptitudes, job knowledge, and job performance. Journal of vocational behavior, 29(3), 340-362.
6. Grant, A. (2014). Give and take: Why helping others drives our success. Penguin.
7. Matta, F. K., Frank, E. L., Farh, C. I., & Lee, S. M. (2023). Do intelligent leaders differentiate exchange relationships intelligently? A functional leadership approach to leader-member exchange differentiation. Journal of Applied Psychology.
8. Berglas, S., & Jones, E. E. (1978). Drug choice as a self-handicapping strategy in response to noncontingent success. Journal of personality and social psychology, 36(4), 405.
9. Proactive personality at work: Seeing more to do and doing more?. Journal of Business and Psychology, 29, 71-86.; Li, M., Wang, Z., Gao, J., & You, X. (2017).).
10. Erdogan, B., & Bauer, T. N. (2005). Enhancing career benefits of employee proactive personality: The role of fit with jobs and organizations. Personnel psychology, 58(4), 859-891.
11. Campbell, D. J. (2000). The proactive employee: Managing workplace initiative. Academy of Management Perspectives, 14(3), 52-66.
12. Beham, B., Ollier-Malaterre, A., Allen, T. D., Baierl, A., Alexandrova, M., Beauregard, T. A., ... &Waismel-Manor, R. (2023). Humane orientation, work-family conflict, and positive spillover across cultures. Journal of Applied Psychology.
13. Goleman, D. (1998). The emotional intelligence of leaders. Leader to leader, 1998(10), 20-26.).
14. Collins, D. B., & Holton III, E. F. (2004). The effectiveness of managerial leadership development programs: A meta-analysis of studies from 1982 to 2001. Human resource

development quarterly, 15(2), 217-248.
15 Glucksberg, S., & Weisberg, R. W. (1966). Verbal behavior and problem solving: Some effects of labeling in a functional fixedness problem. Journal of Experimental Psychology, 71(5), 659.
16 Lepper, M. R., & Greene, D. (1975). Turning play into work: Effects of adult surveillance and extrinsic rewards on children's intrinsic motivation. Journal of personality and social psychology, 31(3), 479.
17 Johnstone, R. A. (1997). Recognition and the evolution of distinctive signatures: when does it pay to reveal identity?. Proceedings of the Royal Society of London. Series B: Biological Sciences, 264(1387), 1547-1553.
18 Roos, M., Reale, J., & Banning, F. (2021). The effects of incentives, social norms, and employees' values on work performance. arXiv preprint arXiv:2107.01139.
19 Riedl, C., Füller, J., Hutter, K., & Tellis, G. J. (2024). Cash or Non-Cash? Unveiling Ideators' Incentive Preferences in Crowdsourcing Contests. arXiv preprint arXiv:2404.01997.).
20 Sayre, G. M., & Conroy, S. A. (2023). The other side of the coin: An integrative review connecting pay and health. Journal of Applied Psychology.
21 Isen, A. M., Daubman, K. A., & Nowicki, G. P. (1987). Positive affect facilitates creative problem solving. Journal of personality and social psychology, 52(6), 1122.
22 Nijstad, B. A., Stroebe, W., &Lodewijkx, H. F. (2006). The illusion of group productivity: A reduction of failures explanation. European Journal of Social Psychology, 36 (1), 31-48.
23 Riedl, C., Kim, Y. J., Gupta, P., Malone, T. W., &Woolley, A. W. (2021). Quantifying collective intelligence in human groups. Proceedings of the National Academy of Sciences, 118 (21), e2005737118.
24 Riedl, C., Kim, Y. J., Gupta, P., Malone, T. W., & Woolley, A. W. (2021). Quantifying collective intelligence in human groups. Proceedings of the National Academy of Sciences, 118(21), e2005737118.
25 Schein, E., & Bennis, W. (1965). Personal and Organizational Change through Group Methods. New York: Wiley.
26 Eldor, L., Hodor, M., & Cappelli, P. (2023). The limits of psychological safety: Nonlinear relationships with performance. Organizational behavior and human decision processes, 177, 104255.
27 Edmondson, A. C. (2008). The competitive imperative of learning. Harvard business review, 86(7-8), 60-7.
28 Bowling, N. A., Eschleman, K. J., Wang, Q., Kirkendall, C., & Alarcon, G. (2010). A

meta-analysis of the predictors and consequences of organization-based self-esteem. Journal of occupational and organizational psychology, 83(3), 601-626.).

5장 감정의 늪

1 Bonta, J., & Andrews, D. A. (2023). The psychology of criminal conduct. Routledge.
2 Smith, T. A., Boulamatsi, A., Dimotakis, N., Tepper, B. J., Runnalls, B. A., Reina, C. S., &Lucianetti, L. (2022). "How dare you?!": A self-verification perspective on how performance influences the effects of abusive supervision on job embeddedness and subsequent turnover. Personnel Psychology , 75 (3), 645-674.).
3 Tamir, M., Mitchell, C., & Gross, J. J. (2008). Hedonic and instrumental motives in anger regulation. Psychological science, 19(4), 324-328.).
4 Quoidbach, J., Gruber, J., Mikolajczak, M., Kogan, A., Kotsou, I., & Norton, M. I. (2014). Emodiversity and the emotional ecosystem. Journal of experimental psychology: General, 143(6), 2057.).
5 adaa.org/understanding-anxiety/facts-statistics
6 직장인 1,000명 심층조사 "번아웃 되었다. 원인은 업무량이 아니고…", 2023년 2월 조선일보
7 Taylor, S. E. (2006). Tend and befriend: Biobehavioral bases of affiliation under stress. Current directions in psychological science, 15(6), 273-277.
8 Hu, J., He, W., & Zhou, K. (2020). The mind, the heart, and the leader in times of crisis: How and when COVID-19-triggered mortality salience relates to state anxiety, job engagement, and prosocial behavior. Journal of applied Psychology, 105(11), 1218.
9 Levy, B. R., Slade, M. D., Kunkel, S. R., & Kasl, S. V. (2002). Longevity increased by positive self-perceptions of aging. Journal of personality and social psychology, 83(2), 261.
10 Crum, A. J., Akinola, M., Martin, A., & Fath, S. (2017). The role of stress mindset in shaping cognitive, emotional, and physiological responses to challenging and threatening stress. Anxiety, stress, & coping, 30(4), 379-395.).
11 Cheng, B. H., Zhou, Y., & Chen, F. (2023). You've got mail! How work e-mail activity helps anxious workers enhance performance outcomes. Journal of Vocational Behavior, 144, 103881.).
12 Costa, A., Foucart, A., Arnon, I., Aparici, M., &Apesteguia, J. (2014). "Piensa" twice: On the foreign language effect in decision making. Cognition , 130 (2), 236-254.).
13 Levine, S. S., Apfelbaum, E. P., Bernard, M., Bartelt, V. L., Zajac, E. J., &Stark, D. (2014).

Ethnic diversity deflates price bubbles. Proceedings of the National Academy of Sciences , 111 (52), 18524-18529.).
14 Sels, L., Erbas, Y., O'Brien, S. T., Verhofstadt, L., Clark, M. S., &Kalokerinos, E. K. (2024). The double-edged sword of social sharing: Social sharing predicts increased emotion differentiation when rumination is low but decreased emotion differentiation when rumination is high. Psychological Science, 35 (10), 1079-1093.
15 Kashdan, T. B., & Biswas-Diener, R. (2015). The upside of your dark side: Why being your whole self--not just your" good" self--drives success and fulfillment. Penguin.).
16 Garcia, D., Garas, A., & Schweitzer, F. (2012). Positive words carry less information than negative words. EPJ Data Science, 1, 1-12.
17 Keyes, C. L. (2002). The mental health continuum: From languishing to flourishing in life. Journal of health and social behavior, 207-222.
18 Chen, Y., Ferris, D. L., Kwan, H. K., Yan, M., Zhou, M., & Hong, Y. (2013). Self-love's lost labor: A self-enhancement model of workplace incivility. Academy of Management Journal, 56(4), 1199-1219.
19 Van Lange, P. A., & Visser, K. (1999). Locomotion in social dilemmas: How people adapt to cooperative, tit-for-tat, and noncooperative partners. Journal of Personality and Social Psychology, 77(4), 762.
20 Gale, J., Erez, A., Bamberger, P., Foulk, T., Cooper, B., Riskin, A., ... & Vashdi, D. (2024). Rudeness and team performance: Adverse effects via member social value orientation and coordinative team processes. Journal of Applied Psychology.).
21 Mitchell, J. T., & Everly, G. S. (1997). Critical incident stress debriefing (CISD). An Operations Manual for the Prevention of Traumatic Stress Among Emergency Service and Disaster Workers. Second Edition, Revised. Ellicott City: Chevron Publishing Corporation.
22 Kashdan, T. B., Goodman, F. R., Mallard, T. T., & DeWall, C. N. (2016). What triggers anger in everyday life? Links to the intensity, control, and regulation of these emotions, and personality traits. Journal of personality, 84(6), 737-749.
23 Harburg, E., Julius, M., Kaciroti, N., Gleiberman, L., & Schork, A. M. (2003). Expressive/suppressive anger-coping responses, gender, and types of mortality: a 17-year follow-up (Tecumseh, Michigan, 1971-1988). Psychosomatic medicine, 65(4), 588-597.
24 Baumann, J., & DeSteno, D. (2012). Context explains divergent effects of anger on risk taking. Emotion, 12(6), 1196.
25 Sinaceur, M., & Tiedens, L. Z. (2006). Get mad and get more than even: When and why anger expression is effective in negotiations. Journal of Experimental Social Psychology, 42(3), 314-322.

26. Lelieveld, G. J., Van Dijk, E., Van Beest, I., Steinel, W., & Van Kleef, G. A. (2011). Disappointed in you, angry about your offer: Distinct negative emotions induce concessions via different mechanisms. Journal of Experimental Social Psychology, 47(3), 635-641.
27. Jäger, A., Loschelder, D. D., & Friese, M. (2017). Using self-regulation to successfully overcome the negotiation disadvantage of low power. Frontiers in Psychology, 8, 271.).
28. Riskind, J. H., Rector, N. A., & Taylor, S. (2012). Looming cognitive vulnerability to anxiety and its reduction in psychotherapy. Journal of Psychotherapy Integration, 22(2), 137.).
29. Mauss, I. B., Tamir, M., Anderson, C. L., &Savino, N. S. (2011, April 25). Can Seeking Happiness Make People Happy? Paradoxical Effects of Valuing Happiness. Emotion.).
30. Ford, B. Q., Mauss, I. B., &Gruber, J. (2015). Valuing happiness is associated with bipolar disorder. Emotion, 15(2), 211.
31. Fredrickson, B. L. (2004). The broaden-and-build theory of positive emotions. Philosophical transactions of the royal society of London. Series B: Biological Sciences, 359(1449), 1367-1377.
32. Waldinger, R., & Schulz, M. (2023). The good life: Lessons from the world's longest scientific study of happiness. Simon and Schuster.).
33. Fowler, J. H., & Christakis, N. A. (2008). Dynamic spread of happiness in a large social network: longitudinal analysis over 20 years in the Framingham Heart Study. Bmj, 337.).
34. McAdams, D. P. (2013). The redemptive self: Stories Americans live by-revised and expanded edition. Oxford University Press.).
35. Crusco, A. H., & Wetzel, C. G. (1984). The Midas touch: The effects of interpersonal touch on restaurant tipping. Personality and Social Psychology Bulletin, 10(4), 512-517.
36. Slepian, M. L., Weisbuch, M., Rule, N. O., & Ambady, N. (2011). Tough and tender: Embodied categorization of gender. Psychological science, 22(1), 26-28.
37. Nimer, J., & Lundahl, B. (2007). Animal-assisted therapy: A meta-analysis. Anthrozoös, 20(3), 225-238.).
38. Bradt, J., Dileo, C., & Potvin, N. (2013). Music for stress and anxiety reduction in coronary heart disease patients. Cochrane Database of Systematic Reviews, (12).).
39. Bhattacharya, J., & Lindsen, J. P. (2016). Music for a brighter world: Brightness judgment bias by musical emotion. PloS one, 11(2), e0148959.
40. Ritter, S. M., & Ferguson, S. (2017). Happy creativity: Listening to happy music facilitates divergent thinking. PloS one, 12(9), e0182210.
41. Kämpfe, J., Sedlmeier, P., & Renkewitz, F. (2011). The impact of background music on adult listeners: A meta-analysis. Psychology of music, 39(4), 424-448.
42. Jäncke, L. (2008). Music, memory and emotion. Journal of biology, 7, 1-5.

**당신이
잘 살고 있다는
착각**

초판 1쇄 발행 2025년 9월 25일

지은이 박진우
브랜드 경이로움
출판 총괄 안대현
기획 이제호
책임편집 이수빈
편집 김효주, 심보경, 정은솔, 전다은
마케팅 김윤성
표지·본문디자인 스튜디오 글리

발행인 김의현
발행처 (주)사이다경제
출판등록 제2021-000224호(2021년 7월 8일)
주소 서울특별시 강남구 테헤란로33길 13-3, 7층(역삼동)
홈페이지 cidermics.com
이메일 gyeongiloumbooks@gmail.com (출간 문의)
전화 02-2088-1804   **팩스** 02-2088-5813
종이 다올페이퍼   **인쇄** 재영피앤비
ISBN 979-11-94508-52-6 (03190)

- 책값은 뒤표지에 있습니다.
- 잘못된 책이나 파손된 책은 구입하신 서점에서 교환해 드립니다.
- 이 책은 저작권법에 의하여 보호를 받는 저작물이므로 무단 전재와 복제를 금합니다.